中国广播电视社会组织联合总会市县委支持项目

中国电视艺术家协会市县委研究课题

浙江传媒学院融合传播研究中心在研项目

南京传媒学院新闻传播学院研究课题

浙江传媒学院科技促进民生事业发展研究基地支持项目

王文科 史 征◇主编

中国市县
融媒体中心建设
研究报告（2021）

·MEDIA·

ZHEJIANG UNIVERSITY PRESS
浙江大学出版社

前　言

　　加快推动媒体融合发展,是以习近平同志为核心的党中央对新时代宣传思想工作作出的重要战略部署。党的十八大以来,习近平同志对媒体融合发展作出一系列重要论述,为媒体融合发展提供了根本遵循。习近平同志指出:"加快推动媒体融合发展,使主流媒体具有强大传播力、引导力、影响力、公信力,形成网上网下同心圆,使全体人民在理想信念、价值理念、道德观念上紧紧团结在一起,让正能量更强劲、主旋律更高昂。"①目前,媒体融合不断向纵深发展,取得明显成效,我们要坚定不移加快推动媒体深度融合,进一步做大做强主流舆论,让正能量更强劲、主旋律更高昂。

　　2020年6月30日,中央全面深化改革委员会第十四次会议审议通过了《关于加快推进媒体深度融合发展的指导意见》。会议强调,推动媒体融合向纵深发展,要深化体制机制改革,加大全媒体人才培养力度,打造一批具有强大影响力和竞争力的新型主流媒体,加快构建网上网下一体、内宣外宣联动的主流舆论格局,建立以内容建设为根本、先进技术为支撑、创新管理为保障的全媒体传播体系,牢牢占据舆论引导、思想引领、文化传承、服务人民的传播制高点。

　　市县级融媒体中心是我国媒体深度融合实践的重点。市县级融媒体中心随着建设的逐渐深入,在完善机制、做强内容、建强队伍、再造采编发流程上下足功夫,而"内容+服务政务商务"的融媒体平台正逐渐成为市县级融媒体中心建设的新模式,为媒体融合的内容建设开拓新路径。作为重要舆论阵地,市县融媒体中心充分发挥其权威性、公信力等不可比拟的优势,秉持正确价值取向、坚守神圣责任使命,合理利用各类新技术新应用,强化内容创新,提供优质内容,确保信息的真实性、客观性、权威性,大力弘扬时代主题和主流价值,同时发挥市县融媒体中心传播的信息具有较强的针对性和指导性的特点,及时

---

　　① 　见新华网2019-03-15,《求是》杂志发表习近平总书记重要文章《加快推动媒体融合发展 构建全媒体传播格局》。

1

地将当地信息传播给当地民众,使得信息传递更加具体明确、具有实际效用性。一些市县融媒体中心利用大数据、云服务等技术,为群众提供各类信息服务,使接受信息更加个性化、分众化、场景化、体验化,不断提高新闻舆论传播力、引导力、影响力、公信力。几年来,市县融媒体中心不断通过理念、内容、形式、方法、手段等各方面的创新,打造全程、全息、全员、全效的"四全媒体",为传统媒体注入新活力、拓展新空间、构筑新优势。

2021年,我们迎来了中国共产党的百年华诞。建党百年,举国同庆。市县融媒体中心认真做好庆祝中国共产党成立100周年广播电视和网络视听安全保障工作,认真贯彻执行国家广播电视总局的有关工作要求,深入学习宣传贯彻习近平新时代中国特色社会主义思想,增强"四个意识"、坚定"四个自信"、做到"两个维护",组织开展庆祝中国共产党成立100周年主题宣传活动;各地市县融媒体中心聚焦党史、新中国史、改革开放史和社会主义发展史,深入挖掘充分反映中国共产党初心和使命的题材、素材,充分发挥广播电视和网络视听特色优势,积极创作生产了大量相关主题广播电视和网络视听节目;同时严格履行意识形态工作责任制,坚持正确方向,严把内容关、导向关、播出关,切实做到了守土有责、守土负责、守土尽责。各地市县融媒体中心还加强统筹协调,做好重点选题、重点项目规划组织,认真研究主题作品创作传播规律,如期推出了一批标志性的精品力作,为庆祝中国共产党成立100周年营造出了浓厚舆论氛围。同时,全国市县融媒体中心确保安全播出全面落实意识形态和安全播出工作责任制,进一步筑牢了安全播出、安全传输、网络安全和设施安全的基础,为广大受众创造出安全优质、稳定有序的广播电视和网络视听播出环境,圆满完成了建党100周年各项重大活动宣传报道工作。

王文科　史　征

2020 年 4 月 10 日

目　　录

1

加快媒体深度融合　建设县市区新型主流媒体
——论县级广播如何突围

邹平市融媒体中心　张立波　孙　莊　鹿晓娟

一、创新传播方式,让红色文化直抵人心

　　2021年是中国共产党成立100周年。为大力营造庆祝建党100周年浓厚氛围、向党的百年华诞献礼,邹平人民广播电台发挥主流媒体的独家优势,通过人物专栏、节目专题等形式,开展了"学百年党史、走红色长廊、开邹平新局"主题采访活动,以本土红色文化发掘为主线,宣传党的光辉历程和宝贵经验,展示共产党人的先进事迹和崇高品格。

　　创新传播方式,注重与群众的联合。策划推出《红色记忆》节目,每周一期,一期20分钟,以"讲好革命故事,弘扬红色文化"为主线,通过采访老党员、英烈家属以及热线征集等方式生动讲述那些难忘的革命岁月,那些最可爱的人。先后介绍了焦桥镇采访八路胡同和韩门三红嫂事迹、鹤伴山抗日沟老党员、智取无影山战斗、西董街道三官庙战斗、会仙惨案、大马峪红色革命文化基地等数十位革命烈士的英雄事迹,让广大听众特别是青少年了解党的光辉历史、传承党的优良作风、汲取伟大的精神力量。

　　透过"红剧"看党史,先后在邹平人民广播电台开辟专栏展播《南湖船歌》《唱支山歌给党听》《歌唱祖国》《军号嘹亮》等以红色文化为主题的优秀广播剧。那些革命先烈们为国家抛头颅洒热血的英雄事迹,让人们仿佛回到了那个战火纷飞的革命年代,广大群众深受感动。

　　同时,推出红色研学线路,将当地红色资源打造成现场教学点,并"串珠成链",让青年学生、党员干部在学习参观中重温历史、铭记责任、勇担使命。先后组织走进邹长中心县委成立纪念馆、长山中学民族魂纪念馆、大马峪红色革命文化基地、渤海革命老区纪念馆等地,开展"不忘初心,牢记使命"主题革命传统教育,并利用新媒体进行了全程直播,将传统文化与VR、H5、短视频、无人机等信息技术进行融合,以灵动的方式,生动的图片、视频和鲜活的语言,吸

1

引更多人特别是年轻人的关注，大大提升了展示和传承传统文化的成效，有网友感言"这样的方式说到了人心里"。

二、生动演绎节目内容，线上线下多媒体融合助力节目品牌化

《快乐购》："服务娱乐化"让广播节目更好听、更贴心。

《快乐购》是邹平人民广播电台一档时长30分钟的节目，周一至周日17：00—17：30播出，围绕邹平本土吃、喝、玩、乐，为听众呈现的一档聚划算、真优惠的生活类服务节目。

节目中邀请各界行业大咖做客直播间，和快乐购主播一同介绍吃喝玩乐，口号是"有肉一起吃起来"，用幽默风趣的方式畅聊商家特色，形象生动贴近听众。节目过程中结合秒杀福利、美食放送、限时抢购、手机尾号、车牌号抽奖、英文字母盲猜等互动环节，用故事、有情节的幽默短剧展现出来，增强节目趣味性以及与受众的黏性。同时采取"合伙人"理念，针对不同商业资源进行产品订制，从音视频制作、线上语音互动以及访谈话题选择到受众体验订制，完整打包，形成独具商业属性的电台产品，让商家看到效果，让受众玩乐其中。除此之外，还加入了主播现场探店环节。节目开播前会借助短视频、H5、海报等新媒体产品提前曝光节目亮点、产品特色，同时在探店过程中，直播端口会设置不同秒杀产品或者聚划算等各类型套餐，让广播不仅能"听"，更能"看"，还能"抢"。

为保证节目品质，每期直播之前，都离不开慎重的选材、立意、制作、推广。直播前打造关注热点，直播过程中结合秒杀福利，让有刚需的受众大为获益。直播结束后，跟踪订单情况，及时解决消费者诉求。《快乐购》恰似一条连接听众与商家的纽带，推广的不仅是商家，更是服务，消费者购买的不仅是商品，更是安心。收听率的节节攀升，也吸引了大量客户的广告投放，有些客户还指定要两位主持人演绎自己的广告内容。

要做好这档节目，主持人必须"玩"得high，为了保持节目"笑点"不断，两名主持人需要做杂家，不断地学习充电，了解生活的方方面面，始终走在前沿，提升自我知识与审美水准。

《天天美食》：线上线下互动融合，多渠道打造邹平地道美食圈！

吃喝玩乐大搜索，搜出美丽新生活，《天天美食》周一至周五11：00—12：00播出。节目以推介地道美食为宗旨，从邹平的小吃、当地宴席到地方特色，以幽默有趣的故事或者微信、抖音、快手等粉丝的推介为主，为受众送上美食优惠资讯，快捷、方便地为食客推介美食，同时还借助喜马拉雅、蜻蜓APP等音

频平台进行二次传播,扩大节目的影响力。

与此同时,为增加受众黏性,主持人在每期节目直播前,会利用广播、微信、短视频、H5等多种形式进行预热宣传,提前招募"活动体验官",请他们跟随主持人现场直播并参与体验,实时分享体验感受,让节目更真实、更立体、更有温度。成立了"白吃团",一般团员不超过10人,每位团员都是精挑细选,大多"身经百战",为美食类饭店提出的建议切实可行。商家可以根据团员的建议对菜系、味道、活动、套餐做出适应当地的微调整,使其更符合当地食客口感需求。"白吃团"团员有消费能力并具有潜在消费需求,活动过后,又能重复多次消费。"白吃团"活动深受商家欢迎和支持。

三、突破传统报道方式,打造传统广播与新媒体融合"新生态"

新冠肺炎疫情改变了生活的方方面面,疫情期间,交通阻断、商场闭门、物流不畅……不仅给市民造成了困扰,更让农产品种植户急成了"热锅上的蚂蚁"。邹平人民广播电台在做好疫情防控宣传的同时,了解到邹平本地有大量新鲜果蔬滞销后,火速行动,通过"抗击疫情,助力农户,我们在行动"大型公益直播节目,搭起一座爱心助农的桥梁,一场"线上对接＋实地走访＋直播带货"的爱心接力就此展开。

2020年3月5日,帮助家住邹平市焦桥镇东平村农户袁训清家销售无处售卖的近万斤长山细毛山药。

为了真实接地气地展现农产品的原汁原味,邹平电台主播来到袁训清家中和农户互动,和来帮忙的左邻右舍互动,现场品尝,FM91.1广播、掌上邹平、抖音、快手、西瓜视频等多媒体平台同步开启公益销售直播,3天内快速销售1万余斤滞销山药。通过掌上直播,父老乡亲不断回购,来自周边地区德州、济南、潍坊、临淄等地的网友纷纷联系购买,更有多家电商通过直播知道了袁大哥家中的山药。袁训清激动地说:"这次直播,颠覆了我的想象,让我大开眼界。"直播结束后,至今仍有不少观众持续好评,继续下单购买。

随后相继帮助邹平市高新街道办事处冰葡萄种植农户、台子镇珍珠油杏种植农户通过直播销售带货农产品,帮助多家农户找到销售出口。邹平人民广播电台、掌上邹平还借助"有播""看点"等直播平台持续推出了各类农产品直播推介,通过多角度、立体化的宣传推广,突破农产品滞销困境,帮助了更多的农户,为受众带来了更加优质的产品。本场活动汇集了音视频形式、传统媒体和新媒体平台,线上直播结合线下活动,还有后续脱贫攻坚联合助农产品的展示推广等系列宣传,也是一场新传播理念的先锋实践。

与此同时，邹平人民广播电台顺应时代发展，开发小客官线上购物商城，依托微信公众号掌上邹平 6 万粉丝、FM91.1 的广大听众、小客官平台自身裂变的分销员为商家打造集网红直播、线上销售、线下消费为一体的媒体宣传新阵地。闭店一季度的商家在这里找到销售出口，特别是餐饮行业，小客官商城的上线直接带动了本地餐饮行业的复苏。突如其来的疫情为媒体融合下的传统媒体带来了一次实战机会，邹平人民广播电台作为主流媒体在这场"战疫"中发挥了多平台融合优势，也担当起主流媒体在特殊时期的媒体责任。

广播融媒体不是"1＋1"模式或一味追求"多而全"，真正的融合传播是一份内容通过多渠道获得多倍的传播效果。传统广播电台只有借势融媒体，在媒体融合中培育自身的核心竞争力，才能够在新形势下获得更好更长远的发展。

由"先行区"向"示范区"目标跨越

——镇海区新闻中心媒体融合的实践与思考

宁波市镇海区新闻中心　袁力波

宁波市镇海区新闻中心成立于2010年,在浙江省各县市区率先实践媒体融合,将广播、电视、报纸、网站新媒体几大媒体机构合并运作,开启了县级融媒体中心建设"先行区"的步伐。近年来,镇海区新闻中心以实施"外宣优先""移动优先"为战略提升宣传能级,以创新生产机制为突破口做优全媒内容,以升级技术平台为手段提升采编发水平,以打造新媒体矩阵为路径拓展用户群体,新闻宣传事业进一步得到提振,媒体深度融合改革创新取得明显成效。

一、媒体融合改革成效明显

(一)坚持机构改革与中央厨房互融共通,扎实奠定融合战略基础

镇海区新闻中心坚持真融全融深度融,以集"舆论宣传主阵地""综合服务新平台""社区信息大枢纽"三大阵地于一体为定位,打造区级融媒体中心。

首先,深入建设"中央厨房"。中心与宁波广电集团的技术力量开展合作,于2019年启动开发搭建融媒体中心云平台,并于2020年通过竣工验收。平台实行统一指挥调度、统一协调采编、统一流程管理、统一技术保障,通过一个"轮轴"指挥台,实现素材上传采集、采访指令收发、采编过程管理等环节"一站式"解决。电脑端和移动端可同步上传素材,并与原有平面、视频、新媒体编辑系统全部打通,同一份素材资源可同步加工生成文字报道、视频报道、新媒体报道等多种形态产品,进行多渠道分发推送,适配到多种媒体终端。该融媒平台获评2020年度浙江省广播电视科技创新奖金潮奖一等奖。

其次,深化组织机构改革。2019年以来,中心大力推进内设机构改革,根据再造后的内容生产流程,完成机构重新设置和人员配置。变媒体形态管理为流程管理,打破原先按广播、电视、报纸、新闻网新媒体划分部门的格局和管理模式,重组建立全媒体采访中心、编辑发布中心、广播节目中心和文创影视

中心四大中心,作为核心的融媒生产线,形成管理扁平化、功能集成化的"大部制"组织管理架构,进一步实现全媒体传播渠道融通共享、集中管理,确保完全支持融媒体中心运行需求。

（二）坚持外宣优先与服务中心同频共振,全面提升塑新城市形象

镇海区新闻中心紧紧围绕服务经济社会发展中心,坚持深入实施"外宣优先"战略,不断夯实外宣基础、丰富工作手段,促进镇海区的知名度不断扩大,影响力持续增强。

最主要的举措就是建立了新型外宣工作机制。中心以组织机构改革为契机,有针对性地设立了"策划通联部",专职负责广播电视、文字新媒体的上送工作,打破了原先"多头策划、分别采访、逐一上送"的工作方法,形成"统一策划、集中采访、定制上送"的全新模式,实现效率最大化、功能集成化、资源集约化的高水平外宣工作目标。

在新型外宣工作机制作用下,2020年中心外宣作品数量创历史新高。央视共录用《浙江镇海"捐书爷爷"陈伟高　十余年捐书不辍》《宁波镇海:民俗文化带来传统"冬至味"》等报道33条,其中发新闻联播的有8条;《人民日报》两篇报道点赞镇海经验;中国之声《新闻与报纸摘要》头条录用《镇海服务企业参展"云上"广交会》等2条新闻,实现零的突破。浙江卫视上送也有新提高,4个组合头条实现浙江卫视头条零的突破,全年共获录用上送新闻93条;浙江之声全年录用达61条,是2019年的2倍,电视新闻、广播新闻、新媒体新闻分获省广电集团新闻协作奖三等奖。《浙江日报》全年录用17条,是2019年的3倍;浙江新闻客户端全年录用111条,比2019年多44条;浙江新闻客户端2020年9月全省合作传播力月升最快榜镇海排名全省第一,12月县级融媒合作传播热力榜镇海排名全省第四、全市第一。《宁波日报》上送120余条,市电视台录用415条,市电台录用402条。另有390余条在人民网、新华社客户端、甬派等各类主流新媒体平台转载推送。以实现外宣历史新高的2019年为衡量标准,2020年中心各媒体的外宣作品数量同期均保持高水平增长。

除了数量上增长明显外,外宣新闻质量也实现了突破。2020年上级媒体尤其是中央级媒体用稿的单条占比,以及刊播时长、篇幅较2019年均有显著提升。如央视在2020年5月13日播出的《助力对口扶贫地区人员稳岗就业》,单条时长达2分34秒;2020年3月5日播出的《酒店变身"厂外车间"企业互助赶制订单》,单条时长1分52秒。特别是疫情期间,央视共12次报道了镇海关于防疫和复工复产的好做法。再如2020年6月20日中国之声《新闻与报纸摘要》头条报道,引用了镇海区商务部门服务广交会云上直播参展的

例子,成为镇海区新闻中心全年第二条登上中国之声头条的报道。高质量外宣工作保障了镇海在全市乃至全省、全国的曝光率和知名度。

（三）坚持移动优先与机制创新齐声共鸣,全力打造全媒矩阵高地

镇海区新闻中心坚持深入实施"移动优先"战略,按照错位发展、用户细分、精准传播的原则,近年来通过进一步整合渠道、产品,打造并形成了以"镇灵通"客户端为主体,"镇海发布"微信公众号、"镇红先锋"平台、"FM104.7"开吧 APP 等为扩充的新媒体传播矩阵,功能涵盖新闻资讯、政务发布、党员教育、互动娱乐等内容。目前,中心旗下各新媒体号和各级入驻平台总粉丝量已突破 110 万。

在体制创新上,打破部门屏障,试点融媒体工作室。2020 年以来,中心动员记者、编辑、主持人等采编播人员以兴趣、专长为导向,跨部门、跨专业组建小规模的工作室,中心提供技术、推广、运营以及激励政策等方面的支持。目前中心已经挂牌成立了深度报道类、图片类、视频类、民生帮忙类、品推类、直播类 6 个类型的融媒体工作室,充分发挥每位成员的特长,全力生产优质的全媒内容。逐渐成为"爆款"孵化器。如图酷工作室策划推出的图说《一图读懂镇海"十四五"发展目标》,无二视觉工作室制作发布的短视频《浙江医疗队分批撤离,兄弟保重》等刷屏朋友圈;无二视觉工作室制作发布的《镇海区委书记带头"下馆子"》短视频,在抖音平台观看量超过 80 万人次,传播范围甚至突破了省、市的区域限制,其中有高亮评论称,"这位书记接地气,是要带头恢复经济的节奏",为复工复产打下了坚实的舆论基础。再如配合文明城市创建工作,中心依托民生帮忙工作室,开设专栏,2020 年 5 月中旬以来已发布监督曝光类民生稿件 100 余篇次。其中《俞范东路乱石堆一天内火速整改》等报道引起网民关注,有评论称,"帮助城市就是帮助自己,我们的媒体值得信任,朋友们也不要再给文明城市'添堵'了"。解决问题之余,也重塑了媒体公信力。此外,甬浪工作室策划的"第二届品质社区评选活动"期间镇灵通客户端线上投票访问量超 14 万人次,总投票数超 88 万;一鉴·观察工作室推出的深度报道《物业费收缴难,何为破解之道?》被《浙江日报》《宁波日报》大篇幅采用。

在产品类型上,顺应新型传播趋势,积极发展短视频类新媒体产品。一方面,在日常新媒体新闻报道中,除了原有的图文模式外,适当融入短视频元素,增强新闻的现场感染力。如 2020 年镇海区"两会",中心除了组织常规报道外,创新形式推出短视频"区长配音政府工作报告",并配发精美海报解读数字,推出主持人视角的 VLOG、反映代表委员观点的代表委员"有话说"1 分钟短视频等等,专题总访问量超 15 万人次。另一方面,中心鼓励旗下"镇灵通"

"FM1047"等媒体品牌入驻抖音号、视频号、蓝莓号、天目号等大流量商业短视频平台和上级媒体的短视频平台,借势发力,扩大传播能级。其中镇灵通抖音号从2020年2月份开通运营以来,已吸粉4.7万,共推出作品480多条,累计播放量破亿,获赞数超124万;单条最大点赞数超27万,评论超2万条。

此外,中心聚焦媒体服务功能,按照"新闻+政务+服务"模式,推进平台升级,搭建具有地域特色、互动性强、服务性强的线上综合服务平台。2020年已完成镇灵通客户端和"镇红先锋"平台、镇海新闻网等平台的升级改版,优化界面外观样式,强化视频功能、多样化信息流呈现模式和更为舒适的用户交互体验。在政务服务方面,中心在镇海新闻网"镇海问一次"问政问效平台基础上,在"镇灵通"客户端开发搭建"掌上问政"模块,由电脑端向移动端迁移,两端信息互通,互动反馈更加便捷,有效助力基层社会治理;在"镇灵通"客户端开设"镇海号",打造镇、街道、部门政务信息发布新媒体矩阵,目前已有21家单位入驻;依托"镇红先锋"平台,开设线上"党史学习馆"等模块,丰富党员学习渠道和形式。在生活服务方面,中心根据基层群众生活服务、社交传播等方面的需求,重点培育"学生""萌宠""美食"三大粉丝群体。在"镇灵通"客户端开设《灵通小记者》《家有萌宠》《家家有谱》等针对性、互动性强的栏目,策划开展"萌主来了"萌宠大赛等线上线下的活动,并开辟同好粉丝交流论坛,有效提升客户端粉丝黏度和日活量。

(四)坚持活动品推与创新模式双向发力,全力推动创收经营转型

2019年,按照镇海区国有企业改革任务统一部署,镇海区新闻中心在保持经营稳健发展的基础上,做好产业剥离工作,数字电视、智慧停车、艺术中心等5家公司并入区文旅集团。2020年以来,面对产业剥离现状和新冠肺炎疫情带来的不利因素挑战,中心持续加强融媒体品牌推广力度,精心筹划线下活动,积极拓展直播等互联网新业态,实现年度经营收入较保底指标增长11%。

一方面加强活动品推力度。中心依托两大广播频率,精心筹划举办"2020年宁波精品草莓评选大赛暨第三届镇海草莓节""2020宁波(镇海)购物节暨消费促进月活动开幕式""吾悦新声代4.0——少儿才艺盛典"等线下活动57场;凭借影视活动综合实力,圆满完成2020年浙洽会项目签约仪式、市政协"委员月谈会"、与凤凰网合作的"阿拉宁波欢迎你文艺晚会"等78场活动的录直播工作,数量同比增长50%;拍摄制作文明创建汇报片《助力六连冠 争当模范生》、2020浙洽会招商宣传片《产业高地 科创沃土》等150余部专题片、宣传片、纪录片和短视频。同时中心充分挖掘优质潜力资源,拓展设计策展业务,承接区委组织部先锋榜等项目的展陈布置,并将实体展陈往"云"上发展,

积极开发研究线上 VR 实景展示,如在镇海城市形象宣传口号征集令活动中发挥了重要视觉作用,点击量达 3.73 万次。

另一方面转型互联网新业态。疫情期间,为应对疫情防控需要,中心由"屏对屏"的云直播代替线下活动,完成镇海行政服务中心云招标、区委组织部云培训等近 20 场云直播活动;依托主持人直播工作室,利用 FM104.7 的媒体影响力和原有的社交群组基础,尝试与商家合作开展 12 场"直播带货",交易额超 36 万元;推出"有道读书会",尝试"付费收听经典书籍"模式,推出两周便产生 8 万余元销售额。

(五)坚持改进考核与培育人才齐头并进,全面激发队伍转型动力

在分配体制改革上,镇海区新闻中心实行全员绩效考核,完善绩效考核体系,建立更加适应"移动优先"的评价标准和依据。根据不同部门不同类别的工作,以向新媒体倾斜、向核心岗位倾斜、向优秀人才倾斜为标准,分别建立新型媒体人才激励体系。

首先,以"移动优先"为总体评价导向,改进和完善绩效考核机制。中心在原有考核方案基础上,将"采—编—发—转"融合新闻生产全链条纳入考核,明确新媒体端优先发稿考核要求。考核打分从以报纸电视为基础,变为以客户端刊播为基础,以文字、图片、短视频三要素齐全的新媒体新闻为导向,梳理采编团队的发稿条数、稿件点击数、分享阅读数、评论数等后台数据,作为采编考核的重要参数。

其次,改革完善用工多元化现状下的薪酬分配机制,施行"等额捆绑""按岗位定系数""项目化管理"等针对性强的绩效考核方式,充分调动员工积极性。如全媒体采访中心以"计件"形式考核,每月分配差距可达 3000 元;电台节目中心根据具体节目和个人能力情况,实行按岗位定薪;文创影视中心的模块化操作模式,按照项目完成数量和质量分配,每月同样能拉开 3000 元以上的差距。

在人才队伍建设和培养上,中心在 2020 年制定出台了人才队伍建设办法,结合中心未来媒体融合发展布局,以深化人才培养"蓝青工程""青苗工程""网红工程""头羊工程"四大工程为抓手,通过引才、育才、留才三个维度,计划用 5 年时间完成百名人才培养"136"(10 名领头人、30 名业务骨干、60 名全媒人才)计划,为"十四五"时期媒体人才队伍建设谋篇布局。日常开展"全媒体素养培训班"系列课程,邀请知名媒体骨干、学者教授前来授课,通过业务、理论、法理等方面的学习,以长班短训的方式,不断拓展学习内容,切实提升中心干部职工的理论水平和综合能力。同时依托"耕余驿站",开展多种形式的业

务交流和"传帮带"活动,在采编人员内部倡导经验技能共享。

二、媒体深度融合改革中存在的困难和问题

镇海区新闻中心开展融媒体中心建设以来,媒体转型升级的动能加速聚集,取得一定成效。但在改革发展过程中也存在着一些困难和问题。

(一)新媒体客户端影响力有待提升

镇灵通 APP 是镇海区首个官方融媒体新闻客户端软件,是镇海区新闻中心集中力量打造的新媒体矩阵主核,2014 年上线后在栏目设置、界面设计、内容优化等方面经过多次改版和完善。目前镇灵通 APP 下载量 10 万,覆盖率仅占镇海区常住人口的五分之一,日均活跃度有限,影响力还有待提升。究其原因,一是各级媒体都在推出融媒客户端,市民获取信息渠道众多,行业竞争激烈,但从新闻资讯角度对受众缺少吸引力;二是内容展示形式中文字、图片等传统媒体模式依然占了大部分,客户端特色新闻产品内容还不是很丰富;三是镇海本地功能服务还是比较单一,造成本地受众用户黏性不足。

(二)"服务群众"工作推进不够快

习近平总书记提出扎实抓好县级融媒体中心建设,目的是更好地引导群众、服务群众。这要求县级融媒体中心除了生产和传播新闻外,还要增强社会属性,广泛参与智慧城市建设。但是这些功能的实现要以与群众生活相关的核心数据收集、整合、共享、分析为基础。当前,城市运行、市民服务相关部门还存在数据壁垒,相关资源未能充分链接到融媒体平台,加上县级融媒体中心在技术、产品规划上的人才储备有限,制约了融媒体中心为公众提供更好的服务。

(三)全媒人队伍建设存在局限性

作为县区级融媒体中心,缺少匹配的特色人才引进政策与配套福利待遇,能够为高素质的融合型媒体人才提供的薪资待遇、发展机遇等整体条件有限。镇海区新闻中心目前大部分融媒采编团队均由传统媒体转型而来,虽然构建了"一次采集、多媒体利用、多渠道发布"的报道模式,但在创作意识、技术技能等方面未能完全适应融媒体时代的要求。同时鉴于报纸、电视等传统媒体在本地群众当中依然具有较大的权威性和认可度,且对报道内容的条数限制大于新媒体,因而在人员力量安排上优先满足传统媒体运作需求,新媒体采编、运作等岗位缺少扎实的人力支撑,整体人才队伍面临转型阵痛。此外,在财政保障机制调整后,作为"生产单位"自身出台激励政策空间有限,面对多种

身份、多元分配模式,出台公平、合理的政策也比较难。这也造成了融媒体中心在吸纳人才、留住人才、激励人才上的多方面困难。

三、融媒体中心建设下一步思路

(一)升级融媒体平台技术与内容

全力强化"移动优先"战略。一方面,持续加强完善"镇灵通"客户端,技术上打造成功能更加集成、交互更加流畅、页面更加吸睛的新媒体矩阵龙头产品。另一方面,进一步优化和丰富移动端新闻产品内容,促使短视频、H5、直播等新媒体形态常规化。特别是加大短视频创作力度,尤其是加大生产适合年轻受众的短视频作品,拓展视频分发渠道,提升抖音号影响力,加强微信视频号建设。探索"UGC"模式(用户生产内容),尝试组建视频供稿通讯员队伍,动员社会力量扩张视频新闻资源库。完善并拓展融媒体工作室运行体系,着力打造传统媒体和新媒体平台联动的、更适应互联网新媒体传播方式的、网民群众更愿看爱看的新闻作品,全面提升镇灵通在全区群众生活、工作中的依赖度。特别是依靠节目主持人在现有媒体平台上累积的影响力,建设主持人工作室,争取孵化出在全市有一定影响力的抖音号等新媒体账号。加强新媒体矩阵的品牌推广力度,适当增加人力投入,提升品推活动的策划和执行能力,拉动粉丝数和日活量的有效增长。

(二)加快推进"服务群众"工作

充分发挥县级融媒体中心与基层群众连接紧密的优势,以"新闻+政务+服务"的模式,打造综合服务平台。进一步完善"镇灵通"掌上问政平台,加强问政发言人培训,实现问政从 PC 端到移动端阵地转移,结合镇灵通融媒矩阵中"灵通镇来帮"等基层服务型栏目,搭建具有地域特色、互动性强、服务性强的线上综合服务平台,最大限度地向基层干部群众提供政务、生活、社交传播、教育咨询等综合服务,为群众搭建沟通联络纽带,有效助力基层社会治理。依托"镇红先锋"平台,推进党员教育学习积分体系建设,成为党员线上学习主阵地。完善"镇海号"运营模式,吸纳更多镇街部门入驻。实施"公益宣传平台"项目,面向基层社区农村,开设特定宣传版块、栏目等,发布政务信息、公益广告等,打造社区信息枢纽。

(三)加强内外宣主题策划报道

继续围绕服务经济社会发展中心,以建党百年、谋篇"十四五"、奋战现代化等主题作为新闻宣传主线,精心策划重点融媒体主题报道,以题材更接地气、传播更便利、受众更喜爱的方式进一步唱响主旋律,做好社会舆论的引导工作。坚持"外宣优先"战略,建设好"政治坚定、业务熟练、作风扎实"的外宣队伍,把握外宣工作规律,针对中央、省、市媒体的用稿要求,扎实开展外宣作品的策划和执行,力争外宣工作实现新突破,保证镇海在全省、全国的曝光率和影响力。

(四)优化融媒人才专业能力培养

全力推动融媒体人才培养。完善"引才"机制,因岗所需引进复合型全媒人才,精准对接建立柔性引才机制,提升引才工作的针对性、实用性,补齐人才短板。深化"育才"机制,扎实推进"蓝青工程",通过师徒结对模式对年轻新闻工作者进行指导培训,快速提升其业务能力;系统开展"青苗工程",选拔表现突出的一线采编播人员交叉轮岗,培养全能型业务骨干,特别要加强传统媒体和新兴媒体之间采编骨干的流动交流,用传统媒体的严谨和专业提升新媒体稿件的质量,用新媒体的创意思维提高传统媒体稿件的可看性;分级开展"网红工程",鼓励传统媒体骨干向全媒平台出镜转型,塑造全媒型主流网红和全域型流量网红,打响知名度;稳步推进"头羊工程",组建融媒体标杆项目和拳头产品领军队伍,领跑重点项目、核心业务、核心技术及团队建设。此外,常规化邀请上级媒体业务能手和专家开展理论学习和专业培训,引导传统媒体骨干认清形势、转变观念,向全媒记者、编辑转型;组织开展全媒体技能评比活动,通过比拼实践,提升专业能力,取长补短,融会贯通。

问道媒体深度融合"后浪时代"：
行稳致远 破浪前行

商丘学院 吴禹霖 烟台蓬莱区广播电视台 吴鸿飞

主流媒体融合发展的"探索时代"正在逐渐远去，各个媒体"八仙过海、各显神通"，通过自我革命，从相融中寻求质变，逐渐找到适合自己的"融合之路"。与此同时也积累了一些共性与个性共存的深层次难题，如：体制机制改革、内容、技术、人才以及创新等，这些问题依然是媒体融合发展的难点，在未来的很长一段时间内，它们仍将是影响媒体融合发展的重要因素。舟至中流不进则退。随着5G、大数据、云计算、人工智能等技术的进一步发展，媒体格局、传播方式及舆论生态也将持续发生巨大变化。种种迹象表明：媒体融合发展"后浪"汹涌，如何破浪前行，解决阻碍深度融合的重要问题，深入推进媒体融合发展，依旧任重道远。

一、潮起：风劲正是扬帆时

回望媒体融合之路，自2014年中共中央《关于推动传统媒体和新兴媒体融合发展的指导意见》将媒体融合提升至国家战略层面以来，经历2018年8月习近平总书记在全国宣传思想工作会议上强调的"要扎实抓好县级融媒体中心建设，更好引导群众、服务群众"，再到2020年9月中共中央《关于加快推进媒体深度融合发展的意见》的出台，媒体融合逐步向纵深深入，并不断赋予更多跨界融合内容。习近平总书记对如何实现科学的媒体融合做出了具体部署："要坚持一体化发展方向，通过流程优化、平台再造，实现各种媒介资源、生产要素有效整合，实现信息内容、技术应用、平台终端、管理手段共融互通，催化融合质变，放大一体效能，打造一批具有强大影响力、竞争力的新型主流媒体。"①

---

① 见新华社2019年1月25日，"习近平总书记在中共中央政治局第十二次集体学习时的重要讲话"。

经过几年探索,各媒体打破"你是你、我是我"的形态阻隔,重塑"你中有我、我中有你"的传播现实,向"你就是我、我就是你"的目标迈进,创新变革大刀阔斧。以新技术为引领,坚持"移动优先",台网报微端同步,小屏大屏互为导引,实现优势互补、互融互通,升级了内容平台,也带来了理念的提升、机制的改变,融合理念更加深入人心,融合路径更加脉络分明,融合传播领域的产品创新更为多姿多彩,融媒体与用户连接更为密切,媒体在功能转型中也从"新闻+"转向"服务+"。以服务思维带动新闻报道在内的综合服务,借鉴互联网平台嵌入居民日常生活的体验,打造向人民群众提供集本地化信息服务、政务服务、生活服务等于一体的多功能服务平台,推动融媒体中心功能的深度融合,使传播更富有竞争力、影响力。

二、潮平:大浪淘沙沉者为金

媒体融合不是媒介形态的简单"相加",也不是媒体功能的修修补补,而是在整合资源基础上进行的一场革命性实践,是媒体面临生存挑战的蜕变重生,必然在历练成长过程中遭遇风险和考验。面对新的媒介生态环境,受到观念转变、人员整合、体制机制调整、利益重构等难题冲击,媒体融合发展暴露出一系列问题。

一是融合思维存在误区。媒体融合发展,不仅是传播手段的改进、传播方式的转变、传播平台的迁移,而且是传播生态、媒体格局、产业发展的全面升级和质变。眼下,多数县级融媒体中心以广播电视台为根基搭建,囿于观念、能力、路径依赖等因素的制约,一些县级融媒体中心对现代新型媒体传播格局和传播规律思路脉络不清,有的仍持传统思维,对融合只是简单物理聚合,将人力、物力、财力匹配给传统媒体,把自身有限的内容拷贝到互联网媒介上,而不是采取"互联网+"思路;有的由于本领恐慌,仍然较难接受采编流程的彻底重构;有的媒体融合过程依然按照传统办台、办报规律,对"移动优先""数据优先""智能优先"等认识模糊不清,导致融合方向出现偏差;有的缺少创新驱动发展的理念,秉持拿来主义,四处借鉴先进经验,缺少对本地实情的研判,打着改革创新之名行墨守成规之举机械照搬,最终却发现"照猫画虎反类犬";一些县级融媒体中心甚至缺乏危机意识,乐观地认为,媒体融合自上而下推动,借机回归财政包养模式可以衣食无忧,自然没有动力去改变。

二是平台意识淡化。随着媒体传播格局的变化,主流传统媒体平台优势逐渐弱化,慢慢失去了话语权。为了改变这一局面,有的主流媒体片面认为"搞融合就是生产新媒体产品""搞融合就是把信息搬到新媒体平台上",而忽略了建好自主可控的基于互联网的开放、共享、融合平台。不惜花费大量时间、人力、物力,集中优势为互联网商业平台量身打造产品,而本身缺乏优质内容创作的商业平台借机推波助澜,实行流量扶持、规则支持,借助媒体力量做大做强了自己的平台。在这种刺激下,有的传统媒体将自有的平台当作"鸡肋",甚至偏离了社会主流价值观取向,打起主流媒体舆论宣传"擦边球",以流量为目标,把第三方平台当成自己的主战场。主流媒体在互联网上的声音越来越大,"爆款"产品越来越多。然而,这种声音和影响力却停留在"借船出海"的模式上,即有"爆款"没用户,有流量没平台,只是占领了表面阵地,主要传播渠道仍然掌握在商业平台手里。2016 年 2 月 19 日,习近平总书记在党的新闻舆论工作座谈会上强调:"近几年,新闻媒体在融合发展方面做了大量工作,取得令人可喜的成绩。但发展还很不平衡,有的是'+互联网',而不是'互联网+',没有实现融合……着力打造一批新型主流媒体。"①系统学习和领会习近平总书记关于媒体融合的重要讲话,必然得出一个结论,作为国家战略的媒体融合的实质就是主流媒体的互联网化。在县级融媒体中心建设中,各地基于互联网平台,建起了"一省一平台",但仍有部分地方媒体没有清醒认识到:没有一个主流媒体自主可控的平台,就没有主流媒体的一切,失去了平台,就失去了话语权,失去了主流媒体在当地作为最有权威的信息枢纽的功能。

从当前新一代媒体看,无论今日头条、抖音,还是快手,内容为王、渠道为王都不再成立了,而是平台为王。平台不仅整合内容的生产者和内容的消费者,还整合了内容的推广者。平台通过强大的服务能力,以及生产、推广和消费体验,将大规模的内容生产者、内容推广者(渠道)和内容消费者整合在一块,在为他们带来更多价值的同时,也控制了他们的时间和选择。在媒体融合发展的初级阶段,在激烈的竞争中,传统媒体对平台建设的重要性有了重新认识:平台意味着主动权,平台达到一定规模才能"居高声自远";平台意味着活跃度,有了聚拢用户的阵地才能强化用户与媒体、用户与用户之间的交流互动。没有平台,主流媒体就无法有效设置社会议程,也无法有效管控不良内容。

三是运行机制不合理。县级融媒体中心建设从表面上来看,是传统媒体与新媒体的整合,但深层次上是媒体在转型中重新定位。按照中央要求,县级融媒体中心不仅要具有舆论引导能力,而且要更好地"服务群众",其内部组织结构发生深刻变化。随着这种变化,在机构的调整、职能的设置、人员的整合

---

① 见新华网 2000-10-15《习近平:在全国抗击新冠肺炎疫情表彰大会上的讲话》。

等方面都会出现一系列问题,这些问题仅靠媒体机构去探索有很大难度。但由于改革势必牵扯不同人员利益,有的地方政府迟迟不敢破题,唯恐惹乱子、走错步,使得整合机构之间更多呈现协作关系,而非融合关系。在财政体制改革方面,一些地方仍然沿用以往的全额拨款事业单位财政体系,融媒体中心经营自主权受限,无法建立适合现代媒体管理制度的经营模式;人事体制改革方面,没有建立起"能上能下、能进能出"的选人用人机制,受平台局限、编制束缚,优秀人才流失严重;薪酬制度改革方面,受政策影响,未建立有效的考评制度以及以绩效考核为基础、公平公正的内部激励奖惩机制,员工工作积极性、创造力受影响较大,人才流失严重。以蓬莱区融媒体中心为例,仅 2020 年至今已先后有 10 多人离职,其中 3 名一线骨干记者放弃事业编制身份考取其他单位。同时,受体制机制约束、人才培养体系不健全等因素影响,目前大多县级融媒体中心不同程度存在人才结构不尽合理现象,原有媒体人员年龄结构老化,许多人对新的媒体传播趋势缺乏了解和兴趣,存在严重的本领缺失与本领恐慌。人才"进不来、留不下"成为制约县级融媒体中心发展的一大难题。

四是跨界融合缺乏支撑。随着移动互联网、大数据、云计算、物联网等信息技术的飞速发展,各行业已进入了全面渗透、跨界融合的新阶段。一方面,县级融媒体中心建设想要完成通过县级融媒体中心建设打通服务群众"最后一公里"的时代命题,必须以用户为中心,广泛聚合和有效运营各类本土资源,通过各项垂直应用的渗透和各类便民惠民服务的聚合,为县域群众提供一站式综合服务。另一方面,近年来,随着社会治理水平的不断提高,政务平台、党建平台、服务平台相对成熟。此外,支付宝、微信等平台极力打造智慧城市,为用户提供生活缴费、交通出行、公积金查询、社保医保等便民服务,均积累了一定数量的用户。因此,与政务平台、社会化媒体服务项目的冲突以及基层用户的使用习惯,是影响县级融媒体跨界发展的又一因素。此外,有些部门公共服务自上而下开发,核心数据地方未能自行掌控,无法对县级融媒体中心开放。比如,蓬莱区志愿者服务平台系统共有三套系统,分别是国家民政部全国志愿服务平台山东志愿服务网、团中央开发的志愿服务系统、当地宣传部委托第三方开发的网站和配套微信公众号,三套系统互不相通,在资源整合上难度较大,最终由区领导协调才进驻本地融媒体客户端。

五是新技术引领认识不充分。媒体融合离不开先进技术体系的支撑,在某种程度上,技术跟内容一样,也是核心竞争力。目前,许多媒体已经将技术驱动作为重要支撑,不断以新技术新应用引领和推动媒体融合发展,与内容互为支撑,共同构成核心竞争力的基本要素。但是部分地方虽然认识到技术的重要性,内心深处却仍然对技术有轻视之心,特别是对大数据计算、数据库、流媒体传输、移动直播等前沿信息技术和新媒体手段掌握不够,运用不多,缺乏"交互"意识。

另外,自我"造血"后劲不足,通过市场化运营实现价值和流量变现,提高整体实力等问题同样也是县级媒体融合的一大短板。

三、潮涌:直挂云帆济沧海

当前,伴着融媒体中心建设的逐渐成熟,互联网也正加速重构媒体格局和舆论生态,传播形态持续演变,信息载体、传播渠道更新迭代越来越快,主流媒体面临的竞争更为激烈,只有推进媒体深度融合,才能巩固壮大主流舆论阵地,走出一条持续发展的新路。

一是思维创新,增强主流媒体核心竞争力。县级融媒体的进一步发展,改变了传统媒体各自为营时的固有观念。与新媒体的交互融合、生产融合,以及互联网思想大量引入,对传统媒体的思想、观念冲击极大,需要在多元合作的同时提升媒介融合的生产力。表面看,媒体融合只是一个传播渠道和平台的增加,但深层次看,其实是传统媒体生产力与生产关系向全媒体生产力与生产关系的迭代,需要我们从中心架构设计、内容形式、议题设置、经营管理等方面进行改革创新。要不断渗透,促使人员增强学习思维、创新思维、融合思维、用户思维,从根本上解决"合而不融"现象,要从创新思维入手,坚持"移动优先",充分发挥传统媒体公信力、引导力强的优势,融入新兴媒休传播快捷、互动性强的特点,丰富传播手段,深耕本地内容,充分考虑分众化、差异化传播趋势,从用户视角创作出差异化的内容。释放媒体平台优势,广泛吸纳各部门以及社会精英、社群领袖、文艺创作者入驻平台,实现精准传播、有效传播,提高舆论引导力。结合移动传播优势,实现直播常态化,除了对重大新闻事件进行直播之外,精心策划各类活动,以第一时间、第一现场、第一视觉,让群众成为新闻事件的直接目击者,推出一批"现象级"融媒体产品,形成一批有影响的新媒体品牌,培养锻炼一批全媒人才,更好地彰显传播力、影响力、感染力。

二是优化平台,壮大主流媒体传播力。在媒体融合的实践进程和理论研究中,"渠道"与"平台"是两个不能回避的概念。"渠道是平台的基础设施,成熟的平台可以拥有自己的渠道,一个平台也可以拥有多个渠道;平台资源需要通过渠道分发,平台价值需要通过渠道延伸。"换言之,平台是集多种功能于一体的资源聚合与流动的场所。通过前期融媒体中心建设,各地投入了大量资金实现了融入互联网血脉的平台再造,涵盖新闻生产、政务信息、生活服务等多个系统。但在一些县级融媒体中心的实践中,虽在信息覆盖面、信息体量方面有明显提升,内容生产却依旧缺乏互联网用户思维,难以获得当地受众的情感认同,缺乏用户黏性。内容建设滞后,导致平台建设变成"空谈"。这就需要我们把精品化的创作思维始终贯穿在融媒体内容生产中。在主流舆论宣传上,以精品内容作支撑,彰显党性和阵地意识;在融合报道上,以精品思维做指导,创新表达方式;在常态化内容的生产上,以精品意识创作品牌内容,提高受众的忠诚度。技术上,既要重产品包装也要重数据分析,采用各种新媒体包装手段,让内容产品更吸引眼球、更方便参与,更要注重运用以云计算为基础的大数据等全程参与内容生产,服务于提升用户与平台的亲密性和黏合度。

实现融合传播,打造现代传播能力,还需要利用广播、电视、网络媒体以及移动媒体等不同媒体形态,实行多种媒体传播方式的叠加融合,提高传播触达率;需要利用新型媒体的社交属性,跟踪话题、设置议题、引导热点、形成爆点,提高社交传播能力。一方面对自有平台进行流程优化创新,实现互融互通,建立开放、共享的内容生产和分发平台,往往会收到"1+1>N"的效果,比如蓬莱区广播电台《阳光政务热线》节目,采取电话连线与客户端视频同步直播,电视专题与报纸同步追踪形式,受到广泛好评;另一方面借力新兴媒体和新型媒体的各类平台,充分将传统媒体"单一、定向、固定"的传播方式和相对简单的节目形式,变为新兴媒体"多屏、移动、社交"的融合传播方式和多样态融合产品,实现区域内的最大范围传播,提升主流媒体在网络空间的传播力和影响力。

三是用户导向,增强主流媒体凝聚力。连接个人用户,建设开放型媒体,是媒体融合进一步深化的方向,也是打造新型主流媒体必须突破的难点,未来媒体发展最重要的是从受众到用户的转变。传统媒体在信息发布上、内容上有优势,在受众的连接上比较弱,需要顺应用户需求,以互联网思维,真正做到以用户需求为导向,以提升用户体验为核心。对于传统媒体来说,这就需要建立起基于互联网的"面向用户、互动参与"的新观念,真正和用户打成一片,做出用户喜闻乐见的新闻产品,在潜移默化中实现舆论引导功能,探索不同类型产品的生产流程、呈现形式。随着媒体融合进程不断加快,传统媒体已经不再是独立的优质主流传播媒介,人们更为关注的是创造了什么场景,发生了什么关系,是否真正戳到痛点。对于地方融媒体来说,在文化认同、区域话题制造、共同兴趣、服务半径上都更具服务优势,可以通过不同的社群运营,通过内容的引领,通过深度的服务,利用好当地的政务资源,提供速度快、质量优和体验佳的新型媒体服务产品。其一,围绕中心,服务大局。一方面,发挥优势主动作为，立足传媒品牌，把内容生产作为安身立命之本，贯通传播渠道，真正做到上情下达，继续占领舆论高地，发挥媒体引领功能，成为当地新闻传播和舆论引导的核心与主导力量。另一方面，通过融合促转型，将媒体的服务功能拓展，把政府部分服务功能"嫁接"过来，整合政府部门创办的众多新媒体，将其纳入融媒体矩阵，从而破除政务"信息孤岛"，让市民"一键"了解所有政务信息，并进行互动、阐明各种诉求，进而围绕党委政府中心工作需求，延伸服务功能，优化政务平台服务内涵，向当地用户提供以政务服务为核心的各类本地化服务，包括各类公用事业服务以及各种生活服务。其二，立足本土，服务用户。充分学好用足互联网用户思维，无论是媒体产品、媒体运营，都应当注重用户感受和体验，进一步下沉到社区、街道、农村，用户在哪里，融合传播就延伸到哪里，引领服务就跟随到哪里，让区域的干部群众每天都离不开县域客户端，进而倒逼智慧城市建设，成为当地社区信息交互、相互促进进步的重要空间。

四是技术引领，提升主流媒体生产力。平台化、移动化、智能化、数据化，这是媒体融合技术的关键，建设立体多样、融合发展的现代传播体系，必须坚持先进技术为支撑、内容建设为根本，实现传统媒体与新兴媒体优势互补、一体发展。技术是许多传统媒体的短板，从好的创意、好的内容到好的产品，还需要经历技术的介入参与。从目前来看，更多是新点子、新创意，没有做到新技术、新应用，应把互联网平台的先进技术引入自身媒体融合建设中，用大数据和"算法"，深度挖掘受众需求，才能实现内容精准传播，充分挖掘数据背后的新闻价值和传播价值，才能不断创新内容生产模式，提高生产传播效率。

媒体深度融合发展，不仅是传播手段的改进、传播方式的转变、传播平台的迁移，更是传播生态、媒体格局、产业发展甚至是社会治理的升级和质变。在大浪奔涌中不断前行的县级融媒体中心，面临"后浪"时代，如何行稳致远仍将是一个不断探索中的课题。

浅谈传统媒体在媒体融合路径中的用户思维策略

浙江艺术职业学院　徐旭恒　余传友

在过去的几年间,从中央到地方,从主流媒体到大众媒体,无一例外地开展了一场声势浩大的媒体融合革命,打响了一场别开生面的新时代舆论阵地战。中共中央总书记习近平胸怀全局、把握大趋势,以超前的战略眼光亲自倡导和部署媒体融合发展,构建全媒体传播格局。2019年1月25日,习近平在党的十九届中央政治局第十二次集体学习中提出要推动媒体融合向纵深发展。这既是对国内媒体不断提升传播力、影响力的一定程度的肯定,也是对未来各类媒体能够取得更大突破和更高程度的期许。

如今,以技术和产业的迭代为代表的上半场悄然退场,媒体融合逐渐进入中场过渡时期。如果说上半场是一场媒体转型的盛事,可以预见,在技术和产业更新进入既定轨道的基础上,媒体融合的下半场将是一场优胜劣汰的赛事。除了产业发展、政策变化、技术革新等因素推动传统媒体与新兴媒体的融合外,各级广电机构、印刷媒体的媒体融合必定向纵深发展,向更广阔的传播领域进军。这种态势对媒体从业者提出了新的职业素养要求,其中培养和树立正确的用户思维将成为下半场赛事的"决胜手"。

一、用户思维的逻辑

用户思维是一个商业概念,指的是从用户的角度去设计一款产品,以用户的诉求为导向设计产品,其经典解释有"站在用户的角度去考虑问题,以用户为中心,不要让用户思考、简约至上等"。苹果电子系列产品便是一个很好的例子,苹果电脑深受设计师的喜爱,其实质并不是其硬件参数有多么的高端,而是设计师能够通过苹果电脑这个产品,更高效地完成工作或者目标,解决用户的诉求。我们需要思考的问题是,作为一个产品,媒体是解决了一种问题还是解决了一种用户的诉求?

在用户思维形成之前,大部分商业行为遵循产品思维。产品思维就是基于需求洞察及分析的能力,使用科学的生产方式来打造一种产品或服务来满足用户,并获得一定成果的方法。电影、电视、报纸是典型的按照产品思维生产的产品。一部好的影视作品、一篇好的文章是作者对信息的梳理、重构和演绎,这些过程都伴随着强烈的作者主义表达,这层属性标志着传统媒体很难脱离产品思维,其生产过程往往以问题作为主要导向。这两者并非绝对的对立关系,可以相互影响和作用,传统媒体作为舆论高地,其生产模式大多以信息起点为中心,单向传递信息,容易忽视用户需求和体验,新兴媒体在这方面更具优势。美国西北大学的李奇·高登教授提出的媒体"五种融合"的说法,包括所有权融合、策略性融合、结构性融合、信息采集融合、新闻表达融合。其中策略性融合即可以理解为传统产品思维与用户思维在新媒体时代的理论实践。因此媒体策略性融合的路径是强化用户思维,弱化产品思维的过程,其目的不是为了让用户思维取代产品思维,而是达到产品思维与用户思维深度融合的状态,事实上这种状态也是构建现代商业逻辑的重要组成部分。

中国的媒体融合之路从"三网融合"的概念起步,是一次在技术升级背景下的媒体融合革命,核心线索是互联网对内容传播带来的颠覆性影响,打破了人们被动接受媒体信息的格局。经过短短数十年的发展,受众已经不再围着电视报纸转了,移动互联网成了受众最大的信息来源,而传统媒体自觉或不自觉地无法规避媒体融合的趋势。从早期的单一内容跨平台传播,到内容定制化跨平台发布再到跨平台内容生产,媒体融合的发展正向用户思维的核心价值趋同推进。

在早期,媒体融合停留在作者将内容发布于不同平台,例如一条新闻视频,在电视台传播的同时,也会在互联网平台网站进行传播,形成了跨平台传播,但是作者没有针对不同平台、不同传播网络进行内容梳理,其主要创作条例和依据仍然是其主要媒体平台。随着互联网的高速发展,原有平台传播已经无法满足受众的不同类型阅读习惯,如果继续将一条新闻视频按照传统电视新闻的方式编辑生产似乎并不能很好地获得跨平台带来的流量福利,因为作者没有按照互联网读者的习惯来针对性地再编辑。于是,同一内容在不同平台上以不同形式发布成了主流,如各大纸媒在运营网络端内容的时候会采用更多的新型叙事模式和网络语言等,已经发展到同一内容以不同媒介形式发布。那些专注于文字的媒体往往对可视化内容的需求极大,任何一种单一的媒介好像都无法在跨平台发布的环境下生存。媒介平台、媒介形式的融合尚在继续,延续尊重用户诉求的思维逻辑,符合更多受众诉求的多维度立体式的跨平台生产方式应运而生,也就是一种可以在不同平台进行生产、发布、传播的"超级媒体"，这种媒体的形式不是单一的，可以是多种形式、矩阵式的。沿此发展脉络不难发现在动态的媒体融合路径中，用户思维带来了诸多积极的影响。

二、从栏目到产品、从权威发布到个体发布

树立用户思维需要把信息内容看作一个产品，从用户的视角研究用户对产品的需求。报社的用户多是年长者，他们大多可以接受权威信息的稳定传达，精确、全面的文本信息对他们来说是最可靠的。如果报社想要拓展用户群体，吸引更多的读者就需要花时间研究目标用户的阅读习惯。于是原本作为"栏目"的文章定位逐渐变成了一种"产品"，作者作为意见领袖的角色也会产生位移，转变角色定位，更多地以个体身份表达，以便于迎合年轻世代的认知习惯，也就是把"权威发布"演变成"个体发布"。

"个体发布"与"权威发布"的最大区别在于其鲜明的个性和风格化的展示。对比传统广播电视"栏目"与"短视频"（产品），前者在设计之初也会设定目标人群，例如综艺的目标人群是青年人而纪实专题的目标是年长者，但也仅止于此。进入编辑制作阶段后，受限于标准化、流程化的制约，很难再向目标群体做针对性的调整。反观一些成功的短视频运营单位，对目标群体的归纳与细化做到了极致，甚至曾经被遗弃的亚文化群体都成了"香饽饽"，这成为影响流量的重要因素。如国内知名的视频弹幕网站"哔哩哔哩"共开设了 27 个不同的频道，每个频道下还会细分出 5～8 个版块。另外，近年来自媒体的盛行也印证了"个体发布"的优势。

著名的英国老牌杂志《经济学人》在 2009 年 3 月就推出了自己的视频频道，在当年 6 月推送了第一条视频内容——"图片视频：简短的刚果近代史"，这条视频用不到 5 分钟的时间，以在地图上标注各类图表和字符的形式描述了刚果的近代史，其文本来自杂志中的一档关于描述第三世界国家发展的栏目，视频可以看作栏目的衍生。在随后的几年间，各类专题视频、访谈视频、科普视频成了这个频道的主要内容，这些看似是一个电视媒体的主要任务，根据 YouTube 平台的实时数据，"经济学人"频道已经获得了超过 190 万订阅者和近 2 亿次点击的惊人数字。这种媒体融合的形式已经不是新鲜话题，而用户思维的介入很好地为传统媒体转型提供了思路，"经济学人"生产的视频产品既要符合网络视频的特点也要保持其一贯的严谨风格和政经属性，这样的视频不但带有其自身标签，也具备良好的传播效果。

如今媒体融合从内容形式上呈现多样性，可视化、碎片化信息传播依旧是

主流;从媒介类型属性上看,"互联网＋"已经是基本条件,作者开始赋予信息更多的其他特性,这些特性多是基于引流原则或者新技术的范畴。不难发现,要形成高效的新型媒体矩阵,这些由用户思维主导形成的要素是不可或缺的。

三、用户的直接诉求:发表意见、参与传播过程

技术和传播环境已经允许观众和读者在接受信息时表达个体意见,一些新型的媒体形式甚至允许观众参与传播过程。在这个方面融合媒体的出现给予了传统媒体极大的空间来作文章,在此过程中,用户思维会起到决定性作用。在绘制用户画像时,传统媒体的传播对象是十分模糊的,有时甚至会用"大众"一词简单涵盖,这对内容编辑的针对性是毁灭性的打击,自然谈不上让特定观众参与意见表达与传播过程。因为读者的表达意愿是需要激发与引导的,用户不会回复一个提不起兴趣的话题,作为作者不了解自己的读者又如何来设定话题呢?

用户思维的核心是用户需求,网络时代受众对意见表达和参与传播过程有巨大的需求,创作者必须正确看待这种需求,并且采取有效的方法来应对。对于印刷媒体来说,如果不做其他形式的媒体融合,受众的意见表达几乎无法实现,这本身就不利于用户需求的研究。

传统视听媒体将制作的内容移植到网上能够带来很多积极的变化,很大程度是仰赖网络所带来的开放式评价空间以及观众参与传播的机会。著名的新闻栏目《1818黄金眼》是一档地方民生类新闻栏目,通过与哔哩哔哩的融合传播,在全国取得了极高的知名度,仅2020年就有50多条爆款新闻视频登上热搜,仔细研究这些爆款视频,引爆其热度的除了新闻事件本身以外,网友通过各种"弹幕""神回复"形成巨大传播效应起到了至关重要的作用。

在视听媒介领域一个极端的例子是在短视频市场上出现了一种围绕"留言""提问"制作的短视频,常见于一些自媒体视频播客。这些视频播客有两个特征:一是大多出生于UGC,在流量形成规模后转战PGC内容生产;二是为了留住观众,这类播客会提升更新率或者努力迎合用户群体的喜好来生产内容。对于这些信息来源匮乏的作者而言,将留言内容制作成一期栏目既能提升观众发表意见的热情,也能有效地为观众提供强烈的参与感。这种高明的策略似乎并没有受到主流媒体的青睐,访谈、宣讲等传统形式的观众意见表达已经无法满足现代观众的诉求了。从这个意义上讲,如果主流媒体不做改变,必定会流失一部分观众。

四、用户思维逻辑下形成的超级媒体:融媒体移动客户端

在媒体行业,"内容+广告"的二元盈利模式已经让位于"新闻+政务+服务"的多点营收模式。巩固用户"黏性",不唯依靠优质内容,还要强化政务、民生、电商等服务。① 事实上,如今的移动融媒体客户端的功能已持续衍生出了更多其他功能,借助强大的互联网技术,类似于微信小程序的卫星模块为融媒体的未来提供了更多可能。

坚持一体化发展方向,加快从相加阶段迈向相融阶段,通过流程优化、平台再造,实现各种媒介资源、生产要素有效整合,实现信息内容、技术应用、平台终端、管理手段共融互通,催化融合质变,放大议题效能,打造一批具有强大影响力、竞争力的新型主流媒体。② 带着这样的使命,由中宣部打造的"学习强国"手机客户端应运而生,成为媒体融合创新发展的优质样板,经过短短不到两年时间的发展已经成为引领主流思想文化传播的核心阵地之一。其主要版块包括社交、科普、思政、电视、广播,是典型的"新闻+政务+服务"模式,打破了传统政治学习的刻板形象,有机融入各种类型的媒介形式,图片、文字、音频、视频全类型的新闻内容;以政治学习、政策宣传为中心的政务功能应用;从慕课到公共卫生服务,从电商到云盘,各类服务功能在不断扩充中。

在用户思维的驱使下,这类手机客户端已经成为媒体融合的新趋势。这是一种打造平台化"IP"取代内容"IP"的新思路,围绕客户端具备的超强用户黏性,把它打造成超级媒体,平台本身是"IP",而不是围绕其他内容"IP"来填充。我们看到主流媒体和地方政务合作的巨大空间,大众媒体似乎还没有找到与政务或者公共服务之间合作的契机,"今日头条""网易新闻"等平台倾向于在电子商务上的融合,背后的逻辑依然属于"新闻+广告"的范畴。这主要是大众媒体的权威性不如主流媒体所造成的,但是随着用户社区化和客制化公共服务的推出,大众媒体仍然具备灵活性的优势,特别是背靠几大国内互联网平台的媒体。

五、警惕用户思维策略对守门人的挑战

用户思维推动的媒体融合变革同时也带来了一些挑战,商业模式的终极

---

① 媒体融合新业绩、新挑战、新动能[EB/OL]. www. sohu. com/a/420505341_391368,2020. 9.24.

② 习近平.加快推动媒体融合发展构建全媒体传播格局[J].求是,2019(7).

目标是逐利,互联网模式的终极目标是引流。在内容把关时媒体必须谨慎对待,特别是一些在传统媒体具有绝对话语地位的媒体单位,应在保留自身特色的条件下绘制用户画像,制定相应内容生产策略。传统媒体在拥抱用户思维的同时,巩固原有优势、留住原生观众是前提。那些唯"用户"、唯"短平快"的内容无法获得持久的传播效力,时下最流行的短视频内容,也正在经历一场由UGC内容主导到PGC内容主导的变革中,观众普遍更愿意接受制作精良、内容饱满的短视频,而那些以低俗、审丑为导向的作品很难获得持续的成功。

信息传播的过程通常也是价值观和思想传递的过程,媒体融合时代对于平台的守门人提出了更高的要求,在制度框架下需要平台和用户共同发挥作用。有学者提出了基于劳拉·德拉迪斯和乔纳森·彼得斯论述基础上的四种平台治理模式:自我裁量、委托治理、法律投诉治理、群众治理。① 其中成本最低的群众治理模式符合互联网"众筹"消费理念,也符合用户思维的逻辑,用户在获得参与感的同时也向作者传递了反馈信息。然而,在群众获得守门权限的同时其开放式的评判会对内容导向产生全方位的影响,从这个角度上讲,群众治理本身也应受到平台、监管部门等上级单位的治理。

本文系浙江艺术职业学院 2020 年青年教师科研团队培育项目研究成果,由浙江省省属高校基本科研业务费资助,项目编号:QNTD2020006。

---

① 易前良.网络平台在内容治理中的"在线看门人"角色[J].青年记者,2020(7).

构建四个体系　推进深度融合

项城市融媒体中心　田维林

项城位于河南省东南部,是一个农业大市,1993年撤县设市,辖15个镇6个街道,人口126万人,2019年一般公共预算收入13.4亿元。项城融媒体中心是中宣部县级融媒体建设五个样本之一,成立于2016年10月,融合广播、电视、报纸、杂志、"两微一端一网"八大平台以及公交车站牌等户外宣传资源,形成了纵向与央视、新华社、河南卫视等主流媒体,横向与抖音、快手等商业平台融合相通的全媒体传播矩阵。

近几年,在各级领导的关心支持下,获得全国广播电视媒体融合先导单位、县区最强融媒品牌、首届全国县级融媒体中心舆论引导能力建设典型案例等荣誉,是中宣部基层直报点、全国首批入驻"学习强国"的县级融媒体之一,受到中央政治局委员、中央书记处书记、中宣部部长黄坤明的充分肯定。几年来,先后有30个省区市、600个县市区、8000多人到项城参观交流。我们的做法主要是构建四个体系、做强四个平台。

一、构建全媒体管理体系,做强创新发展平台

项城融媒体中心成立之初,存在着人员老化、思想僵化、能力退化、设备陈旧、体制不顺、机制不活等问题,面对困难和问题,我们大胆改革,建立了以创新为支撑的全媒体管理体系。

一是体制机制创新。体制的突破是媒体融合的关键,只有打破一个旧体制,才能建设一个新媒体。我们打破员工身份限制,做到体制内外一样,员工能上能下,能进能出,优胜劣汰。同时,招聘有朝气、有思想的年轻人,优化人员结构,目前,团队平均年龄在26岁。我们的中层领导大多是90后。

实行事业单位企业化管理,以岗定人,以岗定薪,实行绩效考核制、零工资制、全员竞聘制、数据考核制、末位淘汰制、项目负责制等,实现多劳多得、不劳不得,工资几百元、几千元、上万元不等,激发了大家工作的积极性。

二是团队管理创新。推动媒体融合发展,关键在人、在团队。

在团队管理上,我们实行层级管理,中心管理部室主任,部室员工的使用、考核都由部室主任说了算,形成了中心管主任、主任抓骨干、骨干带员工的一体化管理体系。

加大对员工的培训,与央视网、中国人民大学新闻传播学院、中南大学传播学院、河南大学传播学院、浙江传媒学院等单位战略合作,大力培养全媒体记者、编辑和管理人才,打造全媒体人才,由一人一岗转为一人全岗。

聘请全国 30 多位专家组成智囊团,聘请广播、电视、新媒体、运营等方面的专家,比如中国人民大学新闻传播学院宋建武教授、广播专家凡音、电视专家肖总等,定期来中心把脉问诊,解决发展中遇到的问题,及时研发新的发展模式,为融媒体中心发展提供了强有力的智力支撑,实现借船出海、借梯登高。

三是采编流程创新。体制机制的改革带来组织架构的重建,融媒体中心下设指挥中心、视频部、音频部、图文部、总编室、技术部等,彻底打破了传统媒体的组织架构,建立了由指挥中心统一指挥调度的新闻生产机制,打通了新闻生产全链条,做到了全流程协作。通过云服务采编系统,在"一张网"内策采编发,实现"一体策划、一次采集、多种生成、多元传播"。

二、构建全媒体内容生产体系,做强主流舆论传播平台

内容为王,任何时候都不会改变。没有了内容,融合也就失去了灵魂。我们根据不同平台的传播规律,生产有品质、能刷屏的内容。

一是栏目。项城融媒始终把传播党的声音作为首要政治任务,创新宣传,全媒体开设《总书记的话儿记心间》《一起来学习》《讲习课堂》《向总书记报告》《深入学习贯彻习近平总书记视察河南重要讲话精神》《学习贯彻十九届五中全会精神》等栏目,打造传习广播,每天滚动播出习总书记原声音频 96 次,让习近平新时代中国特色社会主义思想"飞入寻常百姓家"。

围绕当地党委政府中心工作,讲好项城故事。在疫情防控的主战场,项城融媒先后开设近 20 个栏目,深入挖掘抗疫一线的典型人物、感人事迹。疫情防控期间,播发相关新闻 8000 多条,短视频 3000 多个,公益广告 200 多个。举办各类直播 431 场,观看人数累计 9000 多万人次。《一场 20 分钟的相见》被全国 200 多家媒体转发,点击量破亿。

坚持与党委政府工作步调同频共振,迅速吹响复工复产号角。开设《抓"六保"促"六稳"育新机 开新局》《复工复产加速度》等专题专栏,积极做好政策解读,助力各项举措落地见效,为推动全市复工复产、复商复市贡献力量。

在脱贫攻坚的战场上,派出 36 名记者驻村采访,全媒体开设 16 个专栏,

记录精准脱贫之路,讲好脱贫故事。

围绕市委政府的重点工作、中心工作开设栏目,比如:《电视问政》聚焦党员干部作风转变;《法治在线》传递法治精神和力量;《安全零距离》拧紧全市安全阀;《生态项城》打响蓝天碧水净土保护战。

通过设置栏目和多个平台宣传互动,把总书记的思想、党的方针政策传到千家万户,把党委政府的工作部署传递到基层,凝聚起全市人民的共识。

二是短视频。我们把短微视频作为主要生产内容。目前"项城云"每年有2000条以上的短视频生产能力,爆款短视频产品层出不穷,全年流量达10亿＋,单条12小时的点击量最高突破1亿次。

我们记者把河北保定城管拿花砸人的视频,精心制作微视频后,在抖音发布,10个小时点击量突破1亿,点赞量400多万,粉丝增加17万。

三是直播。项城云客户端下载量44万,微信公众号掌上项城粉丝37万,小屏率先发力,实时互动直播。直播已成为我们的常态化。以手机直播为主要生产内容,2021年以来直播已达600多场。

在疫情期间,我们开设"项城名师课堂",让18万中小学生停课不停学、离校不离教。开通"同城直播"课堂,满足各类人群需要。举行书法、亲子、绘画、摄影、舞蹈、心理等各类直播课堂431场,观看人数累计9000多万人次。

基于短视频和直播优势,我们和快手建立战略合作,在项城建立短视频直播基地,打造主持人和记者IP矩阵,扩大内容的传播平台。

三、构建全媒体服务体系,做强基层治理平台

群众在哪,我们就服务到哪里。我们把融媒体作为基层治理的重要运营主体,以全媒体传播体系助力基层治理。

一是搭建政务服务平台。项城融媒体中心打通了42家职能部门和各镇办服务大厅的网上端口,为群众提供1193项政务服务项目,群众办事从线下向线上转变,提高政府工作效能。

二是搭建便民服务平台。在项城云APP上设置了多个贴近民生的便民服务版块,提供与用户生产生活息息相关的服务,开通网上水、电、气缴费,购买车票、网上挂号等生活服务项目,为群众提供了"掌上的便利"。

三是搭建群众诉求表达平台。我们整合了市长热线、市长信箱及职能部门的热线电话,搭建了移动端的群众诉求平台。我们开设了《马上就办》栏目,成为帮助本地群众解决问题的常态化服务平台。群众一有"爆料",《马上就办》栏目就带领职能部门全程直播,网络问政,把问题解决在一线,化解在基

层,倒逼干部作风转变。截至目前,已累计收到报料 13.6 万多个,问题解决率达 98%。可以说,这个平台成为党委政府了解民情的主要渠道之一。

四是搭建大数据平台。围绕党委政府重点工作,助力三大攻坚,建设智慧扶贫平台、智慧农村改厕平台、智慧监督平台,推动党委政府工作。

智慧扶贫平台。运用互联网和大数据技术,创新建设了"项城市扶贫大数据平台",彻底解决了扶贫工作中政策对接难、算账难、档卡资料规范难"三难"问题,打破了行业部门之间的"信息孤岛",成为脱贫攻坚的有力抓手,减轻了基层工作负担,转变了干部工作作风,为打赢脱贫攻坚战提供了有力的信息技术支撑。

智慧农村改厕平台。在农村改厕中,项城市融媒体中心记者从规划、设计、施工全程监督,发现问题,立即曝光,并上报党委政府。严格的督查使项城的农村改厕完成率达 100%。并建立了农村改厕大数据平台,从手机端即可查看每村、每户改厕情况。

智慧监督平台。为推进以案促改制度化、常态化,我们开发了智慧监督平台,有网络问政、信息发布、检查记录等功能,实现了对监察对象的全面监督,有效推进全面从严治党,切实解决群众身边的腐败和作风问题。

四、构建全媒体产业体系,做强跨界融合平台

产业是融媒体实现可持续发展的关键,只有不断提高自身造血机能,才能推动媒体深度融合发展。经过多年的实践和探索,项城融媒体形成了自己的创收模式。

一是房产模式。房产是我们的主要产业,分为包销模式、提点分成模式,成为我们收入的重要来源之一。

二是联办栏目模式。和市直单位联办栏目,由政府或联办单位购买服务,成为我们收入的又一主要来源。比如:和纪委联办电视问政、和政法委联办法治在线、和中医院联办健康 365 等。同时延伸栏目链条,做好一个栏目,成就一个产业,实现栏目产业化,产业栏目化。

三是活动模式。在实施活动中,举办文明实践活动、项城春晚、少儿春晚、集体婚礼、道德模范颁奖典礼、广场舞大赛等各类公益活动,联合商家举办虫草消费节、海参消费节、净水机节、车友节等商业活动,每年商业活动达到 200 多场次,每场活动都轰动全城。

四是直播带货模式。打造"一圈两基地":一圈即商业生态圈,以项城圈本地为依托,聚合全市商业资源,形成市民离不开的生活圈。依托圈本地可以进

行圈内直播带货,疫情期间,我们进行了上百场的直播带货,推进了当地的复工复产。两基地即网红孵化基地、电子商务基地,成立抖音、快手官方认证的直播公会,打造项城网红和电商孵化基地,形成 MCN 产业体系,形成新消费业态,落实"六稳六保"工作。

目前,我们已经进入媒体深度融合阶段,项城融媒体也将以全新的思维,做强新型主流媒体,建强用好县级融媒体中心,更好地引导群众、服务群众。

媒体融合必须创新发展　因地制宜

宜春市广播电视台　张　敏

一、传统媒体面临的困境

表现手法老旧,传播方式单一,缺乏创新能力。据数据显示,截至 2020 年 12 月,我国网络视频(含短视频)用户规模达 9.27 亿,较 2015 年 12 月增长 4.23 亿,占网民整体的 93.7%。手机网民规模为 9.86 亿,较 2015 年 12 月新增 5.81 亿,网民中使用手机上网的比例为 99.7%。其中短视频用户(手机网络视频)规模为 8.73 亿,占网民整体的 88.3%。对当代年轻人而言,获取信息的渠道是电脑和手机,接受信息也呈现出碎片化、移动化等模式。媒体融合发展势不可挡。对于传统视频行业而言,电视台举步维艰,传统电视业早几年就迎来了行业的拐点,但一直缺失真正意义上的创新。在信息多元化的时代,新媒体实现了与受众之间的有效交流互动,满足受众多样化的心理和实际需求。而传统电视业并没有改变原有的传播模式,受众几乎都是被动接受传播信息,这与内容丰富、传播渠道多样的新媒体无法相提并论。

专业技术人才的缺失。21 世纪的竞争说到底是人才的竞争,对于媒体行业亦是如此,但如今一个尴尬的现状是,尽管新闻传播专业的就业前景不断被人唱衰,但寻求到优秀的媒体人才一直都是媒体行业一大难事。尤其是传统媒体大部分属于事业单位,虽然稳定,但是明显发展活力不足。传统的单一能力已经不太能胜任媒体人才需求。媒体从业人员专业技能存在一定的不足,一是实践经验缺乏,二是知识储备不足,三是责任意识差,四是媒体技术人员之间交流程度不足。另外,因行业发展速度太快,到处缺乏人才,媒体行业降低技术人员从业门槛,导致部分媒体从业人员无需专业技能即可上岗。

缺少重点题材,内容缺乏吸引力。随着用户的媒介素质提高,对发布信息的内容的要求也越来越高。有些媒体迫不及待乘上新媒体的"顺风车",导致准备不足,缺少对热点新闻的研究,只是对网上内容的简单嫁接,内容同质化严重,缺乏感染力、吸引力,很难看见制作精良、构思巧妙、立意高深的佳作。

二、对新旧媒体融合的应对之策

第一，传统媒体转型升级需要扬长避短，发挥自己主流媒体的优势。传统电视业的专业性、权威性、公信力仍远高于互联网新媒体，作为党和政府的喉舌，作为凝聚社会共识的主流媒体，仍具有不可动摇的社会存在价值和不可替代性。媒体之间、平台之间可以分享资源，构建现代传播体系。面对网络信息大量失真、扭曲、恶意造谣，受众对真实性、专业性的信息的渴望，主流媒体更要不断提高传播力、影响力，牢牢抓住受众需求，坚持实事求是的基本原则，尤其在政治、经济、社会等内容上，要发挥主流媒体的主流价值，发挥优势，积极与不同媒体合作，实现信息的实时共享与受众互动。就拿江西宜春市广播电视台来看，2017年就改革创新，打造主流媒体的优势，在得到政府财政支持的情况下建成了"赣西媒体云"融媒体平台，结合演播厅改造，形成了采、编、播、转、存、发一体化的"中央厨房"，实现了听广播到看广播的融合，实现了广电报纸手机阅读的转变，宜春台的媒体融合案例被国家广电总局评为全国广播电视媒体融合典型案例。因此，传统媒体的转型升级其实就是深化改革，媒体融合，扬长避短，做多媒体而不是做新媒体，拓展丰富的媒体资源，除了广播、电视外，还应该拥有手机广播、手机电视、互联网平台等多媒体，通过与新媒体合作，成为多元化的新闻信息和文化娱乐综合服务商。

第二，传统媒体转型升级需要审时度势，顺应时代，创新创优。优质内容一直是传统媒体的核心竞争力，无论什么媒体，还是要靠优质的、接地气的节目内容来吸引受众，吸引用户。一是要匠心独运，在挖掘选题上创新。及时发现社会热点，分析热点背后的问题，把选题工作做足做透。二是要另辟蹊径，在制作手段上创新。运用新兴技术制作优质内容，用受众喜闻乐见的形式呈现，抓住受众眼球。三是要多管齐下，在传播方式上创新。开拓多个平台，一条新闻经过重新编辑，以不同的形式在不同的平台上进行传播，扩大新闻点传播力和影响力。比如央视推出的短视频栏目《主播说联播》作为《新闻联播》的衍生节目，以短视频的形式录制新闻热点，主持人用自己幽默又不失格的方式来阐述时事新闻，提高了关注度，获得了一系列的好评。又如江西宜春市广播电视台在公共频道推出主打的法治宣传，紧贴法治宣传为出发点，将栏目深度融合，围绕民生、政府的中心工作开展舆论监督，开辟多个专栏，报道法治社会治理新亮点、新举措、新成就。在做好法治宣传的同时，把镜头对准普通民众，集中播发侵害群众利益、百姓维权、部门不作为等涉及民生类的稿件，为推动社会进步、促进行业整改、解决民生问题发挥了重要的主流媒体监督作用，同时实现了媒体的内容创新。内容创优对人才的要求非常高,这要求从业人员对时事热点有高度的敏感度,并能将"碎片化""巨量化"的信息进行整合。全媒体人才拥有"一技之长"的同时还需要多才多艺,融合媒体时代,传媒人才既要擅长融合多形式内容,又要精通各种介质的融合分发。因此更应该培养一支优秀采编队伍,提高其整体素质和业务水平,激发其创作热情,打造观众喜闻乐见的精品节目。同时,要打破过去媒体单向性、被动性的传播模式,注重用户体验,满足多样化、个性化的信息需求。新媒体高速发展得益于它让信息传播更加便捷、更加快速,用户可以随时随地获取想要的信息,利用大数据分析用户消费心理和使用偏好,主动适应用户需求,实现从服务于现用户到吸引新用户的转变。传统媒体也可以学习新媒体的服务理念、管理制度、传播技巧,搭建融媒体新平台,创造更多的用户需求。最终形成"受众市场—节目策划—制作传播—反馈完善"的良性节目生产机制。

第三,传统媒体转型升级需要海纳百川,建立合作型传媒体系。当前媒体行业的特点就是"广",无论是媒体形式还是传播内容都是包罗万象,新旧媒体要实现保留各自特色,又不能独立存在。以各自不同的传播方式,独特的传播价值,通过互联互通,实现传播效应"1+1>2",满足不同人群的消息消费需要。传统媒体可以开办属于自己的微信公众号、官方网站、官方微博、官方抖音等账号,同时在几个平台上发布媒体消息。并且可以通过这几个平台来搜集更多的媒体信息,吸引更多的用户群。传统媒体可以和商业网站合作,以此实现不同广告信息内容共享,也可以建立版权网站,比如中央电视台打造央视网、央视频,湖南卫视精心打造湖南卫视金鹰网、视频网站芒果 TV,从被动到主动,可以更好地发展自己的传媒事业。我们要打破各个媒体媒介之间的"藩篱",加紧推动新旧媒体之间的融合,各个媒体平台打造各自的精品栏目、招牌栏目,各取所长,实现新闻采访信息和素材的传播效益最大化。同时采取产业合作也是拓宽合作型传媒的一条路子。宜春台是这样做的,在地市级广播电视台广告收入大幅下滑的趋势下,宜春主动出击,整合资源,开创新路,运营宜春广电学校,开展影视表演培训,开办影视栏目,开展播音主持编导艺考培训,主动对接市区的传媒公司、直播公司,帮助合作商克服疫情影响,在保证原有资源不流失的同时,努力做大增量,实现双赢,产业创收实现了稳中有进。

在这种合作的环境下,传统媒体有了更加广阔的发展空间。

第四,传统媒体转型升级需要转变思想,做好顶层设计。当前传统媒体管理机制已经不适应媒体融合的趋势,无论是新媒体还是传统媒体都有其自己的制度安排,所以重构管理体制显得格外重要。传统媒体大多都是科层式组织结构，这不利于职工激发干事创作热情。媒体融合需要员工有更大的创作空间和创造才能，因此传统媒体内部的体制机制改革要打破长期以来各自为政、部门互不往来的管理模式，重构管理体制，推行扁平化管理，激发创作活力。宜春台就是将原来各自运行的十余个部门划为五大片区，由五个片区长分管，迈出了去行政化的第一步。由新闻部、总编室、大型活动部、新媒体中心组成一片区；由社教部、经济中心、专题部组成二片区；由广告中心、影视制作部、产业协作部组成三片区；由广播电台、报社、播音部组成四片区；由后勤部、党务部、技术部组成五片区。通过片区划分，实现任务目标重构：第一片区重点打造宜春一套新闻综合频道，将新闻立台的内容做实；第二片区重点打造宜春二套法治频道，将经济生活的内容做活；第三片区做好广告产业，将台里的创收做好；第四片区将电台和报纸融合做强；第五片区将服务的工作做细。这一举措彻底打破了身份的界限和铁饭碗的观念，同时彻底改变了部门间"老死不相往来"的窘境，将部门单打独斗的业务模式转变为综合生产制作的模式。这不仅成功节约了人力成本，也改变了忙闲不均的现象。五大片区相互配合、通力协作，全台一盘棋，品牌效应开始显现。其次是要明确新闻立台，建立以责权清晰为导向的岗位责任体系。明晰新闻生产一线部门各岗位的工作职能，通过管理上去机关化，体制上去行政化，打破现有的行政机制，多种形式促进新闻宣传的媒体融合发稿，贯彻"有责有为才有岗有位"的创新思想。再要懂得制度兴台，建立以业绩考评为导向的目标管理体系。以传播量（包括电视收视率、电台收听率、网络点击率、点赞量）等多维度指标，对采编、运营人员及其部门等的工作量和工作效果进行考核评估，以考核结果来决定收入分配。江西宜春台以创新求发展，因地制宜地开展媒体融合，收获成果满满，2020年在央视《新闻联播》发稿106条，创历史新高。总台中国之声授予我台"新闻报道突出贡献奖"；2020年获评"最具创新影响力城市广播电视台"，公益广告制作获评总局"公益广告优秀传播机构"扶持项目；成功承办中广协会报刊年会，这些成绩都离不开媒体融合产生的巨大推动力。

新旧媒体融合是当代媒体行业的一项重大变革，它决不是简单地相加，媒体融合无论是以什么样式呈现，其最终目的都是要创造价值，让受众感受到传播内容的便捷性、及时性、真实性和趣味性。只有勇于接受挑战，充分发挥自身优势，创新发展改革方式，传统媒体才能在这波媒体融合的浪潮中激流勇进。

县级融媒体中心持续发展需提升六种能力

分宜县融媒体中心　李建艳

　　加强县级融媒体中心建设,是以习近平同志为核心的党中央着眼于宣传思想工作新形势新要求部署的重大改革任务,是加强和改进基层宣传思想工作、推动县级媒体转型升级的战略工程。根据中宣部三步走战略,2020年,我国县级融媒体中心建设已基本实现全覆盖,县级融媒体中心成为基层社会治理重要抓手,改革成效显著。2020年6月30日,中央全面深化改革委员会审议通过了《关于加快推进媒体深度融合发展的意见》,提出了深度融合、提质增效的改革任务。如何既讲政治讲导向,又讲效益讲服务?在中国共产党成立100周年和"十四五"开局之年,年轻的县级融媒体中心在前期快速发展的基础上,还需提升六种能力。

　　坚定政治"三力"。意识形态工作是党的一项十分重要的工作,新闻媒体具有政治和业务双重属性,但政治是首位的。作为基层新闻传播的重要载体和主阵地,县级融媒体中心是连接党委、政府和群众生产、生活的最后一公里,是新闻舆论工作的重要依托。需始终强化政治意识,必须透过业务看政治,不断提高政治判断力、政治领悟力、政治执行力,大力宣传党中央决策部署,宣传党的创新理论和社会主义核心价值观,宣传党委政府中心工作。当前,要将庆祝建党100周年系列宣传、乡村振兴、经济成就建设等主题宣传氛围营造起来。一要坚持将正确的政治方向、舆论导向、价值取向贯穿县级融媒体中心建设全过程和各环节,落实导向管理全覆盖的要求,严格执行"三审三校"制度,规范策、采、编、审、发工作流程,做到依法依规依程序,流程规范完整。二要严守党的政治纪律、组织纪律、廉洁纪律、群众纪律、工作纪律、生活纪律、宣传纪律、保密纪律,把讲政治作为第一位的要求,把忠诚可靠作为第一位的标准。三要弘扬主旋律,传播正能量,增强脑力、眼力、脚力、笔力,利用多种媒体呈现社会正能量,坚守正道、勇开新局。

　　内容生产能力。经过三年多的建设,县级融媒体中心阵地平台融合已基本完成,优质内容生产成为检验融媒体成效的关键要素与核心环节。当前,县级融媒体中心受理念、地域、人员、资金、技术等条件局限,每天生产的本地化原创内容、生活化和社区化的高质量内容较少,传播方式上基本以两微一端一抖为主,加上自有平台客户端普遍存在下载量不够、日活率不高、缺乏本地特色栏目的问题,融媒体内容点击量、阅读量与当地人口数量严重不成比例,中部某省手机客户端用户数能达到总人口25%的县市区还不到1/3。亟需改变相对单一、枯燥的播报模式,要充分发挥基层媒体贴近基层、贴近群众、贴近生活的优势,结合当地实际制作更多具有原创性的融媒体产品。一要强策划。推出系列报道和重点报道,增加民生新闻和社会新闻,组织记者编辑沉到乡村、社区和工地一线,做精主题宣传,使主题宣传导向正、素材鲜、接地气、有温度。二是做强融创宣传。融创产品是当今互联网时代最具传播力的宣传产品,广泛发动各基层通讯员、社会工作者、本地网红等进入融媒体生产平台,提供本地素材,引导生产,增强互动,即时发布特色鲜明、易于传播、紧贴群众生活的好作品,不断增强群众认同度、信任度、喜爱度。三要做深人文宣传。按照系列化宣传、多角度呈现、品牌化打造思路,充分发挥融媒体中心优势,坚持内外宣并举,持续不断地发掘本地特色资源、深耕本土内容。四要建立与内容创新为导向的激励机制,支持移动优先、多媒体传播,实施"以岗定薪、绩酬挂钩、按岗取酬"的收入分配机制,加大鼓励采编播人员深入一线,领衔原创作品,加强宣传资金保障,对外宣优秀稿件进行考核奖励。

系统运行能力。系统运行包含媒体调度、服务基层的能力。媒体调度应是县级融媒体中心的一项常态工作,字面之义不仅是融体间的融合、配合,更应是互为补充、各有侧重。一个事件不应以一稿打天下,而是移动优先,新媒体首发,传统媒体跟进深度报道,体现不同媒体间的新闻规律和发布规律。现阶段,县级融媒体中心不仅仅是媒体的基层单位,同时也构成了国家开展社会治理的基础。要充分发挥其新闻媒体属性和政务服务、社会服务属性,深度参与基层社会治理,整合信息中心和融媒体中心数据资源,让部分政务、电商、求职就业、房产等民生功能逐步进入当地主流客户端平台,打通数据应用的"最后一公里"。一是要完善新闻资讯服务,融媒体平台需将国内省内大事要闻汇集一端,方便群众随时收看查阅。二是扩大政务服务和民生服务范围。加大科普宣传、远程医疗、在线教育、移动办公、常用证件办理等高频率服务事项统一集聚,实现"一键通""一端通"。在线受理群众咨询、投诉、建议和求助等问题反映,明确答政方式和工作流程,建立限时办理回复和考核问责机制,着力解决群众生产生活中的烦心事、揪心事。三是深度参与社会治理。融合各级网信部门、新时代文明实践中心、志愿者服务中心和"学习强国"平台,加大信息联动共享、资源服务下沉一线、平台统一点单上传力度，走出媒体宣传的局限，在深度参与社会治理的过程中提升系统运行能力。

技术驱动能力。媒体深度融合离不开先进技术的引领和支撑。当前，5G、大数据、云计算、物联网、人工智能等信息技术发展迅猛，开发应用信息技术革命成果是各级新闻媒体重要而紧迫的时代课题。但从县级媒体乃至市级媒体情况看，无论技术力量还是资金实力都比较薄弱，研发应用新技术基本上是有心无力，有的县甚至播音、编辑、技术由一人兼任，技术服务内容几无可能实现。在这种断裂式的技术迭代时期，县级融媒体中心应坚持移动优先、人机交互主应用。一是与中央、省、市等上级媒体平台开展融合对接，共建共享包括移动采编、舆情监控和大数据分析等功能在内的综合性融媒体技术系统，积极推动节目移动化、多媒体传播，细化目标人群，进行精准投放，在多屏终端培育更广泛的用户群体，用技术的创新推动融媒体内容传播、推广。二要加大新技术设备资金投入，加快新技术的创新应用。保持对新技术的敏感性，利用大数据、人工智能等重塑采编流程、建设平台终端、优化管理手段、打造媒体资源数据库、提升内容生产力。运用流媒体、超高清等技术手段丰富传播形态、传播样式。引入虚拟现实（VR）、增强现实（AR）、混合现实（MR）等新技术创新节目形态，发掘创意空间，深耕内容制作。三要强化大屏小屏互动，用好大数据、算法等新技术，调研和掌握本地用户的信息、服务需求，与互联网公司等建立长期合作关系，凝聚一批优秀信息技术人才，下功夫攻克媒体融合的技术瓶颈问题。

人才提升能力。由于编制、待遇、平台以及历史遗留问题，各县级融媒体中心均存在人员年龄老化、专业不强、人才缺乏等问题，既懂新闻采编又懂新媒体运营的复合型人才一将难求。一些县级融媒体中心尽管实行了薪酬分配制度改革，做到了以岗定薪、同工同酬，为引进、留住人才发挥了积极作用，但高端紧缺人才引不进、编外骨干人才留不住的问题也仍未根本解决。在信息富足的今天，如何让县级新闻脱颖而出，人才的知识更新、驾驭新闻、图文编辑、多种拍摄水平均亟待提高。一是可设立融媒讲堂，内部分享提升，对外走出去参观学习、调研座谈、组织培训等方式提升业务能力。二要鼓励优秀人才在岗学习、外出深造，到中央级、省级部门跟班学习，增加新闻高层次人才评选比例，鼓励高层次人才建立"名主播（名记者、名编辑）工作室"。三要实行更加积极、有效的人才引进政策，从省内外高校直接招录一批当前亟需的动漫、手绘、小程序设计人才，允许并支持柔性引进一批业内高端人才、紧缺人才。四要全面推动建立编内编外一视同仁的评价激励和薪酬分配制度，开通编外骨干人才选录入编通道,吸引更多专业技术人才投身县级融媒体中心建设。

市场连接能力。目前,县级融媒体中心建设的资金主要来自县级财政支持和自主运营收入。受县域市场规模较小、资金实力不强等因素制约,一些县级融媒体中心尚未跳出传统的媒体运作思维,在盈利模式上比较单一,主要依靠媒体广告、战略合作、大型活动和综艺晚会等,缺少平台意识和媒体生态意识,平台流量未能有效转化为现金红利,大部分市县来自新媒体平台的经营收入微乎其微。媒体人不缺应用技能,缺的是思维和战略,应在互联网、数字经济、最新趋势和商业应用上积极布局。一要做强融媒体平台,真正令融媒体中心内容生产走入市场,完善媒体、党建、政务、公共、增值等服务功能,提高媒体的资源利用效率,扩展县级融媒体中心直接从事的业务范围,连接最广大用户,通过多重业务的开展推动融媒体中心向县级综合智慧平台的建设目标靠近。二要兼顾社会效益和经济效益,坚持社会效益为主,积极探索为各类宣传搭建宣传展示服务窗口,提供专业化的运营服务;开展线上线下营销合作,与职能部门、企业、商家举办各种节庆、乡村旅游、综艺、展会等,整合传统媒体与新媒体平台资源,提供相对应的策划推广等专业服务,通过提供更丰富的市场化服务来壮大基层舆论主阵地。三应坚持财政"输血"和平台"造血"双管齐下,新闻采编工作由财政全额拨款保障基本运行,在坚持采编经营两分开的基础上,建立体制外的国有传媒企业,出台支持融媒体中心市场化运营的扶持政策,在资源分配、项目承建、融资担保等方面予以适当倾斜,积极探索多种"媒体＋"业态,通过"媒体＋商贸""媒体＋教育""媒体＋旅游""媒体＋项目"等途径延长产业链条,增加经营性收入。

县级融媒体中心建设是一项系统工程,是现代治理体系建设、智慧城市建设、主流舆论场建设的基层交汇点,需要在多方面进行创新探索,不仅是对媒体把舵人智慧、担当和勇气的考验,更是对媒体从业人情怀、汗水与坚持的检验,让媒体融合更加回归引导群众、服务群众的本质要求。

融媒赋能 守正创新十六载

——九江广电打造为民办实事热线栏目实践探索

九江市广播电视台 江晓坚 肖 蕊

九江市广播电视台《党风政风热线》节目开播十六年,始终坚持栏目开办宗旨,把倾听群众心声、真实反映群众意愿、真正解决实际问题、为百姓办实事作为出发点和立足点,推动干部作风的持续好转,使该栏目真正成为当地党委政府联系群众的"连心桥"、纠正不正之风的"监督岗"、为民办实事的"服务台"、了解社情民意的"显示屏"、化解社会矛盾的"稳压器"。该栏目先后荣获"全省优秀反腐倡廉宣传栏目"二等奖、"九江新闻奖"一等奖和"九江市和谐创业新成果奖"等,成为九江市党风廉政建设的一个响亮品牌。

2018年至2020年近三年,《党风政风热线》共完成上线直播节目814期,其中访谈节目182期,反馈节目242期,常态化节目390期,参加直播的领导、嘉宾共有1763位。共受理群众诉求4146件(次),接听群众热线电话1643个,收短信236条,网络互动发帖2267条。在受理的诉求中,咨询类2621件(次),意见建议类926件(次);现场回复2769件,调查反馈回复1377件(次)。大量与人民群众生产和生活密切相关的问题得到了解决,办结率达98.8%,群众的满意度高。这一串串数字背后,凝聚的是九江市纪委市监委多年来的精心指导,各级领导的关心、支持,广大群众的信任、参与,台里及栏目组的初心坚守和使命担当。

一、完善机制,保障有力

《党风政风热线》节目播出的频点是FM90.0九江广播电视台综合广播。2005年4月九江市纪委与市人民广播电台联合策划开播《政风行风热线》节目,2014年节目更名为《党风政风热线》。

栏目在实践中不断探索,从机制建立和制度完善方面切实加强组织领导,形成工作合力,为"热线"的健康发展提供了坚强的保障,上线单位也从最初的仅限市直范围的39家到现在对全市及各县区党委和政府部门的全覆盖。九江市纪委市监委充分发挥指导和协调作用，每年年初指导下发节目实施方案，明确工作要求和协办单位职责，完善运行机制和节目流程。节目结束后，对各单位办结情况认真审结，对问题没有完全解决的、处理结果群众不满意的，下发《热线督办单》，责成相关单位重新整改、重新沟通反馈并跟踪问效，以实实在在的成效取信于民。

（一）明确责任分工

《党风政风热线》节目由市纪委市监委具体指导，市广播电视台主办，市广播电视台综合广播承办，各县（市、区）广播电视台、政府网站协办，与企业经营、群众生产生活联系密切的市委部门、市直单位、人民团体、社会团体、公共服务行业组织，县（市、区）党委、政府共同参与。

（1）指导单位职责：负责指导节目方案制定；协调解决节目运行中存在的重大问题；督促上线单位接受群众监督；监督群众信访问题的调查处理，督办节目组移送的典型问题线索。

（2）主办单位职责：负责节目方案制定，协调相关单位上线、节目播出，组织对上线单位工作落实情况进行全媒体跟踪报道。

（3）承办单位职责：负责节目的主题策划、单位联络、技术保障、问题征集、节目播出、投诉记录、问题追踪、情况反馈、数据统计及资料留存，对上线单位进行评议评价等工作。

（4）上线单位职责：按照节目方案确定的播出主题、时间、方式，积极配合做好节目前期调查采访与录制工作，认真组织嘉宾上线直播，解答群众咨询，受理企业和群众举报、投诉、求助和建议，并将办理结果及时回复投诉人，做到"事事有回音、件件有落实"。节目播出后，积极协助、配合新闻单位做好相关的追踪报道，积极参与节目反馈；积极组织力量对群众反映的问题进行办理，并将责任落实到具体部门和人员后报给节目承办单位。

（二）健全优化机制

（1）加强组织领导。要求各上线单位高度重视，加强对上线工作的组织领导。坚持"一把手"上线制度，制定工作方案，建立工作机制，落实工作责任。要求指定专人负责与节目组对接，做好上线的准备、播出和上线反馈等相关工作，确保《党风政风热线》节目的播出质量和社会效果。

（2）坚持正确导向。要求各上线单位充分利用市《党风政风热线》这一载体，宣传党和国家有关政策，展示本地区、本单位作风、营商环境等方面的建设成效，解答企业和群众的咨询，受理并积极回应企业和群众的诉求。同时，不回避矛盾和问题,接受舆论和群众的监督。

(3)切实解决问题。落实限时办结制,一般性的问题,要求在 10 日内办结;较为复杂的问题,在 20 日内办结;特别复杂的问题,在 30 日内办结。重大问题线索,由节目组移送市纪委市监委党风政风监督室督办。

(4)及时反馈报告。上线单位及时反馈群众投诉举报问题的处理情况和处理结果。参加反馈前,上线单位要将《群众反映问题处理情况反馈一览表》报送节目组。根据需要,节目主办、承办单位和节目组适时对企业和群众反映强烈的问题处理情况进行回访报道。

(5)接受群众评议。在九江市广播电视台"云上九江"APP 开设"党风政风热线"专栏,对上线单位直播进行预告及网络问题征集;在"云上九江"APP设立线上评议小程序,上线单位主动接受网友的监督和评分。

(三)财政经费支持

由于品牌效果的彰显,自 2018 年起九江市将该栏目的开办费用列入市财政预算,每年划拨专项资金给予一定的经费保障,这充分体现了市委、市政府、市纪委市监委对这档栏目的高度重视与认可。

二、融媒合力,硬核宣传

2019 年 3 月,九江广播电视台有效整合全台采编资源,在不改变现有频率、频道运营模式、人员设置前提下,通过再造采编播流程,建成协同传播、精干高效的融媒体新闻中心。广播、电视、网络、报纸各媒体平台实现深度融合,改变过去各媒体各自为战的老套路,形成一个劲往一处使的组合拳,一张全天候立体交叉宣传网,一个同频共振的全媒体。实现了音视频报纸共同发声的强大张力,推动正能量宣传更加高扬,台内部新闻资源互通、互动、共享。2015年上线的"云上九江"APP 客户端访问量已突破 5500 万人次,注册用户数与下载安装数突破 30 万,"九江新闻头条"等 15 个微信公众号粉丝突破 300万人。

《党风政风热线》节目充分发挥台内全媒体资源优势,集中优势资源,不断拓宽与群众沟通渠道,积极协调解决群众反映的热点、难点问题,为"热线"的健康发展打下了坚实的基础。

(一)全媒体"云上问政",热线影响力度更强

2020 年,《党风政风热线》节目组根据上一年度受理的群众投诉数量统计情况,对"直播版"和"访谈版"上线单位进行了部分调整。每期节目播出前,除

了在九江综合广播微信公众号、频率定点预告等方式，提前告知参与单位，以方便广大群众参与节目，还在"云上九江"APP上开设"党风政风热线"专栏，增加上线单位直播预告及网络问题征集；节目内容在"云上九江"APP同步视频直播，并设置直播节目文字实录专版，精选热点单位上线视频回放，回顾每周热线反映的突出问题及跟踪办理情况，接受市民的监督。

（二）全媒体跟踪报道，为民办实事力度更大

2019年年底，按照中央和省委、市委关于在"不忘初心、牢记使命"主题教育中开展专项整治的部署要求，九江市纪委市监委机关牵头，会同18个市直单位，对漠视侵害群众利益问题进行了集中整治。在主题教育开展期间，九江广电与市纪委市监委联合开展了"整治漠视侵害群众利益"全媒体追踪报道，记者奔着问题去，督着问题改，有力推动了干部工作作风的转变，一项一项狠抓落实。

（三）增设网络评分，群众参与力度更高

2020年度的《党风政风热线》节目开通了微信公众号以及"云上九江"APP线上评议打分小程序，邀请上线单位服务对象和市民为上线单位打分，主动接受网友监督。直播和点播回看均可参与，网友互动更方便，据不完全统计，该年度近20万人（次）参与了网络评议打分。

三、一把手上线，保证热度

（一）"一把手"现场办公

"一把手"亲自上阵，带领职能科室的负责人参加直播节目，倾听群众呼声，立说立行为群众排忧解难。"老大难老大难，老大重视就不难"，"一把手"领导带头上线也是节目一直以来保持"热度"的关键所在。自2018年起，一把手上线率由之前的94.5%在当年提高到了99%，并且得到了较好的持续保证。

（二）三级联动马上办

"一把手"带队上线的同时，该部门或行业还要与上下三级联动，全系统同时收听收看，共同听取群众的意见，解决群众提出的问题。领导在节目现场接听接收群众诉求，广大干部职工在工作一线落实群众诉求。比如，市生态环境局、国家电网九江供电公司、市教育局、市交管支队等单位上线时，均组织人员随时场外待命，一接到热线诉求，立即奔赴现场解决实际问题，体现了高效率。

（三）评价体系作保障

对各上线单位的上线工作实施考核评价,严格"一把手"上线制度,把单位上线情况、问题办结率、群众满意率纳入考核内容,这也是做到"一把手"上线的机制保障。由主办单位组织人大代表、政协委员和社会各界群众等共同评议,并将评议结果向全市通报,以评议促党风政风热线的开展。

正是由于我们对听众的诉求真正以抓铁有痕、踏石留印的精神去落实,他们的热情才会不断高涨,热线才能保持热度,热线监督的效果才能真正达到。

四、常办常新,迸发活力

16年来,栏目组从热线设计理念、内容、形式上不断进行创新,使热线常办常新、越办越实,真正打通为民办实事的堵点和"最后一公里",不断增强栏目质量和活力。

开办之初节目设"直播版"、"记者在行动"、"重播版"和"反馈版"。2018年"热线互动"直播版实现了网络视频同步直播,增强了互动性,进一步扩大了节目影响力。2018年11月6日《党风政风热线》节目举办了"作风建设永远在路上"大型主题直播活动,这是九江目前唯一一档由广播策划制作、网络同步直播、电视录播的大型互动节目。节目通过记者暗访、现场问政,直面有关单位工作作风存在的问题,辣味十足,得到了市纪委市监委和社会各界的一致好评。同年,节目新开办了《曝光台》《党风政风在身边》《党纪法规在心间》三个栏目,全年共播出128期。

2019年在九江电视一频道——新闻综合频道的舆论监督类栏目《落实进行时》中,增加热线节目的内容,回顾每周热线反映的突出问题及受理情况,针对问题解决办理情况定期公示。并预告下周上线单位,多渠道提高知晓率。2019年《党风政风热线》节目配合全市"不忘初心,牢记使命"主题教育,新增"主题教育"版块,每家上线单位结合自身在主题教育工作中的开展情况,在上线单位参加直播节目开场中进行展播。同时,开展了"整治漠视侵害群众利益"全媒体跟踪报道,狠抓问题落实,成为主题教育的工作亮点。

通过设置"三方通话"环节,打破《党风政风热线》节目直播时间限制,受理和处理百姓诉求的渠道进一步拓宽。全年通过"三方通话"受理群众诉求440件,占比30％。同年,直播节目除强化舆论监督外,还积极引导上线单位加强正面宣传和舆论引导。比如九江市水务有限公司参与直播时,一住宅小区听众反映用水困难,市水务有限公司表示通过新建管网改善这一片区供水可以彻底解决问题，管网碰通预计当年 11 月底进行。直播结束后，节目组提前做好宣传预案，协助市水务有限公司将相关信息及时宣传到位，积极做好全城舆论引导，提前预告并跟进管网改造碰通进程，请市民朋友们做好应对。虽然较大面积、较长时间停水，但得到了广大市民充分的理解。

2020 年对直播上线主题做了进一步精选，节目主题更加明确。各直播上线单位按照节目《方案》要求，围绕事先确定的直播主题准备节目内容，带队领导现场介绍相关工作。直播主题的设置紧紧围绕市委市政府中心工作，聚焦全面从严治党新成效、重点领域反腐、扶贫领域腐败和作风问题专项治理、漠视侵害群众利益问题专项整治、坚决打好三大攻坚战、大力推进工业优化升级、千方百计保障和改善民生等方面，切实解决好群众急难愁盼问题，不断增强群众的获得感、幸福感、安全感。节目增设了"聚焦漠视侵害群众利益问题"主题版块，通过对情况介绍、整治成果的公布，接受群众的监督评判。

例如：2020 年，《党风政风热线》节目针对近三年百姓反应强烈的地下停车位及人防车位出租管理问题进行了跟踪报道，促使加快了《九江市物业管理条例》立法进程，并在立法条款中对停车位的使用管理做了明确。同时，为规范人防结建工程停车使用日常管理，九江市人防办还会同市住建局印发了《关于进一步规范住宅小区依法修建人防工程使用管理的通知》，自 2020 年 10 月 1 日起，实施新建小区人防结建工程停车使用日常管理移交物业服务企业、租金统一监管规范使用的新举措，有效平抑了地下车位售价。

办"看得见"的广播节目也是近几年《党风政风热线》的常规动作。例如，2020 年 10 月 29 日，共青城市一把手带队做客《党风政风热线》共青城户外全媒体直播，现场受理群众诉求 22 件，与广大群众进行在线沟通对话，接受听众各方面的咨询和问题反映，当期节目问题办结率达 100%。有市民通过节目反映，共青城市南湖新城体育馆建成多年一直没有对外开放，质疑政府工程审批不严谨，涉及超前施工问题。上线领导在户外直播现场回应表示，体育馆是共青科教城内五所大学的共享配套公共设施，在满足五所大学使用的同时，也会尽快对社会开放，请市民放心。不久，共青南湖新城体育馆免费向市民开放，受到共青城市民的交口称赞。

同时，2020 年节目开通了微信公众号以及"云上九江"APP 线上评议打分小程序。直播和点播回看均可打分，方便网民参与，加大了与网民互动力度。

民有所呼，我有所应。发挥好新闻舆论监督功能，充分运用好全媒体平台，着力构建全方位、立体化宣传格局。解民忧、办实事，促进干部作风的不断转变，《党风政风热线》赢得社会各界的广泛认同和群众的普遍赞誉，成为九江广播电视监督力度最大、解决问题最多、实际效果最好的节目。九江广播电视台综合广播也通过这档核心栏目,带动了政务资源的汇入,通过积极探索"全媒体＋政务"、"全媒体＋服务"等运营模式,实现了宣传和经营、社会效益和经济效益的双提升。

媒体融合下的小记者团运营及启示

九江市广播电视台　江晓坚

随着传媒生态环境的转变和步入融媒体时代,城市台在迎来机遇的同时也面临着严峻的挑战。基于此,如何加快传统媒体的转型,这需要找寻与新媒体相互融合的发展渠道。

我们将九江广电小记者团运营作为媒体融合发展的尝试性项目进行探索,同时也是在传统媒体和营销活动中植入互联网思维的一种探索。通过小记者团运营,探索如何在媒体融合背景下开发新的媒体产品、打造新的用户集聚方式,实现社会效益和经济效益的双丰收。

一、广电小记者团的运营模式

2019年10月,九江广电小记者中心成立,属台内机构,负责小记者招募、培训、活动和运营等。根据广电特色和属性,广电小记者招募工作做到常态化,月月招募、周周招募、日日招募。每周召开一次广电小记者团工作例会,总结上周工作,布署下周安排。策划活动选题、细化活动流程、做好全媒体宣传、协调全台相关部门力量参与。

在招募的初期,主要与市区一些各方面条件好、合作意愿强、影响力大的学校合作,通过以点带面,重点突破、示范引领,带动其他学校跟进。

小记者团在运营过程中,逐步形成了围绕四个"动",做到八个"一"的工作模式。

(一)围绕四个"动"

1. 政策上推动。小记者团工作得到市委宣传部、市教育局的高度重视和大力支持,并与我台联合下达《关于在全市中小学校选拔九江广电小记者的通知》,同时,各县区教育部门也配发红头文件,有了这样的文件,联系校长、德育主任、班主任开展小记者招募工作更加顺畅。

2. 宣传上鼓动。在对外宣传上讲清讲透九江广电的全媒体优势和小记者招募工作的意义,充分用好自身的全媒体平台,造浓氛围、扩大影响。

以宣传为切入点,广泛与各学校建立合作关系。组建九江广电小记者宣讲团,抽调广播电视优秀主持人、播音员深入学校,不仅为学生宣讲播音主持课程,还讲解主持采访技巧,通过 H5、PPT 及各种音视频,把广电小记者招募事宜融入生动的授课中,寓教于乐,激发学生课外学习的热情,培养孩子争当广电小记者的兴趣。

多形式、广泛开展小记者宣传推广工作,线上线下同步、校内校外联动,招募宣传短视频发至班主任群,宣传单进入学校宣传栏,进入各班级发送到每个学生手中,让老师、学生及家长人人知晓。

在招募过程中,记者随行采访学校校长、老师和学生,并播发新闻,这样既宣传了小记者招募活动,又宣传了学校,特别是宣传了学校在开展学生素质教育过程中所做的工作,展示了学校良好形象,受到学校的欢迎和支持。

3. 机制上驱动。制定九江广电小记者团《招募工作方案》《绩效考核方案》《财务管理方案》。测算小记者招募成本开支,制定好业务绩效的标准。为鼓励个人或学校规模化、集团化发展小记者数量,制定阶梯性奖励办法,及时兑现,充分调动大家的工作积极性、主动性、创造性。

4. 活动上带动。策划并开展丰富多彩的活动是广电小记者品牌特色,广电小记者可自主在十大方面选择享受福利,其中既有培训活动,又有采访活动;既有出镜机会,又有刊发作文机会;更有丰富的纯公益性质的活动可参加,这类活动不收取任何费用。

——围绕季节策划活动:

例如,春天,组织小记者开展"体验茶文化,奉茶报恩情"活动;让孩子们在采茶、制茶的劳动中学习茶文化,在奉茶中培养感恩的情怀;开展广电小记者亲子"风筝节"活动,让孩子们在大自然中放风筝,放飞希望和梦想;组织广电小记者到中国科学院庐山植物园赏杜鹃、诵诗词、园艺 DIY,让孩子们走进大自然,在一花一草一山一水的世界里,净化心灵……

夏季,组织小记者夏令营,培养孩子自理自立能力……

秋天,组织小记者到周边风景点采风,让孩子们在山水中陶冶性情……

冬天,围绕寒假策划开展活动……

——围绕节庆策划活动:

例如,在植树节来临之际,举办"认捐一棵树,小树伴我共成长"亲子植树活动,让孩子们通过自己的辛勤劳动,增强生态和环保意识,树立"绿色家园,从我做起"的理念;在记者节到来之际,组织"小记者参观九江市广播电视台",

让孩子们感受主流媒体的魅力，激发对新闻事业的热爱；举办广电小记者节暨"国防教育"体验活动，让孩子们在射击、队列等军事训练中，培养爱国主义、集体主义和革命英雄主义精神，全面提高综合素质；在 11 月 9 日前后，组织小记者参观时代楷模——九江消防救援支队，致敬楷模，学习楷模，学习消防救援知识，提高中小学生消防安全意识，提升火灾防范和逃生自救能力；在每年由我台承办的九江市少儿春晚现场，小记者观摩并采访小演员、剧务人员等。

——围绕主题策划活动：

例如，走进九江市妇幼健康促进教育基地，探究生命奥秘，从而尊重热爱生命；走进 120 紧急救援中心，学习生命急救知识，感受生命救护人员工作的艰辛；参观非遗小苑，在感受传统非遗的过程中，了解文化传承的意义，认知工匠精神，提升文化自信；参观享有"千载学府、百年名校"美誉的九江市第一中学，让孩子们领略百年名校的风采，感受千年学府的书香，在百年沧桑的校史中，探根寻源，发掘生生不息的人文精神，让孩子们从小树立刻苦学习、奋发向上的志向；举办"广电小记者争做环保小卫士"活动，既为孩子们普及了分类垃圾常识，又让孩子们"环保宣誓"，在庄重的仪式中，让孩子们树立环保理念；组织小记者代表采访文化名人，如《中华诗词大会》的评委蒙曼老师等。

举办"千名广电小记者走进九江工业园"大型采访活动，让孩子们近距离接触工业园区，见证园内如火如荼的生产画卷，采访具有代表性的企业，增长知识和见识，感受企业创业的成长历程，同时学会珍惜生活、尊重劳动，进而激发从小热爱家乡、长大建设家乡的情怀和理想。

为庆祝中国共产党百年华诞，同时也为了进一步培养广电小记者铭记红色历史、传承红色基因、弘扬革命精神，把爱国情、强国志、报国行自觉融入生活中、学习中、实践中，努力成为担当民族复兴重任的时代新人，启动"童心向党跟党走，红色基因代代传"九江广电小记者红色主题教育五大系列活动。

一是诵读革命故事，致敬崇高信仰。在全市（县、区）各小学组织优秀广电小记者诵读 100 个红色故事，回顾党的光辉历史，传承红色基因，激发学生热爱祖国、勤奋学习，树立正确的人生观、价值观、世界观。

活动通过视频录制，在九江广电全媒体平台"云上九江"APP 开设专栏进行展播，每天更新一期，同时小记者结合自己诵读的红色故事，以文字形式分享自己的读后感。

二是寻访红色地标，重温红色印记。红色地标是百年党史最鲜明的历史见证，回望历史，中国共产党在九江这片热土上留下了许多不可磨灭的印记。策划实施《广电小记者寻访红色地标　重温红色印记》大型活动，针对市史志办推出的九江 30 处红色地标,带领小记者们逐一实地探访,重温革命历程,缅怀革命先烈。

三是学习红色文化,庚续红色基因。学史明理,学史增信,学史崇德,学史力行。为更好地发挥校史党史教育基地的作用,教育引导小记者深入了解中国共产党的历史和共产党人"以天下为己任"的使命担当,学习他们为了共产主义事业而奋斗的无私奉献精神和崇高品德,组织小记者前往全市各校史馆和党史馆参观学习。通过一段段珍贵的文字,一幅幅珍贵的图片,传承红色记忆,加深青少年从小热爱党、热爱祖国的情怀,践行社会主义核心价值观,引导青少年"扣好人生第一粒扣子"。

四是聆听红色故事,传承革命精神。为使小记者了解光荣的革命传统,接受革命先辈艰苦卓绝的革命历程的洗礼,我们邀请一等功臣赵春金爷爷进小学为小记者讲述战斗故事。赵春金,1981 年 12 月光荣入伍。在 1985 年对越自卫反击作战的"1·15"战斗中,奉命配属连队一排,担负攻占 116 无名三号高地的任务,由于战斗进行得十分激烈和残酷,阵地上伤亡惨重,只剩下他一人。为了牢牢守住阵地,确保"1·15"战斗的最后胜利,他灵活地变换战术,坚守阵地 10 个小时。他在火线上加入中国共产党,并荣获一等战功,被军区授予一等功臣荣誉。小记者听完故事后,热血沸腾、心潮澎湃。这一活动培育了孩子们的爱国之情,激发了其报国之志。

五是"童心向党跟党走"主题征文。为充分发挥主流媒体对青少年阅读写作兴趣的激发与促进作用,把党史学习教育融入小记者学习生活,开展"童心向党跟党走"主题征文活动。

活动面向全市县区各学校小记者,依托档案馆、党史馆、红色教育基地,全面开展寻访活动,采访内容包括共产党员的艰苦岁月、奋斗历程、传承发展、发挥余热、不忘初心等多个方面,力求描写细腻,故事感人,主题鲜明。以小记者的独特视角,用文字、照片、小视频等形式记录不同时期的优秀共产党员的先锋楷模事迹。

(二)做到八个"一"

1. 一支服务小分队。打造了一支素质过硬、能打胜仗的小记者中心服务队伍。所有人员责任分工明确到各个县区,协助频道频率、各部门做好发展小记者和服务小记者的工作,做到前方后方协调配合。

2. 一个微信工作群。建立"广电小记者微信工作群",台领导在群里调度指挥,密切关注工作进度。工作人员每天在群里相互沟通,报告工作进程,发现问题即及时解决。

对于每所学校的对接人,都要求建一个该校的"广电小记者活动微信群",把家长请进群里,群主即为对接人,及时发布相关信息,在群里做好服务和咨询回复工作,调动家长和孩子参加活动的热情。

3. 一套行头。凡是正式报名加入九江广电小记者团的成员,都及时配发小记者证、小记者帽、小记者采访服、采访本、采访笔等装备。

4. 一张喜报。对已加入广电小记者的学生,把他们的姓名刊登在喜报上,张贴在学校宣传栏里,并在学校的晨会上,给新加入的小记者颁发小记者装备。

5. 一组活动。本着因地制宜、因校制宜、因校施策的原则,策划各类接地气、操作性强、公益性质的活动,方便不同地区的小记者和家长参与,寓教于乐、寓教于学。所有的活动全媒体配合宣传。

6. 一张报纸。广电报开设"小记者成长周刊",周刊上每期都有学校专版,发表小记者作文和教师论文。小记者中心做好作者身份审核和登记造册等工作,对已发表作文或论文的作者,支付用稿凭证和稿费。

7. 一本作品集。每年出版一本《广电小记者作品集》或《教师论文集》。通过把优秀小记者的作品集结成册,出版《广电小记者作品集》,提高小记者写作的信心和热情,同时注明指导教师,也是对教师教学成果的认可和赞誉;出版《教师论文集》,给广电小记者团优秀指导老师提供一个发表专业论文的平台。

8. 一次"双百"评选。由市委宣传部、市教育局、市广播电视台联合下文,每年举办一次百名优秀辅导员、百名优秀小记者评选,对在广电小记者工作中表现优秀的教师、小记者予以表彰。

二、广电小记者团运营的成效

(一)队伍不断壮大,活动场场爆满

每次举办活动的前一周,小记者中心都会在相关微信群里发布活动预告。为确保每场活动安全开展,体验效果好,活动规模也会大小不一,均有人数的限制。经常是活动通知发布不到一个小时就完成了报名,非常踊跃。根据需求,小记者中心还会不断地重复举办同样的活动,让有意愿参加的小记者都能获得机会。

通过形式多样、内容丰富、纯公益性的小记者活动,为孩子们创造了走出课堂、参与实践、接触社会、增长见识的机会,受到学生、家长和学校的一致好

评,为小记者招募树立了良好的口碑,打下了坚实的基础。二者相辅相成、相得益彰。

(二)精心组织策划的活动,真正成为第二课堂

在传统中秋佳节到来之际,组织走进百年老字号——清真梁义隆食品有限公司,让小记者们了解中华老字号的历史,采访第一代和第二代"非遗"传承人。诵读关于中秋的诗文,感悟中秋文化的魅力。动手制作月饼,学习工匠精神,并把亲手制作的月饼带回去给亲人品尝。这种公益活动既体现了文化内涵,又具有人文关怀气息,在培养"情"商、健全人格方面都起到了良好的启蒙作用。

在国际爱眼日前后,组织小记者到本地规模最大的眼科医疗机构进行职业体验,在免费检查视力的同时,为小记者和家长们上了一堂公益爱眼课。让孩子们学会科学用眼、护眼,更好地了解眼睛发育与保护的常识,培养孩子从小爱眼护眼的好习惯。在进行职业体验环节,孩子透过验光仪给母亲验光的那一瞬间,母亲充满着感动。活动结束后,有位母亲情不自禁地说:"感谢九江广电为我和孩子提供了这么好的亲子互动机会,通过活动,加深了亲情。"

2020年,由于疫情,原本线下的活动只能通过线上平台进行。我们在"九江广电小记者公众号"上进行了广电小记者"宅家抗疫"有奖征文比赛,4个月下来,在公众号发布了32期文,推出了400多篇征文、120多篇书画作品,反响强烈。

2021年年初,我们策划了广电小记者"新年心愿",让各校小记者在电视镜头前表达新年愿望,我们将"新年心愿"线下活动与新媒体融合,不仅在电视上展播,还在"云上九江"APP和公众号上播放,为孩子们提供了广阔的展示自我的平台,令他们提升了表达能力,增强了自信心。

(三)社会效应凸显,经济效应随之而来

广电小记者全年会费每人每天不足一元,而且会费中包含小记者诸多福利,比如一套行头,可免费参加五场社会实践公益活动,这些都充分体现了小记者组织的公益性质。随着各类公益活动的深入开展,从每月有,发展到周周有,甚至一周好几场活动,广电小记者团影响力在不断扩大,小记者品牌在产生良好社会效应同时,还带来了意想不到的经济效应。

两年来,广电小记者数量从最初的300多人发展到现在的5000多人,虽然每人每年会费低廉,但人数可观,所以仅会费一块也是可观的数字,加之各类商家看好这一资源,合作不断带入。可见,运营好小记者团,不仅可以有效

缓解硬广下滑带来的压力，还能成为广电事业发展的一个新的增长点。

三、广电小记者团运营的启示

小记者工作是传统媒体结合媒体自身优势延伸出来的一个新领域，九江广电努力将其打造成媒体工作的特色之一，将其塑造成一个全新的品牌，在互联网和媒体融合的时代背景下，给小记者团运营工作赋予全新的定义。

（一）是多平台的融合

1. 是广电各媒体、栏目的融合

作为九江最重要的主流媒体，九江广电的平台优势非常明显，既有广播、电视、报纸这些传统媒体，也有网络新媒体，实现了光、影、声、色、图、文等各种传播媒介的全方位、全覆盖。有很多的栏目专为小记者服务，既有电视栏目《夸夸我》，又有广播栏目《红领巾播音室》，还有报纸版面《小记者成长周刊》，这些栏目都可以成为小记者展示形象、声音和作品的良好平台。这些在传统平台呈现的内容，在新媒体上也同步实现，通过大屏＋小屏，方便收看和转发，达到宣传效果的最大化。

例如，2020 年记者节，举办了"九江首届广电小记者节暨国防教育体验活动"，这次活动前期，我们在"云上九江"APP 上预告直播消息，在活动中，新媒体对活动进行全程直播，只要下载"云上九江"APP，即可在手机上收看直播内容；配合直播，还第一时间在 APP 上发布了活动快讯；制作短视频及时在APP 上发抖音；电视记者在现场拍摄新闻，在当晚的电视一套《九江新闻》中播出；电视二套的《夸夸我》少儿栏目做一期特别节目；《九江广播电视报》刊发活动文字、图片报道；"九江广电小记者公众号"以图文的形式发布活动特别报道；活动后，九江综合广播《红领巾播音室》邀请了部分参加过活动的小记者代表到直播室里谈感受、谈收获；"云上九江"APP、"广电小记者公众号"、《九江广电报》开辟作文专区，发布小记者撰写的活动体会文章。以上宣传，综合而全面，既宣传了活动，又宣传了活动的赞助方，既扩大了九江广电的影响力，又提升了支持活动企业的品牌形象。

在每次的小记者活动中，全台全媒体人员齐上阵，形成强大的宣传攻势，体现了媒体融合的特性，也展示了媒体融合的巨大影响力。通过两年的探索实践，从中可以感受到，无论是小记者招募还是小记者活动，要想做大做强都必须依托媒体融合的大宣传格局。

2. 是广电专业人才的融合

在小记者招募过程中,小记者中心根据台里各频率频道、部门优势,统筹调度。比如,小记者中心抽调台里优秀主持人、播音员,到学校宣讲授课,展示了他(她)们良好的气质、娴熟的业务;抽调大记者给小记者传授采访技巧和新闻稿件的写作;抽调技术骨干给小记者讲授无人机的航拍操作方法,这些专业培训有力地推动了小记者的招募工作。

3. 是广电各线性管理的融合

活动之前,小记者中心调集台属各媒体和部门,对活动事宜进行协调,形成一条主责部门—参与部门—对接人的活动参与全链条,参与各方在提出自己的意见和建议后,活动会更具"创意化"。这就相当于以项目制方式运作每场活动,能满足定制化、模块化、个性化生产需求,而创造性的活动自然滋生着更有影响力的新闻。

将各平台、各部门连成"串并联电路",一旦"电源"开启,"电路"便立即开工,既有"串联"的各司其职、上下游明晰,又有"并联"的协同合作、时时同步,有条不紊。随着生产力和生产关系发生变化,新技术的产生和运用,自然会提高新闻生产力,但如果新闻生产关系还停留于传统,部门之间各干各的,就会束缚先进技术,不适应多元化的传播途径。小记者活动的策划、运营也是如此。

(二)是多种资源的融合

1. 实现了生产部门与非生产部门的融合,并整合了台内闲置资源

九江广电小记者团工作是面向全市县区各中小学校展开的,学校数量多,涉及地域广,需要深入细致地开展工作,单靠一个部门或几个人是很难完成的。2020年下半年,在全台范围内选调人员充实小记者中心。从最初的 1 名专职,多名兼职,增加到 7 名专职人员,成立了以专人牵头的活动组、宣传组、讲师组、内务组,既分工又合作,使小记者中心框架更加清晰。

2021 年,台里提出"一线生产部门包区,二线非生产部门包县"的思路,发布全台招募令。任务公布后,全台各频率频道、各部门迅速出击,利用平台优势,积极开拓招募市场,和负责区域的宣传部、教育局以及学校校长联系,广电小记者招募进校园活动进展顺利。

在小记者团运营工作中,全台再无闲人,全台也无清闲的部门,所有部门、所有人员在完成本职工作同时,都担负着发展小记者的任务,闲置的人力资源得到整合,全台一盘棋,全台员工干事业的劲头更足了。

2. 举全台之力打造小记者队伍，体现着媒体融合用户的思维

广电小记者是与教育行业关系最为密切的目标人群，小记者团背后是千家万户，由来自各行各业、不同层次的从业者构成。从这个意义上讲，小记者首先是观（听）众、是用户，3000 名小记者就意味着数万名固定的观（听）众、用户。一个小记者的加入将带动一个家庭来关注广电，甚至有"一带六"辐射效应：父母、爷爷奶奶、外公外婆。

通过对小记者活动的报道，无形中增加了自身的曝光点，增加了品牌素材，也让更多的与小记者有关联的家长、老师关注广电，让广电品牌再次回到大众面前，这样既增加了用户黏性，又增加了用户关注度，提高了广电的影响力。

每次小记者活动直播的时侯，许多在现场的家长会下载"云上九江"APP，在上面收看孩子在活动中的表现，我台的新媒体平台 APP 会增加不少粉丝。

2021 年 4 月，我们带领小记者走进中国科学院庐山植物园，观赏品种各异的杜鹃花，在花丛中朗诵关于杜鹃的诗词，并手工培植多肉绿植。央视频对整场活动进行网络直播，本台新媒体进行链接，小记者和家长纷纷下载 APP 回看，令我台新媒体平台吸粉不少，既扩大了活动的知名度，也助推了合作方的影响力。

3. 小记者团项目是一根纽带，其串联的是未来的百业消费联盟

小记者资源是一座富矿，它涵盖了社会各行各业。其产业链可延伸到教育、医疗健康、学习用品、玩具图书、美食、服装、传统文化教育基地、风景名胜区、科技馆、博物馆、生产技能体验基地和培训机构等。通过小记者项目，我们可以开展多种形式的活动，有了小记者资源，我们可以实现"带着用户找商家"的构想，从而改变了传统的"为商家找用户"的模式。

两年来，广电小记者团在不断发展壮大的同时，通过小记者团的活动，密切了商户与我台的联系，增加了黏度，合作前景乐观。比如：上海某能源公司，奔着九江广电丰富的小记者资源，特意赶来寻求合作，举办了广电小记者"分类垃圾进社区"公益行活动，商家提升了社会影响力，台里增加了经济效益。

在举办小记者活动过程中，九江广电和本土不少商户也加大了合作，这些商户敞开大门欢迎小记者参观体验，并为小记者消费提供实惠和便利。这些近年来很少在媒体投放硬广的商户，通过参与小记者的活动，提高了曝光率，感受到了小记者是一块优质资源，从而再次点燃了他们心中与广电合作的信心，也奠定了广电未来打造"小记者百业消费联盟"的决心。

（三）是新闻和教育情怀的融合

九江广电成立小记者团的指导思想是：贯彻落实中共中央、国务院《关于深化文化体制改革的若干意见》和《关于深化教育改革，全面推进素质教育的决定》的精神，弘扬社会主义先进文化，加快青少年文化阵地建设，提升城市的文明程度。丰富第二课堂，推进学校素质教育进程，促进青少年德育、美育发展和综合素质提高。为青少年提供开拓视野、锻炼自我、浸润文明的学习舞台，使广大的青少年成为教育的实践者、梦想的记录者和文化的传播者。

教育不仅仅是学校和家庭的责任，还需要全社会的关注和参与。习近平总书记说："教育是国之大计、党之大计。要从党和国家事业发展全局的高度，坚守为党育人、为国育才，把立德树人融入思想道德教育、文化知识教育、社会实践教育各环节，培根铸魂、启智润心。"

依靠自身资源为青少年教育提供一个优质的平台，以一种全新的思维方式，把新闻和教育相融合，这也是媒体融合时代我们应当努力的方向。我们努力寻找孩子、家长和教育行业内在的需求，让小记者工作和服务被需要，这既是一份事业，更是一份情怀。

教育部近日印发《关于加强义务教育学校作业管理的通知》，明确提出：坚持小学一年级零起点教学，小学一二年级不布置书面家庭作业，小学其他年级每天书面作业完成时间平均不超过 60 分钟，初中每天书面作业完成时间平均不超过 90 分钟等。为中小学生减负，让孩子们快乐学习、健康成长不再是空洞的口号，从政策层面上开始实行的通知，会更加规范，更具指导性，接下来这些举措将会影响到更多的学校、家庭。所以，小记者团工作的开展正当其时。

作为九江主流媒体之一的九江市广播电视台，以高度的社会责任感，在全媒体融合的大背景下，以互联网思维和手段，通过开展丰富而有意义的小记者实践活动，成为策应学校开展素质教育的一个强有力阵地，得到教育主管部门、学校、家长和孩子们的充分认可。融媒时代下的媒体和教育的融合，将更好地助力学校素质教育的发展进程，引领青少年思想道德建设取得良好成效。

厚植土壤　激发活力
银杏融媒:头部人才战略助推高质量发展

邳州市融媒体中心　徐希之　彭　严

全媒时代,县级媒体面临的舆论生态、媒体格局、传播方式都发生了深刻变化,生存环境也面临着新的挑战。如何直面挑战,牢牢占据主流舆论阵地?人才是核心竞争力。习近平总书记强调,媒体竞争关键是人才竞争,媒体核心优势是人才优势。邳州市融媒体中心紧紧围绕媒体融合这个时代课题,启动银杏融媒"嘉木成荫"头部人才养成计划,精心设计激励头部人才成长、发展的机制体制,创新头部人才培养模式,以头部人才带动、打造一支能够摒弃旧观念、拥抱新技术、懂得新媒体、勇创新、会创造的融媒人才队伍,团队创造活力激情迸发。

一、改革机制　厚植创新沃土

培育创新动能,激发队伍活力,机制体制是关键。银杏融媒以激发优秀员工、头部人才的积极性、创造性为核心,连续多年深化内部改革,全面实行分配机制和用人机制企业化管理,为激发队伍活力培育良田沃土。

颠覆用人机制。邳州市融媒体中心现有员工250人,其中编外员工160人,90后员工70人。中心80%以上的岗位编外年轻员工已经成为主力军,且不少企聘员工已经能够独当一面,成为中坚力量。如何调动优秀员工积极性,激励他们成长为能够担当重任、素质过硬的头部人才?我们首先在用人机制上破除坚冰,打破原来只有在编人员才能做中层的模式,破除编内编外人员身份限定,用一把尺子量人才、评业绩,做到"同岗同责、同工同酬、优劳优酬",推行公开竞聘的用人机制,中层管理职位面向所有符合岗位条件的员工公开竞岗、基层员工双向选岗。28名体制外优秀员工通过竞聘走上中层管理岗位,越来越多台聘员工成为业务骨干和主力军,灵活的用人机制也吸引了此前辞职的8名优秀员工申请回流返岗。

重塑分配机制。在薪酬绩效的设计上,我们重点强化薪酬的正向激励,建

56

立以业绩、结果为导向的绩效考核制度,全员全程实行绩效考核,以岗定薪,上不封顶下不保底,多劳多得,优劳优得;树立移动优先考核导向,以移动端作品实际传播效果为依据,根据发稿时效、发稿数量给予基础考核,根据作品访问量实行倍增考核;对符合融媒传播需求的新型人才和头部人才,实行"双特机制":提出特殊要求,给予特殊薪酬待遇。对于播音员主持人等特殊岗位,一直推行的是特岗优酬的分配机制,2018、2019年曾连续两年以百万年薪聘请营销职业经理人,2021年又面向全国高薪聘请全媒体内容生产副总编辑一名。灵活的分配机制使我们能够招引到媒体融合发展急需的头部人才,达到以少数人带动多数人发展的目的。

创新管理模式。按照主力军转移主战场的要求,为了给头部人才提供更大的舞台,秉承年轻人优先、跨部门搭配、兴趣化组合、项目制实施的原则,我们在部门架构之外全力探索项目制和工作室模式。2019年底以新媒体平台为依托组建银杏融媒智慧港。推行融媒"实验室＋工作室"运作模式,推动采编人员"IP"化,培养专业的产品经理人和工作室负责人,开展融媒体产品的创意、孵化、生产,根据创新效果给予优厚奖励。目前新媒体智慧港内已经组建运营工作室、短视频工作室、智慧项目工作室等4个工作室,有8名优秀员工走上智慧港副总监、工作室负责人岗位,30多名85后年轻人加盟各工作室,开展各种融媒产品的策划与生产,爆款产品不断涌现,媒体影响力持续提升。此外,头条工作室、政务工作室等一批新闻类工作室,婚礼司仪工作室、主持人抖音运营工作室等一批垂直类工作室的诞生也为头部人才提供了发展的沃土,让他们有舞台展现才华,有机会实现人生价值。

二、搭建平台　培育创新力量

机制立,人心齐。面对员工尤其是优秀员工对自身素质技能提升的迫切要求,邳州市融媒体中心专门成立银杏融媒学院,启动"嘉木成荫"头部人才养成计划,创新培训培养模式,激发员工学习热情,真正把学院打造成人才培养的基地、行业互动的平台、学术交流的载体,成为头部人才快速崛起的大熔炉。

在人才基地中锤炼队伍。银杏融媒学院对接中国传媒大学、南京大学、南京师范大学、中南大学等多所高校,共建培训实践基地。每年筛选、输送优秀员工到高校去进行充电和提升,促进优秀员工尽快成长为头部人才,仅2020年下半年就外训优秀员工400多人次。对内,融媒学院精心设计以新媒体课程为主体的媒体素养提升课程体系和评价体系,建立以业务骨干为师资的内训队伍,坚持每周开展一次内训,每月组织一场外训,每年举办一届全国峰会,促进员工尤其是优秀员工、业务骨干成长转型。学院还施行"一专一特"头部记者培养计划。以融媒记者为核心，通过高校理论课、赴上级媒体交流学习、中心领导带队走基层、内部好作品分享交流课、小组实践课等多种形式，打造精通"十八般武艺"的专业融媒记者；我们还以特约记者为补充，从各镇（区、街道）、机关单位公开选拔，组建170多人的融媒特约记者团队，以专业记者一对多帮扶指导交流、定期培训学习等形式，锻炼专业记者能力，提升特约记者采编水平，壮大融媒采编力量。此外，学院还常态化开展"导师带学"梯队建设行动，选拔业务骨干作为导师，进行常态化带学，导师手把手教、学员随时随地学，通过集中开小课、实践演练、日常业务指导、阶段性考核反馈等形式，做好强弱互帮，在带学中培养一般人才，发现优秀人才，锤炼头部人才。

在行业平台中开拓视野。立足本土，放眼全国，学院每年举办或协办一场全国性的行业大会，为全国各地县级媒体搭建一个交流学习的平台。在此过程中，众多优秀员工参与其中，了解全国各地媒体融合进程、动态、成果，促进他们对照先进，查找不足，开拓视野，奋起直追。2018年12月，我们与中国广电实战专家团合作，在邳州成功举办了第二届"中国广电融媒体中心改革实战峰会"；2019年4月，银杏融媒核心讲师团队亮相长沙第三届"中国广电融媒体中心改革实战峰会"并做专题演讲，与现场700多名媒体同行一起分享发展成果，探讨发展路径。学院还面向全国各地新闻媒体尤其是县级融媒体中心提供新媒体运营、绩效考核及薪酬体系设计等多元咨询服务，全国累计有20多个省份400多家市、县媒体到邳州交流、学习。学院的骨干讲师还先后到河南信阳、陕西安康、西藏拉萨、新疆奎屯等地，分享交流媒体融合经验做法，为各地媒体融合提供经验支持。

在学术交流中提升格局。我们还以银杏融媒学院为载体，加强和学界的协作交流，在交流学习中丰富理论认知，拓宽发展眼界，提升发展格局。2019年6月，由中国传媒大学国家传播创新研究中心、英国威斯敏斯特大学传播与媒介研究院、香港中文大学新闻与传播学院等高校联合举办的第十一届国际联合暑期班在银杏融媒学院举行，30多名来自国内知名高校的研究生和银杏融媒的骨干员工齐聚一堂，就媒体融合的相关问题进行了为期十多天的深入研讨。2020年11月，南京大学丁和根教授团队来到银杏融媒，实地考察调研银杏融媒媒体融合发展经验做法及成果。江苏紫金传媒智库、南京师范大学、安徽师范大学、淮阴师范学院传媒学院等智库和院校的师生都先后走进银杏融媒学院，开展学术交流、业务探讨等活动。近距离接触学界专家，聆听前沿的理论指导，对丰富头部人才的知识储备、提升专业认知起到了积极的作用。

通过多种方式的培养，不仅所有员工的知识技能有了显著提高，银杏融媒学院内部骨干讲师已然成长为"上得了厅堂、下得了厨房"的头部人才，形成了以他们为核心力量的银杏融媒发展创新智库，源源不断地为融媒发展提供智力支持和创新支撑。

三、活力迸发　收获创新硕果

机制体制的创新、头部人才养成计划的赋能激发了团队前所未有的活力和创造力，银杏融媒按下了创新发展的"加速键"，传播力、引导力、影响力、公信力持续增强。

爆款产品不断涌现。新媒体智慧港整合人才优势，围绕中心工作，用H5、动漫、短视频、VR等全媒体表现形式，创新讲好邳州故事。移动端推出的"@邳州人，书记喊你加入群聊，讨论这件事"H5互动产品，征求网友对推动邳州高质量发展的意见，吸引了"10万＋"用户参与其中，提出有价值的意见、建议2000余条；围绕创文宣传策划推出"创文小剧场"系列短视频、"我为文明城市代言"H5接力互动等系列产品，全网阅读量突破100万人次，吸引25万人次参与线上互动；实现新闻、商业移动直播的常态化，全年累计开展直播近300场次，最高单场直播观看达到70万人次。"银杏短视频"工作室探索MCN运作模式，开展短视频创作，试水直播带货，单条视频最高阅读量达4300万＋，媒体传播力持续提升。外宣方面，2020年以来，已经在徐州市级媒体发稿1000多条，在省级媒体发稿112条，在国家级媒体刊播新闻29条，我们开设的"市外媒体看邳州"栏目，全文刊发或摘要播出市外媒体来邳州采访播发的稿件510余篇次，进一步提升了邳州的知名度、美誉度和吸引力。2020年，邳州市融媒体中心获评国家级优秀作品1件、国家级综合奖8项，省级优秀作品20件、省级综合奖2项，徐州市级优秀作品35件。创新创优工作连续8年在徐州市六县区保持第一，新闻节目质量得到上级领导和专家学者的高度评价。

经营创收连年增长。在头部人才带动下，经营创收团队整体媒体经营意识、手段、思维、路径迅速转型。团队开发了"政企云"产品，做强融媒＋政务。"政企云"以新媒体执行团队为牵引，为合作单位提供信息发布、数据共享、平台托管、技术研发等一对一精准服务。目前，该项目已吸引全市100多家政企单位合作，实现直接创收800多万元。策划团队精心策划特色大活动，做实融媒＋服务。我们以客户需求为导向，先后策划"砥砺奋进的五年""我的家乡我的镇""我们的小康""一镇一品""一校一品"等近百个全域全媒体大型活动，

2020年营销活动收入超过1500万元。以头部人才"项目制"带动，做广"融媒＋产业"。团队主动开发演艺、策划、技术等新服务，快速拓展品牌代理、教育培训等新项目，产业经营的贡献比快速上升，经营收入结构日趋科学。近三年来，创收额每年以超过20％的幅度强势增长。

创新成果倍受关注。头部人才的强力赋能也使得银杏融媒收获了累累硕果。2018年10月，我们顺利完成省广电局媒体深度融合试点工作，在全省率先挂牌成立融媒体中心；2019年4月出版发行了国内首部关于县级融媒体中心建设的专著——《银杏融媒——县级融媒体中心建设的邳州实践》一书，给更多改革中的县级媒体提供模式借鉴和参考；2019年12月，被国家广电总局评为全国广播电视媒体融合先导单位；邳州市融媒体中心主任徐希之入选国家广播电视总局媒体融合发展专家库首批专家、2020年度江苏省广播电视和网络视听行业领军人才；2020年11月，作为全省唯一县级媒体，与江苏省广播电视总台共建中国（江苏）广播电视媒体融合发展创新中心；参加江苏省庆祝第21个记者节座谈会，作为全省唯一县级媒体作典型发言；《县级融媒体中心建设的"邳州实践"》作为省新闻战线"三项学习教育"的"走转改"活动专报，报江苏省委书记娄勤俭和省委常委、宣传部长张爱军；中央、省市各级领导先后来邳专题调研融媒体中心建设工作……

为全国县融建设探路先行，这是银杏融媒人的使命和梦想。为此，我们将牢牢把握人才这个核心竞争力，凝聚更多智慧和力量，向着更高更远的目标，从"新"启航。

媒体融合背景下新闻时评的转型路径探析

——以诸暨市融媒体中心为例

诸暨市融媒体中心　陈仲明

新闻时评顾名思义就是对时下的新闻事件所展开的评论性文章,是大众传媒对新近发生的新闻事件或者社会现象在第一时间表达有理性有思想的一种新闻体裁。在媒体融合的大背景下,但凡有热点新闻事件,网络平台上众声喧哗,作为主流媒体,有义务及时通过新闻时评来引导舆论。

诸暨市融媒体中心旗下的《诸暨日报》常态化开设有新闻时评专栏,诸暨电视台《诸暨新闻》栏目开设有《本台短评》新闻时评专栏,"西施眼"客户端开设有《西西说》新媒体时评专栏,围绕诸暨市委、市政府的中心工作和本地热点新闻事件刊发了一系列有影响、有深度的时评。作为单位的负责人,笔者也会承担重要时评的撰写,但是在实践过程中,笔者以为,对于县级融媒体中心来说,新闻时评无论是在生产环节还是传播环节,都存在不少的制约因素。

一、媒体融合背景下新闻时评生产、传播环节面临的问题

1. 定位不清晰

定位简而言之就是确立受众群体,新闻时评作为新闻产品,有其特定的受众群体。但是新闻时评又与一般新闻不同,其不光有理论性,更有思想性,受众群体面比较窄。因此,在基层媒体单位,很多采编人员对于新闻时评的定位就不清晰,认为其缺乏受众市场,因此存在一定的消极思想。同时还有采编人员老想着同在一个小地方,评"好"没人看,评"坏"得罪人,不痛不痒、不温不火,因此时评成了可有可无的"鸡肋栏目"。

以 2021 年 3 月份为例,诸暨本地的荷花小学推出了睡眠令,家长和学生的反响都比较大,浙江卫视《正午播报》也专门围绕这个话题播发了新闻时评。但是作为本地主流媒体,采编人员其实早就掌握了这个题材并进行了专项讨论,最终因为觉得围绕这一题材展开的新闻时评未必会有人关注而放弃了这

一选题，也因此错失了推出独家新闻时评的好机会。

2. 思想不解放

与动态新闻的局限性不同，新闻时评的取材面很宽泛，只要是事关经济社会发展的话题都可以展开评论。而在实际操作过程中，无论是我们基层媒体单位还是采编人员，都存在思想不够解放的问题，总觉得没那么多事件要"评"，即使要播发新闻时评也习惯于接受上级指令才发声。长此以往，也确实看不到新闻时评的需求市场了。

2020年6月中旬，浦阳江诸暨段遭遇梅汛期以来的最强降雨，部分区域出现了不同程度的险情。在这个当口，新媒体平台上各种声音很多，其中不乏消极和不实之言，在这样的情况下，作为基层融媒体中心来说，应该在关键时刻推出新闻时评来引导舆论、激励人心，但是最后因为没有上级指令的问题，诸暨市融媒体中心是在时隔多日之后才在"西施眼"客户端中推出了新媒体新闻时评《西西说　抗灾，不是简单地跟它斗》，从效果上来说打了折扣。

3. 缺乏可看性

新闻时评作为评论性文章，需要一定的理论性和思想性，但是这与可看性并不违背。在实践中，我们的采编人员对于新闻时评的创作墨守成规，在方式上，放不下架子，似乎只有站在某一个制高点，讲一些说一不二的话，以为这才是真正的评论，其实这是在拒人于千里之外。同时，我们的采编人员在创作新闻时评时，总喜欢用一些晦涩的理论和词句，以为这样才有深度和高度，让受众有种云里雾里的感觉。

2020年9月份，笔者在值班时，翻看了采编人员创作的新闻时评《争先创优交好"六保""六稳"答卷》的初稿，通稿引用了很多比较晦涩的经济学理论，同时也过多用了一些不接地气的理论，编辑在编审时就觉得不具有可看性，到读者手上就更加会有这种感觉，于是我们要求采编人员重新修改，而这样的情况在初稿提交阶段是很普遍的一种情况。

4. 缺乏融合度

媒体融合是大势所趋，也是各类新闻产品适应全新传播格局的一个转型方向，对于新闻时评来说也是如此。但是在实践中，我们很多的基层媒体管理者和采编人员都粗浅地认为新闻时评是传统媒体时代的一个产品，并不具备融合传播的潜质。即便是为了适应媒体融合的步伐，在新闻时评的传播上，以为加上新媒体配合，就是融合传播了，殊不知无非是用新瓶装旧酒罢了。

在媒体融合之初，诸暨融媒体中心旗下的各个媒体平台，各自都会不定期推出新闻时评,而"西施眼"客户端的《西西说》基本上都是直接引用各传统媒体平台的稿件,很少有适合新媒体平台传播、富有新媒体语言的新闻时评,让融合度大打折扣。

二、媒体融合背景下新闻时评的转型路径

对于当下新闻时评生产、传播环节面临的问题,笔者在日常的采编实践中一直在思考,觉得应该从以下几个方面尝试破题,探索全新的转型路径。

1. 增强产品抵达力,解决好"给谁看"的问题

没有一个领域、区域不需要时评。没有一个时段、时期产生不了时评,就看主流媒体对这个社会有没有归属感和责任感,就看采编人员对这个时代有没有敏感性和主动性。所以,明晰受众定位,解决好"给谁看"的问题尤为重要。

在媒体融合的时代,套用一句俗语,就是每时每刻都在直播,没有彩排。但因为事关时代、事关社会,"直播"中遇到的问题,在"重播"时,或者在下一次"直播"时,必须得到修正,确保这个社会运行在这个时代的轨道上。

所以,对于媒体的新闻时评,当地百姓在期待。由于信息不对称,坊间的议论、公众的传说甚至媒体的报道,对普通受众来说,都只是个结果,他们不知道事件的来龙去脉。譬如城市拆迁,方向变了、规模变了、价格变了,这决策背后有什么考量,百姓想知道。拆迁户因为自身利益最先作出评价,是否有违事实,百姓想知道。拆迁前后城市的组织形态、社区环境、生活质量,百姓想知道。这里,只能举其要而言之。事实上,在整个拆迁过程中,产生的问题会更繁多、更具体、更复杂,媒体是缺席不得的,时评是不能失声的。

当地政府也在期待。即便是在智治时代,政府已经建立起非常高效的信息渠道,解决了数据问题,仍然需要把握舆论、引导舆论。如果说数据还只是食材,舆论才是做好了的饭菜。如同好的政策需要媒体将它传播到位,才可能成为百姓真的实惠。这个过程,真正体现了媒体的纽带作用。

突破媒体的直接服务范围,整个社会都在期待。上级期待事件处置进程和结果,学界期待其标本意义,他地希望得到参考和借鉴,众多的媒体想蹭一下热度。所以,对县级融媒体中心来说,最需要解决的还是抵达力的问题,尤其是作为"刀刃"的时评。

2. 增强话题设置力,解决好"评什么"的问题

县级融媒体的时评话题设置能力不解决,或"闻鸡起舞",受命而行;或哗

众取宠,小题大做;或隔靴搔痒,语焉不详;或貌似一碗水端平,各打五十大板。这都不是主流媒体刊布时评应有的态度和作风。因此,在实践中,我们一定要增强话题设置力,解决好"评什么"的问题。

首先,要讲政治纪律、政治规矩。基层是中央大政方针落实的最后一公里。县级融媒体不能"天高皇帝远",自搞一套,反而应更具强烈的政治意识、大局意识、规矩意识。县级融媒体没有"豁免权",说什么文章观点不代表媒体立场。县级融媒体的时评创作可以小视角、小切口,但最终落脚点都要体现"两个维护"。尤其是浙江省的县级融媒体,更要围绕"八八战略"这个纲,做建设"重要窗口"的建设者、维护者、展示者。讲政治,并非把政治理论生硬地搬到人民群众面前,而是用生动的事实、活泼的语言,让普通群众由衷地认识到党的先进性,认识到中国特色社会主义的优越性。

其次,要有百姓情怀、民生视角。媒体的党性与人民性从来都是一致的。党的十九届五中全会非常明确地指出,高质量发展的目的就是人民的高品质生活。县级融媒体的时评,一方面,就是要让基层百姓看得到高品质生活的美好愿景,体会得到实现高品质生活的共同使命,从而凝聚得了来自社会各阶层的智慧、勇气和力量。另一方面,要让百姓的关注、关切引得起快速回应,能得到有效解决,从而实现党和政府与人民群众的同频共振。

再次,要能大处着眼、小处入手。群众利益无小事,反过来,基层工作就是因为其小,才体现出大格局、承担起大责任。县级融媒体要善于从一个企业、一家作坊的兴衰中看到经济发展的规律和趋势,从环保、环卫中看到生态文明建设的使命和任务,从满足不同群体的需求中看到公共服务的欠缺和不足,从基层党组织和村(社区)干部的作用发挥中看到党的建设的突破口。唯其如此,县级融媒体时评的鼓与呼,才不会迷失方向,才能得到群众的响应。

3. 增强内容生产力,解决好"啥好看"的问题

内容为王,是永不过时的业界标准。对于媒体而言,内容生产力决定了新闻产品的传播力,新闻时评也不例外。尤其是在媒体融合的大背景下,对于新闻时评,我们一定要增强内容生产力,解决好"啥好看"的问题。

我们经常说,一具体就深入,一深入就具体。但作为县级融媒体,这种具体而微的优势并没有在时评生产中体现出来。相反,我们也习惯于端起架子,站在高处扯大嗓门,失去了应有的亲和力。

首先,要摒弃说教之风。时评有时可能需要严肃,却也不唯板着脸说话这么一种模式。在信息过度得需要博眼球的时代,说教一开始就输掉了自己,更遑论平心静气地接受。时评写作者只有把受众当作朋友,平等地开展交流,这才是正道。尤其是在融媒体条件下，更要借助技术的进步和渠道的可能，不断增强受众的参与性、与刊布方的互动性。譬如当前各级各部门都在制定"十四五"规划，我们就可以把它细化为若干个话题，寓引导于集聚民智之中，寓宣传于各方议论之中。当然，这种交流不是一味迎合，要有底线意识。原则问题上，还是要做到丁是丁卯是卯。

其次，要发挥视频优势。虽不能说有图就有真相，但视频相对于文字的优势，还是比较明显的。借助视频，开展时评，或可事半功倍。尤其是在文明创建、基层治理等领域，一段视频就可以让大家看到存在的差距，一句引导就可以让大家看到努力的方向。

再次，要发掘故事魅力。各地媒体对外宣传都强调要讲好故事，唱好声音。其实，故事不仅是外宣的需要，时评同样需要故事，尤其是好故事。沉浸式的故事场景，兑入式的故事角色，再加上不失时机的引导，就好像好食材加好火候，不愁食者没胃口。而且，我觉得这个故事并不一定需要"本地产"，借他方故事，解当地难题，仍不失为"巧妇"。譬如最近发生的教师合理惩戒学生，却被"追加处理"的事件，这具有特殊性，但在正确处理当下的师生关系上却有着普遍性，县级融媒体就该"借"题发挥。

4. 增强平台竞争力，解决好"方便看"的问题

其实在融媒体时代，很多新媒体平台对于新闻时评的重视程度不亚于传统媒体。对于传统媒体来说，依托原有的队伍优势和融合后的平台优势，更应该在这样的传播环境中抢占主流话语权，不断增强平台竞争力，解决好新闻时评"方便看"的问题。

首先，是以恒定性构建读者群。这个恒定性不仅指刊布时间、频次，更重要的是，每当哪些事件发生时，总能听到当地媒体旗帜鲜明的声音。如果说教师的职责是传道授业解惑，那么，媒体尤其是作为媒体"表情"的时评，就是要补充信息、提供经验、坚定信心。

其次，是以服务性丰富话题库。强调融媒体条件下的参与性，并不是说大家喜欢赶热闹，它的实质在于快捷、有效地解决问题。特别是在政府部门服务不到位时，我们既不能替这些部门藏着掖着，也不主张让他们难堪；既不能无视群众的呼声，也不人为主张他们的怨气。这里，最好的办法就是协调各方，重视问题，妥善解决。这是稳定大局的需要，也是县级融媒体赢得信任的需要，并最终建立起话题库。这个话题库，其实就是不同意见的交互中心。

再次，是以互动性成就传播力。新媒体时代，媒体与受众之间的界限越来越模糊，特定情况下，还可能是互换的。媒体需要听取受众意见，受众就在传

播媒体的态度。但这种传播一定是基于认同的扩散,尤其是在互动中使自身意见得到发表,传播成了一种自觉,这是县级融媒体时评产品传播的最可靠保障。

三、结束语

综上所述,对于县级融媒体中心来说,在媒体融合的大背景下,要充分重视新闻时评对于增强媒体引导力和传播力的重要意义,明晰新闻时评的受众定位,不断解放思想,解决好"给谁看"和"评什么"的基本问题。同时要不断在队伍培养和平台搭建上下功夫,提升新闻时评的可看性,让新闻时评富有更多的新媒体传播元素。

融合聚力　创新发展

——全力打造县级融媒体中心建设的"香河模式"

香河县融媒体中心　史长城

香河县融媒体中心自 2018 年 11 月挂牌成立以来,始终坚持贯彻落实习近平总书记关于扎实抓好县级融媒体中心建设,更好引导群众、服务群众的要求和省市委关于推进媒体融合发展的工作部署,以最权威的新闻发布平台、最智能的社会服务平台、最全面的文化信息传播平台为发展定位,坚持围绕打通基层宣传"最后一公里"为主旨,全面探索"互联网＋广播电视＋报纸＋网站＋客户端＋智能户外＋楼宇社区"的多平台矩阵,开创和建构了基层主流媒体建设的"香河模式"。融媒体中心建设经验得到了中宣部县级融媒体中心建设课题组肯定,被制作成课件在全国推广。同时,中心媒体融合经验做法 2020 年成功入选全省广播电视媒体融合典型案例和媒体融合先导单位,创造了全省唯一县级融媒体中心入选《广播电视媒体融合典型案例》和全省 4 个先导单位之一,被省委宣传部列为全省重点宣传推介的县级融媒体中心。在中国电视艺术家协会组织的第八届全国市县台推优评选活动中,中心喜获"全国市县媒体融合先导单位"殊荣。

高标准建强创新发展平台　全力构建一体化传播格局

作为香河县融媒体中心的中枢核心——香河广播电视台,从 2014 年开始,抢抓京津冀协同发展机遇,大胆尝试探索媒体融合改革发展路径。以内容建设为根本,以前沿技术为支撑,从大屏到小屏,从传统媒体到移动客户端,不断推动传统媒体和新兴媒体在内容原创、活动策划、平台渠道、经营管理等方面逐步深化融合,持续赋能主流媒体影响力不断提升。全景香河 VR,公益宣传短片,微电影以及大型历史文化系列专题片《香河·印记》等优秀作品层出不穷。

2018 年 8 月,在全国宣传思想工作会议上,习近平总书记明确指出:"要扎实抓好县级融媒体中心建设,更好引导群众、服务群众。"

　　为更好结合基层广电实际，贯彻落实好习近平总书记重要讲话和全国宣传思想工作会议精神，香河县精准发力，站位高端策划，按照廊坊市委宣传部和香河县委要求全力以赴，强力推进县融媒体中心建设。

　　坚持高点起步，建设高端平台，抓好平台指挥调度中心、节目生产中心、信息发布中心"三个中心"建设。高起点建设平台指挥调度中心，投资390万元建设融媒体智慧指挥中心，基于大数据、智能化、云计算等技术，发挥集中指挥、采编调度、高效协调、信息沟通等"一站式"指挥调度作用，促进各媒介间深度融合和发挥聚合共振效应，在此基础上，搭建全新的"一体策划、一次采集、多种生成、多元传播"管理系统，实现全媒体运作、全终端覆盖、全方位服务。高标准建设节目生产中心，全媒体演播厅和融媒全景演播室，融合广播电视、IT等先进实用技术，能够满足时政、专题访谈、综艺娱乐等多种类型电视节目的演播与制作要求，具备线上线下互动、网络直播、人机互动和远程实时互动等智能化功能；高质量建设播发中心，具备广播、有线网络电视、地面数字电视、网络直播、IP电视、手机客户端、手机报等七大平台同步播发功能，播发信号能够达到香河行政区域内100%的覆盖率。

　　同时，香河融媒体中心将县域内广播、电视、报纸、网站、"两微一端"、户外大屏等公共媒体资源高效整合，推动各媒介平台在内容、渠道、平台、经营、管理、技术、人才等方面共享融通。

　　设立融媒体总编室、采访部、编发部。通过"一体策划"宣传选题，对新闻产品进行政治、内容、质量把关，以及资源协调、外宣联络、监测分析、舆情应对等工作。融媒体采访部按照要求完成新闻、电视栏目等稿件撰写、视频编辑、图片拍摄等基础工作，实现"一次采集"。融媒体编发部根据各平台的不同需求，对收集到的新闻产品进行再次加工，实现"多种生成"，并把审核通过之后的传媒产品，通过多渠道进行推送和发布，实现"多元传播"。充分发挥各媒体间深度融合和聚合共振效应，提高了新闻信息生产、传播、服务能力，更好地发挥了舆论引导功能，真正实现了"一次采集、多渠发布、快速传播、更广覆盖"格局。

　　同时，抢抓机遇，不断拓展融媒体平台，在县委政府机关、便民服务中心、文化艺术中心、县人民医院等处首批安装了20台融媒体高清电子新闻大屏，全天候滚动播出优质节目，真正让高质量信息资源触手可得。有效整合新时代文明实践中心服务平台与融媒体智慧指挥平台互通互联，实现数据资源共享。在县人民广场和新城公园，同步建设文化符号式高清智能户外大屏，对接5G技术与智慧城市建设相融合。在县域内文化、教育、金融、社区等重要公共场所投放高清电子新闻屏等,根据百姓需求时时更新内容和版块,让党的声音传进千家万户。

创新性做好主流舆论传播平台　充分发挥媒体聚合共振效应

香河县融媒体中心以互联网思维为导向,积极适应分众化、差异化传播趋势,全力打通网上网下、版面页面传播渠道,积极构建集约高效的全媒体传播格局。

目前,香河融媒已拥有包括电台、电视台、"香河融媒发布""香河融媒直播频道"微信公众平台、《新香河》报纸、"冀云香河"手机 APP、"香河县融媒体中心"微博、"发现香河"抖音号、"发现香河"快手号、"发现香河"头条号、"发现香河"视频号、环京津新闻网、《生活家周刊》及央视新闻移动网、央视频、人民日报人民号等媒体品牌及发布渠道,打造了香河融媒体矩阵。

官方微信平台"香河融媒发布":目前关注人数 10 万人,并在全市率先加入央视新闻移动网"全国百家县级融媒体中心智慧平台"和人民日报客户端"人民号"矩阵网、新华社客户端等。

手机 APP"冀云香河"不仅可以及时跟踪报道我县重大新闻,展示香河的历史人文、精神文化,还可以实现电视、广播在手机端的直播、点播、评论互动等功能,有效推广广播、电视的收听、收视范围。还开设有便民、问政等版块,提供审批办事服务,回应群众关切,全力打造好"媒体＋政务服务＋民生服务"。

"直播香河"频道已累计直播各类活动和晚会百余场,粉丝近 28 万,访问量近 590 万。

广播电台逐步拓展升级,部分栏目相继开通了蓝鲸直播、融媒体直播、抖音直播,多样的传播方式和渠道使电台节目不仅能在收音机里听见,还能在手机里看见,增强了传播力量。

《新香河》报纸成功借助河北广播电视报廊坊《生活家周刊》拓展香河版,开办新闻、文化、健康养生、诗书画原创作品乐园及中小学生作文等版块,成为青少年和中老年受众群体的最爱。

2019 年底,中心开始布局短视频领域,倾力打造"发现香河"抖音号,开启了短视频新闻表达的有益探索和尝试,接续开通了快手号、今日头条号、视频号、火山小视频、西瓜小视频"发现香河"账号,同时,短视频内容还在人民日报人民号、央视频、央视移动网、冀云香河、新华社现场云、冀时客户端等平台同步更新,打造了"发现香河"短视频品牌矩阵。目前,中心已在抖音、快手、视频号短视频平台累计发布作品 430 余条次,点赞量超千万,总浏览量突破 4 亿次。在各短视频平台浏览量突破千万的作品有 10 部,突破百万的有 31 部,取得了良好宣传效果。

在新冠肺炎疫情防控期间,《大十五的吃什么方便面呀》在抖音平台迅速创造了 2800 万的点击量,引起河北省广电局和河北省记者协会高度关注,他们分别在其官方微信平台向全省推介香河县融媒体中心疫情防控宣传的系统做法。《香河疾控检测人员舍小家为大家》在抖音、快手、视频号的播放量突破 1000 万,点赞量达 40 万,该作品纷纷被"梨视频""北京交通广播""凤凰周刊""南方都市报"等多家媒体转载。另一爆款作品《香河交警人性化执法》在短视频平台发布后,不到一周时间,播放量就突破 6000 万。此外,《香河,苏醒》《香河肉饼"呼叫"热干面》等作品先后被新华社、"学习强国"、河北广电等多家媒体平台客户端转载,引起了广泛关注。目前,中心已有 60 余部新闻和短视频作品被"学习强国"河北学习平台采用。香河县融媒体中心已着力培养了一支富有互联网思维的优秀短视频创作团队,有能力对策划选题进行精准表达。

整合资源搭建短视频创作平台　积极构建视频媒体新生态

党的十八大以来,以习近平同志为核心的党中央高度重视传统媒体和新兴媒体的融合发展,习近平总书记多次在不同场合强调要利用新技术、新应用创新媒体传播方式。并明确指出:要坚持移动优先策略,让主流媒体借助移动传播,牢牢占据舆论引导、思想引领、文化传承、服务人民的传播制高点。

随着互联网技术的快速迭代,短视频进入蓬勃发展阶段,作为一种轻量化、移动化、碎片化的信息传播载体,与大众的媒介使用习惯和信息接收需求高度契合,在新闻传播中扮演着日益重要的角色,成为新时代构建多元立体媒体融合传播格局的重要方式。

为深入贯彻落实习近平总书记关于媒体融合发展的重要指示精神,香河县融媒体中心积极适应传播方式和舆论生态的深刻变化,深入研究短视频传播规律和用户群体特点,坚持高品质、重创意、正能量的内容生产理念,全力构建移动传播新格局,香河县融媒体中心在短视频创作领域取得了良好宣传效果。

2020 年 9 月 8 日至 9 日,经国家广播电视总局批准,中国(京津冀)广播电视媒体融合发展创新中心在北京成立,香河县融媒体中心应邀参加了成立大会,并在会上进行了工作经验分享。会后,为持续推出更多形式新颖、语态鲜活、内容多元的优秀短视频作品,香河县融媒体中心站位京津冀协同发展大局,结合广电媒体融合发展实际,大胆创新,在香河渠口镇创立了中国(京津冀)广播电视媒体融合发展创新中心(香河)短视频拍摄基地,这是京津冀首家县级媒体融合拍摄基地。4月12日,河北省广播电视局党组书记、局长王离湘同志亲自到香河融媒短视频拍摄基地指导工作,并与香河县委书记李桂强同志共同为基地揭牌。学习强国河北学习平台、河北新闻网、环京津新闻网及人民日报、新华社、河北日报、河北广电、今日头条、冀云、廊坊发布、澎湃新闻等多家媒体平台和客户端纷纷对此进行报道。北京广播电视局副局长孔建华,河北省广播电视局党组成员、副局长葛成锁等先后到我中心短视频拍摄基地进行调研,均对基地给予了高度评价。

新建基地面积约760平方米,着重打造富有历史文化气息、诗情画意般的情境、质朴的田园风格等多个拍摄场景,整体环境塑造清新雅致、绿色生态,可满足多样化短视频创作的拍摄需求。并融合拓展了香河农耕教育基地、蒋辛屯镇水岸潮白田园综合体、菊香小镇、渠口镇大爱农场、安头屯镇千年古葡萄庄园、安平镇北运河文化公园、刘宋镇万亩荷塘湿地公园等作为基地的拍摄分部,统筹组建成立中国(京津冀)广播电视媒体融合发展创新中心(香河)短视频拍摄基地运行中心,对县域内农业产业项目和种植园项目等进行梳理,精准策划选题,大力宣传推广。

未来基地的主要职能是打造香河乃至廊坊农产品电商的培训基地,根据本县果菜农的需求,利用直播带货宣传,帮助广大农户拓宽销售渠道,让农户学会"吆喝"。并依托香河融媒体平台百万粉丝号,为本地农产品进行推广引流,成为广大农户的经纪人。同时,以资源节约、结构合理、差异发展、协同高效的全媒体传播体系高质量推动媒体深度融合发展,重构新时代媒体的引导力、传播力和影响力。

香河县融媒体中心将进一步建设好、利用好、使用好香河短视频拍摄基地,将科技与文化相结合,丰富宣传内容,并进一步促进文化事业和文化产业的发展,在做好基本工作,增强自身创造力影响力的同时,使自我造血能力更加强劲。

在2021年中国第四个"农民丰收节"之际,我们将专门策划组织"瓜果飘香日,直播带货时"专场助农带货活动,更好地为农民提供农产品助销服务。

全力打造智能多元社会治理平台 重塑融合媒体内涵外延

习近平总书记曾明确指出:媒体融合发展不仅仅是新闻单位的事,要把我们掌握的社会思想文化公共资源、社会治理大数据、政策制定权的制度优势转化为巩固壮大主流思想舆论的综合优势。要抓紧做好顶层设计，打造新型传播平台，建成新型主流媒体，扩大主流价值影响力版图。各级领导干部要增强同媒体打交道的能力，不断提高治国理政能力和水平。

可以看到，国家领导人对媒体融合发展给予了战略高度的重视，并给予了充分的社会资源支持。"支部建在连上"是我国治军思想的重要组织原则，使人民的军队基层始终保持着向心力和强大战斗力。县级融媒体平台，作为社会治理的基层着力点，同样有着至关重要且影响深远的政治意义。同时，媒体作为信息的提供者和连结者，天然具备信息服务基因。县级融媒体平台，是县域的重要信息化平台，除提供社会监督、资讯传播、协调政商、引导舆论、传承文化、提供娱乐等狭义的传播功能之外，还要为党建、政务、民生、行业等领域提供相关的服务支撑。

一直以来，香河县委县政府高度重视、大力支持，香河县级融媒体平台是实实在在的"一把手工程"。我们将在现有建设成果基础上，在县委县政府的支持下，进一步有效整合县域媒体资源、文化旅游、公共服务、社会大数据、政务服务、行业管理等本地资源并进行综合利用，形成商业化网络媒体不具备的综合优势，坚持群众在哪里，融媒体平台的服务就到哪里。同时，充分借助3DGIS、VRAR、AI、IoT、MEC（边缘计算）等新一代 ICT 技术，发挥融媒平台优势，为"智慧香河"的建设提供有力支撑，将香河县级融媒体平台建成香河"县域社会治理"最有效的支撑平台，占领新型融合媒体传播体系的制高点。

2021 年是中国共产党建党一百周年，香河县融媒体中心牢牢把握"党媒姓党"的根本，坚持以人民为中心的工作导向，不断提升编辑记者政治素质，下力量培养融媒团队，践行好脑力、眼力、笔力、脚力，提升宣传的引领能力和专业素养，不断更新理念，拓展平台，全力打造新时代上接天线、下接地气的新型强势主流媒体，真正发挥融媒体中心在基层宣传文化和舆论引导中的主导性、关键性作用，在实际工作中，努力践行好：引导群众、服务群众和举旗帜、聚民心、育新人、兴文化、展形象的历史使命，以优异成绩向党的百年华诞献礼！

地方媒体做好建设性舆论监督的实践与探索

——以浙江新闻名专栏《台州深观察》为例

台州市广播电视台　高建平

建设性指的是积极促进事物发展的性质。以建设性为价值取向的舆论监督,其出发点和落脚点,都应是帮助解决问题,改善现状。像许多事物一样,舆论监督也具有双刃剑的性质,曝光问题能引发关注,促其解决,但也往往带有一定的对抗性。监督对象不欢迎,抵制甚至公开抗拒,易引发一定程度震荡乃至破坏。建设性的舆论监督则要扬长避短,发挥舆论监督的积极效应,同时注意控制其破坏性。它要求媒体不仅曝光问题,还要能指出正确的方向,帮助解决问题,促进发展,取得良好的社会效果。[①]建设性舆论监督,指的是要通过舆论监督纠正被监督事物存在的问题,推动其向着积极、正确的方向发展,并在监督过程中,最大可能减少和避免舆论监督带来的负面影响。

2014年以来,随着浙江卫视《今日聚焦》等舆论监督栏目的开播,建设性舆论监督在浙江全省蓬勃开展。台州市广播电视台也于2014年5月开播了舆论监督栏目《台州深观察》。该栏目运行7年多来,始终秉持"以建设性舆论监督推动中心工作落实"的理念,积极发挥主流媒体服务市委、市政府中心工作的作用,紧紧围绕当地重点工作开展建设性舆论监督,成为市委、市政府推动中心工作落实的工作平台以及群众反映突出问题的治理平台。栏目开办以来,因其建设性舆论监督特色鲜明,得到了台州市委市政府主要领导的高度肯定,在当地享有很高的知名度、美誉度和公信力,被评为浙江新闻名专栏。围绕建设性舆论监督,《台州深观察》主要做了以下三方面工作。

一、围绕中心同频共振,选题上跟准中心工作的节拍

我国的新闻媒体,是中国特色社会主义事业的有机组成部分,一方面,媒

---

① 姜德锋.论建设性的舆论监督[J].学术交流,2015(1).

体应积极有效地发挥传声筒作用，服务政府管理和百姓日常生活，保证社会信息渠道畅通；另一方面，媒体应肩负起瞭望哨的职责，以建设性为价值取向，以政府中心工作为参照，积极开展新闻舆论监督，及时发现前进中的危机与问题，预警社会，造福社会。[①]

作为地方媒体，做好建设性舆论监督，发挥媒体预警作用，就要求媒体舆论监督必须围绕当地的中心工作，选题立足于"政府重视、群众关心，普遍存在"，并掌握好时、度、效，以推动中心工作落实为出发点和落脚点。《台州深观察》栏目以"聚焦热点、引领舆论""围绕中心、推动工作"为基本定位，以"记者调查＋演播室评论"为基本形态，舆论监督紧紧围绕市委、市政府的重点工作部署以及社会热点的有效引导进行，致力于推动中心工作的落实和群众反映突出问题的治理，成为市委、市政府推动工作的有效抓手，实现了以建设性为主要特色的舆论监督。

围绕中心、服务大局是主流媒体的基本职责，对《台州深观察》来说，更是生存之基、实效之本、地位之要和发展之道。建设性舆论监督如何围绕中心、服务大局？《台州深观察》在实践中不断创新自身理念，创新性地提出了"中心工作推进到哪里，舆论监督就跟进到哪里"的选题理念。栏目在结合全年性中心工作确定基础方向之外，还根据阶段性重点工作灵活拓宽选题面，灵动的选题取向让舆论监督与中心工作贴得更加紧密，基本实现了两者的无缝衔接、同频共振。

优化营商环境是台州市 2021 年年度重点工作，《台州深观察》从 2021 年 2 月开始，推出《问路》系列舆论监督，聚焦各地交通基础设施短板，剑指各地存在的"断头路""僵尸路""补丁路"，曝光问题、分析原因、提出措施，助推台州打造最优营商环境。第一期曝光"东海大道东延段迟迟未通车"后，台州湾新区积极行动，加紧推进路灯、信号灯招标等后续工作，一个多月后，该路段顺利通车。建设性舆论监督，不仅仅要推动问题的解决，还应具有引导性和前瞻性。《问路》系列监督报道推出后，政府相关部门认识到此项工作对打造优质营商环境的重要性，椒江区开展了打通"断头路"攻坚行动，统筹安排 2021 年年内打通本地 20 条断头路。台州市随即也就加强路网建设专门出台了新的文件。建设性舆论监督有力推动了相关工作。

2020 年 6 月至 9 月，文明城市创建是台州市委市政府的重点工作。围绕文明城市创建中存在的不足和问题，《台州深观察》推出了系列监督报道《决胜

---

① 姜德锋.论建设性的舆论监督[J].学术交流,2015(1).

文明城市"两连创"》,着重监督市容环境、交通秩序、住宅小区、基础设施、垃圾处理等方面仍存在的"文明"盲区、堵点,有力推动了相关薄弱环节的及时有效整改,在文明城市创建工作中彰显了新闻监督推动社会进步的力量。

要做到建设性舆论监督,就需要跟上党委政府中心工作的节奏,踩准节拍,同频共振,民生切入,问题导向,因时制宜,因势而动,选择一个时期内百姓关心、领导关注、政府正在致力解决的问题,不失时机地策划推出报道,实现报道的时间节点与政府着力点、百姓关注点的"三点合一",从而凝聚起狠抓落实的强大正能量。

二、深度分析善意引导,内容上客观理性有分寸

舆论监督只有秉持建设性原则,立足维护公共利益和促进社会进步,客观理性反映新闻事实,鼓劲帮忙不添乱,当好"助推器""润滑剂",才能发挥出媒体的"社会规范强制功能",赢得社会的接受和支持。因此,做好建设性舆论监督,必须坚持新闻的客观公正原则,做到实事求是反映问题,全面理性看待被监督的事物,准确客观描述新闻事实,并把握好评论尺度,做到剖析问题到位,给人警醒、引人深思。避免一味揭丑博取眼球。

一直以来,《台州深观察》强调做深实的调查和深入的观察,以深实调查成就说服力,以理性观察增强引导力。在采访调查上,栏目要求记者做到"三个关键",即关键事实要核准、关键画面要拍到、关键人物要访到,用事实和画面说话,忠实反映事实原貌,揭示问题的真相并探究问题的症结,做到有理有据、体现深实;在观察评论上,栏目紧紧把握建设性舆论监督的度,摒弃"解气"式、"猎奇"式的情绪化宣泄,做到"双聚焦",即聚焦问题、聚焦工作,注重深度分析、善意引导、提出建议,体现建设性应有的理性分寸,把握好改进基层干部作风与保护积极性的关系,起到凝心聚力、助推发展的效果。

《台州深观察》不乏"有辣味"的监督,但其舆论监督的效果却非常好。2019年,该栏目围绕重点工作"狠抓产业项目、大抓实体经济",推出了系列舆论监督报道《督战2019》,聚焦推进缓慢的"蜗牛"项目,剑指项目建设中的"拦路虎",重点关注项目长久未落地、迟迟未开工以及进展缓慢背后的难点、堵点。播出报道20多期,持续时间7个多月,使一大批老大难问题、历史遗留问题得到解决,有力地推动了中心工作的落实。《督战2019》效果明显,主要是因为做到了建设性舆论监督。其一,这组报道调查扎实,全部是记者深入项目一线,蹲点现场调查而来,采访到了核心人物例如项目负责人、企业主,关键部门例如国土、规划、建设等相关部门,播出的新闻事实有理有据,符合客观情

况,播出后各县市区都认可存在的问题。其二,对于项目停滞、推进缓慢,没有仅仅反映现象,而是帮助被监督项目分析原因,探究解决办法,致力于推动解决。其三,对于评论,也非常注重分寸,更从解决办法上提出建议,既有力度,也有深度,更有启示。这组系列报道因为在建设性舆论监督方面表现突出,获得了当年的浙江省新闻奖二等奖。

近七年来,正是对于客观理性风格的长期坚守,《台州深观察》从未出现"事实与评论偏差受到投诉"或"引发负面舆情"的现象。

三、部门联动务求实效,机制上打通推动落实的"最后一公里"

建设性舆论监督重在监督实效,舆论监督如果只是曝光,不注重效果,这样的舆论监督,会被诟病"为了监督而监督",也违背了新闻媒体监督的本意。媒体公开曝光一些领域中存在的问题,其目的是提醒注意,并促进问题的解决,因此,实效性是建设性舆论监督的特性之一。打通推动落实的"最后一公里",对于做好建设性舆论监督至关重要。

《台州深观察》在创立之初便强化实效意识,融合多元力量,积极与相关部门建立联动协作机制,并做到了与其他监督形式相互配合、优势互补,有效联动、及时跟踪,打通了推动落实的"最后一公里"。

栏目同市委督查室、市创建办、台州市政府直线电话受理中心、市生态环境局、市"五水共治"办、市"三改一拆"办、市消安委、市重点项目办、市住建局、市水利局等重点工作主管部门和专项工作部门建立了紧密协作关系。大多合作部门除了给予栏目选题指导外,还针对栏目曝光的问题一事一督办,把问题整改列入各县(市、区)的专项工作年度考核,助推曝光问题立播立改,形成推动问题解决的良性循环,共同推动中心工作的落实。

2020年以来,新冠肺炎疫情防控一直是各地的重点工作。疫情进入防控常态化以后,台州各地对于"小门"的防控有所松懈。为了提升大家的防控意识,落实好防控责任,《台州深观察》联合台州市疫情防控指挥部督查组,在台州各地对农村、社区、商场、学校等"小门"防控展开多次暗访监督。对于发现的问题,督察组要求相关单位立即整改,并对相关责任人进行公开通报批评等相应处理。通过媒体曝光和严肃督办,堵住了疫情防控的漏洞,有效提高了各单位守好"小门"的意识。

对媒体而言,坚持建设性取向,不仅有助于问题的解决,也可以为舆论监督争取到更大的发展空间,有利于和职能部门加强合作,从而推进媒体自身的可持续发展。面对舆论监督,各级地方政府、各级部门多多少少都会消极应对,甚至抵触。而建设性舆论监督,通过客观理性的报道,推动工作取得实效,让各级政府各部门能够感受到舆论监督的善意、诚意,体会到舆论监督的强大的正面力量。媒体树立良好的公信力,舆论监督形成良性循环后,相关部门也会主动联合媒体开展合作,刀刃向内落实工作,这也将为媒体创造更为宽松的舆论监督环境。

2018年,台州市正式启动农村饮用水达标提标三年专项行动,保障百姓饮水安全。但台州市水利局发现,这项工作在基层乡镇不受重视,根本推不动。因为《台州深观察》建设性舆论监督的良好口碑,该局主动找到栏目组,希望通过舆论监督推动农村饮用水达标提标工作的落实。《台州深观察》记者深入大山深处偏远山村,调查了解农村饮用水现状,发现问题,推动落实。经过长期持续监督,有效助力水利部门顺利完成了农村饮用水的达标提标工作。建设性舆论监督,让媒体和被监督单位从对立到配合再到合作,关系发生了质的变化,这有利于媒体舆论监督的可持续发展。

通过"舆论监督＋部门联动"机制,《台州深观察》汇聚了推动问题解决和工作落实的强大力量,大大提升了舆论监督的针对性和实效性。7年多来,栏目播出舆论监督报道1200余期,整改率达七成以上,成为区域经济社会高质量发展的有力推动者。

如今,传播方式、舆论环境、媒体格局都发生了很大变化,舆论监督作为传统媒体的"特殊武器",在做好建设性的同时,也需要进一步创新,使其保持旺盛的生命力,在新的媒体环境下,发挥出更大更好的作用,进一步助推经济社会发展。

西北地区市级媒体融合背景下
如何破创收"难局"

张掖市广播电视台 王逢杰 刘秉刚

作为地方广电媒体,融合发展是老生常谈的话题,合而未融是当下发展的问题,自力更生是接续奋斗的前提,经营创收是亘古不变的难题。

融合时代,在企业少、疫情常态化的当下,西北地区基层媒体单位经营创收更是难于上青天,但是这青天还是要上,因为要养员工,要更新设备,要活下来。

一、说变化 市场环境决定经营创收

创收的源头是市场,影响经营创收的核心因素无疑来自于市场环境的变化。近些年,地方市场环境变化从宏观方面来分,主要有以下四个方面。

媒体融合,广告投放方式多元化。融合发展让媒介形式更多样,也让广告客户有了更多选择。传统广电媒体的垄断地位失去以后,也面临着客户流失、广告数量减少、经营创收持续性下滑的问题。电视观众身份转变为用户,新媒体把90%以上的"观众"都带走了,广告受众在哪里,商家就愿意把广告投放在哪里,投放的选择更多元。

政策缩紧,广告覆盖内容有限。在智能手机普及率远不如今天的年代,电视的忠实观众还是一批中老年群体,很多人也是在电视上看到一些药品、保健品的广告,电视药品广告在经营创收中占有不少份额,即使是市级媒体,也时不时播一播最近的医药活动,商家积极投放,中老年观众也愿意捧场。2012年国家广电总局停播33条违规电视广告,涉及医药等领域。停播政策一出,地方电视广告内容立即开始整改,从此仅医药一项就有不少经营收入付诸东流。

东西差距,经济发展水平有限。拿甘肃来说,位于河西走廊的不少地级市,大多以农业为主,个别是依靠钢材或者少数矿产资源发展而来,工业相对缺乏、服务业正在发展,地方企业数量少,一些涉农企业也是季节性生产,对于广告需求小。经济社会发展水平有限让广告市场环境远不及东南沿海有优势,这也是影响经营创收的硬伤。

技术有限,广告制作欠缺精良。拍摄技术有限,设备更新不足,创意构思欠佳,直接影响了最后的广告形式和成品。在植入性广告、软广告流行的当下,硬广告已经没有市场,不再受到受众的喜欢。一些知名企业的分部亦或者加盟和入驻企业,也均有自己独立的广告服务商,专业的宣传机构,让地方广电潜在客户数量和范围一再缩小。

二、数困难　经营创收前路漫漫

根据 CTR 发布的报告显示,2019 年上半年中国广告市场整体呈现下滑明显趋势,降幅达 8.8%,电视广告下滑更为明显,花费同比降幅达到 12.8%,时长比降幅达到 17.2%。事实上,以 2013 年为分水岭,地方广电逐渐陷入广告持续性下降和经营成本刚性增长的恶性循环。到 2016 年,很多台收入难抵支出,挣的不如花的多。2018 年,大部分台依靠财政资金弥补预算缺口,但是更新设备和录用高素质员工的经营成本持续上涨,一直在拖发展的后腿,一些地方台财务持续恶化,经营入不敷出,员工工资无法保证,发展转型"生死攸关"。

伴随着媒体融合纵深推进以及全国事业单位改革的推进,经营创收直接决定了地方广电媒体活下来的姿态,或昂首挺胸大步向前,或唯唯诺诺勉强度日。大环境是针对大家的,艰难的局面大都差不多。

媒体融合,新媒体瓜分传统媒体广告份额。说瓜分大有气吞山河、席卷而来之势,事实上市级媒体面临的经营创收现状也正是如此。由于大部分用户集中在了移动客户端,作为企业经营者也愿意将更多的广告和宣传投向新媒体,新媒体以便捷的获取渠道和新颖的形式创新让广告更贴近用户需求,流量可观。

政策范围内的创收,更像戴着镣铐跳舞。本来地方台的广告效应能被客户认可的就少,在政策内做好广告经营创收,更像是险中求胜,蛋糕被切分得一小再小。

缩小地方经济差距,绝非一日之功。基层媒体单位立足经济社会发展水平有限的事实,开展广告经营性活动,也算是直面现实的勇敢。

争取创优,奈何观众变身用户。当下电子信息设备千变万化,好的融合产品也对拍摄制作技术设备提出了新的要求,更新设备是媒体经营成本支出的重要部分。能制作精良广告所需要的软件,例如,专业策划人才、绝佳创意、上乘的拍摄和制作技术,所需要的硬件,像最新的设备等,都需要庞大的财力来做后盾。加之融合纵深推进,从内容为王转向渠道为王,地方基层媒体的广告空间进一步被压缩。

三、创收难　千方百计拓新局

媒体经营成本增加,留住核心人才这些都是传统广电融合时代的发展困境。想要经营创收可持续发展,就要想办法在现实条件下创造新的机遇。

提人气,全员共享发展。单位制定明确的奖惩机制,在奖励上,重视落实员工基本待遇问题,多方争取与努力,积极筹措资金,及时兑付员工奖励性工资和绩效工资,解决了大家的后顾之忧;补缴了聘用职工住房公积金,适度落实了员工健康体检。如此一来,充分调动了大家干事创业的积极性,稳定了队伍,为持续改革积蓄了后劲。

做好精准客户定位,增强服务意识。融合思维是推动经营创收持续发展的加速器,经营也要转型,形式还要创新,收入才有希望。从商家的角度来讲,选择地方台的优势在于,地方台贴近本地市场和消费者。因此对于广告内容建设我们注重打造多样化、个性化、对象化的融合产品,并以新媒体手段对其进行包装,通过互联网渠道对其进行推广,不断推出融合后的媒体产品,以满足不同客户的需求。对于原有的一档广告栏目,以前主要是定期播发一些电视广告资讯,现在我们为栏目打造了专属的微信公众号,通过图片、视频等第一时间发布,便于客户转发宣传。

根据实际情况,我们把业务根据不同类型的客户进行了划分,例如有些客户是行政事业单位,需要制作专题片,一些是商业客户,需要产品广告宣传。因此我们把客户划分成行政事业类和商业活动类,分别制定不同的宣传业务,遇上时间紧任务重的时候,专题片的制作可以分配到非广告部门,这样的分类保证了业务完成的时效性和高质量,赢得了客户的认可。

打造专业营销队伍,防治内耗和同质化恶性竞争。

2019 年 12 月 15 日,新华社发布新修订的《中国新闻工作者职业道德准则》,共 7 条 31 款,包括"全心全意为人民服务""坚持正确舆论导向""坚持新闻真实性原则""发扬优良作风"等七个方面。其中发扬优良作风中,要求严格执行新闻报道与经营活动"两分开"的规定,不以新闻报道形式做任何广告性质的宣传,编辑记者不得从事创收等经营性活动。

"两分开"作为准则的重要内容,将新闻报道和广告经营分开,更有利于优化融合后的机制。让新闻队伍回归新闻内容生产本源,让营销队伍发挥积极性搞好创收。

专业的事情由专业的人做能做得更专业。我们早期进行了一些尝试,划分一部分人脉资源广、语言表达好、交际能力强的员工,打造专业化的广告营销队伍,并且加强这些人员的全方位培训,使工作人员树立移动优先的理念,熟悉广告流程,实现全员联动,共同适应全媒体时代广告在内容生产、制作、设计、发布、传播各环节的不断变化。其余新闻采编、行政等员工又和营销队伍及时共享广告消息。这样一方面是加快推进人才资源融合共享,另一方面又可以防治内耗和恶性竞争,健全更加完善的经营创收体制。

"两分开"也让我们将净营收入统一归口管理,绩效独立核算,让经营部门的员工能拿到广告提成,让行政和从事新闻的人能拿到相应考核对口的绩效。这样大家都有努力工作的积极性。此外,承担经营创收的部门在年初就制定目标责任书,及时分配人员广告任务,在办公区域悬挂展板,按月测评部门整体和个人广告任务完成情况,及时督促跟进潜在客户,修正服务方案。将年终考核和目标责任完成情况挂钩,力促广告收入不下滑。

开展业务转型,做好活动营销。经营创收是广播电视事业发展的良好支撑,面对日益低迷的广告市场,全单位各部门密切配合,持续打造专业化的策划录制团队,承接承办地方上多场大型活动。例如 2021 新春佳节来临之际,隆重推出"2021 辞旧迎新多媒联动大拜年活动",希望通过主流媒体良好的传播力、影响力和公信力,以低廉的广告价格回报老客户,帮助客户商家树立企业良好形象,提升品牌知名度和美誉度,强化营销,增加效益,刺激假日经济持续升温,驱逐疫情常态化下市场低迷的阴霾,营造欢乐祥和的节日氛围。播出时间从 2021 年农历正月初一至正月十四,共 14 天。设置电视频道、网站通栏专题、微信平台、抖音号和视频号等,每天不定量推送大拜年广告及相关商业资讯。此项活动一经推出,收到了良好的社会效益和经济效益。

全力助推经营资源融合共享。在受疫情影响经济下行、经营艰难的严峻形势下,全单位上下迎难而上,攻坚克难,实施电视、广播、网络和新媒体矩阵式营销,联动式传播,有效实现了融合资源整合、内容共享,同步播出,使整体经营创收工作经受了考验,克服了困难。我们将在做好原先工作的基础上,以短视频传播制作为主攻方向,密切同各部门的联系和配合,生产一批形式多样的融媒体产品,通过微信、视频号、抖音、快手等平台进行广泛推送,实现一次采集多屏发布,力争传播效应最大化。融合离不开先进的技术体系的支撑,网站和各个部门以现有的高精尖设备为依托,熟练的采编播技术为支撑,影响力较大的分发渠道为保障,加强策划,做好重大活动的直播录播工作,快速推广新技术的应用，努力实现直播常态化。

积极拓展有影响力的分发渠道。我们的新媒体现下运营人民号、新华号、微信、头条、抖音等10多个新媒体平台账号。我们根据各平台的定位和传播特点，对制作的软性广告内容进行精准串编，进行精准推送，不断扩大运营账号在各主流平台的知名度、影响力。网站积极和今日头条、抖音甘肃运营商对接，取得今日头条、抖音在张掖区域广告投放的独家代理权。

为响应政府号召，助力复工复产，履行社会责任，跟着当下潮流，我们也适度尝试了直播带货。这次主流媒体严肃、权威、公信的标签，倒是带给大家更多的安全感。借着拥有主持人、编导、运营等专业人才的先天优势，助力地方土特产畅销全网，助推地方经济社会发展。当然在带货上我们还需要更进一步地完善机制，打破体制内僵化思维，学习互联网商业思维，才能更好地让直播带货开辟经营创收的新路径。

接续奋斗，融合发展传递新时代文明实践新声。2018年7月6日，在习近平总书记主持召开的中央全面深化改革委员会第三次会议上，审议通过了《关于建设新时代文明实践中心试点工作的指导意见》，这是国内首次将新时代文明实践中心试点工作提上章程。之后，中宣部分两批在全国范围内确定500个试点开展新时代文明实践中心建设。建设新时代文明实践中心，是深入宣传习近平新时代中国特色社会主义思想的重要载体，旨在通过中心建设，调动各方力量，推进城乡一体化，统筹调配志愿服务，盘活用好阵地资源，创新方式方法，全面加强供需对接，着眼于凝聚群众、引导群众，以文化人、成风化俗，用中国特色社会主义文化、社会主义思想道德牢牢占领农村思想文化阵地，动员和激励广大农村群众积极投身社会主义现代化建设。因此，首批试点大都定在基层县一级。同一阶段，县级融媒体中心建设也在快马加鞭。经过几年时间的试点建设，实践证明，全国大江南北，在城乡基层，一个个新时代文明实践中心就是老百姓"家门口的红色学堂"，一个个县级融媒体中心成为群众"指尖上的服务窗口"，现如今，新时代文明实践中心、县级融媒体中心正在同频共振、同向发力，努力打通基层宣传工作的"最后一公里"。借助新时代文明实践中心建设，县级融媒体中心大有可为，这也是推进媒体融合纵深发展又一次成功尝试。

作为西部偏远省份，甘肃省各市州的媒体融合在前几年也陆陆续续搞起来了，我们算是起步比较早，媒体转型做得相对靠前的。省一级的融合将新媒体挂牌在了日报社，一些市州也进行了广电台和日报社的尝试性合并，但是经过实践，这样的合并还存在双方经营收入状况参差不齐、体制机制不畅、人事关系复杂、资源重复浪费等诸多问题。

何不与风起,扶摇直上九万里。2021年5月甘肃全省市级融媒体试点工作正式启动,我们有幸被确定为建设试点之一,台报合并,计划成立市级新时代文明实践中心,共同组建市级融媒体中心。这样政策利好的消息真是鼓舞人心,如此融合发展前景广阔,大有可为,经营创收也可以迎来更好的局面,广电台从传媒行业变成传媒服务产业的未来也将更加光明。

上下同欲者胜,同舟共济者赢,如是。

参考文献

[1] 董春.中国广电产业发展及空间布局的经济学研究[D].上海:复旦大学,2006.

[2] 梁冰,刘艳超,刘悦.新媒体下如何实现广播电视经营可持续发展[J].传媒论坛,2018,1(3):8.

[3] 范树宁.媒体深度融合 助力经济发展——河南洛阳地区广播电视广告经营思辨[J].中国广播,2019(9):84-86.

[4] 杨冰.电视台还有遍地"捡钱"机会 关键在于如何经营转型和机制创新.娱华传媒,2019(9).

[5] 万晓莉.媒体融合视域下城市广播电视报发展策略——以《淮安广播电视》为例[J].视听,2021(5):185-186.

[6] 刘俊.浅析地方电视台广告经营现状和创新途径[J].新闻传播,2018(17):51-53.

[7] 刘承安.新媒体时代广播电视行业广告创收探讨[J].电视指南,2018(4):40.

加快构建融为一体、合而为一的全媒体传播格局

——杭州文广集团推进媒体融合的实践创新

杭州文化广播电视集团　翁晓华　姜华艳

　　杭州文化广播电视集团成立于 2005 年,是集广播电视、文化演艺、文创产业和其他服务于一体的独具特色的综合性现代文化传媒集团。作为市级广播电视媒体,杭州文广集团旗下的频道频率多年来以频道制运行。随着网络时代的行进,文广集团的媒体融合之路也逐渐步入深水区。如何将广播、电视等传统媒体打造成为全程、全息、全员、全效的新型主流媒体,构建具有文广特色的全媒体传播新格局,既是集团所担负的一项政治任务,也是涉及多方改革的系统工程,更是集团未来发展的战略目标。本文试图从机制、技术、内容、发展路径这四个方面的融合做法切入,梳理集团近年来在深化融合中所面临的挑战、所开展的思考与应对,以期为城市台谋求转型发展提供部分参考。

一、机制融合下的流程再造

　　城市台在媒体融合的道路上,首先遇到的大多是体制机制问题。在生产机制上,广播、电视媒体生存发展数十年,早已形成稳固的内容生产与传播机制。但面对互联网与新媒体的竞争,原有的体制并不能适应一次采集、多种生成、短平快发布的传播需求。同时,广电集团多为频道制、中心制或两者兼而有之,内部管理机制多样复杂在融合产品生产输出上,就容易导致权责利不明晰、生产流程不通畅。为解决根本问题,真正实现内部从相加到相融,需建立以融合传播为导向的新体制新机制,以重塑生产流程、重构传播节点、融合新老团队。

　　杭州文广集团媒体板块一直以频道制为运行体制,各媒体自主经营、自负盈亏。这一体制在激发频道、频率自主能动性上具备优势,但面对信息爆炸、秒秒刷新的互联网传播竞争,频道制在资源调度整合、快速反应输出等方面又存在一定弱势。在此背景下,为更好地整合融合广播、电视、新媒体的内容资

源和平台渠道,我们在频道制的基础上,于 2016 年下半年开始组建正处级单位融媒体中心。

经过一年半的奋战,融媒体中心于 2017 年底建成并投入使用,2020 年又在融媒体中心的基础上成立融合发展中心。集团以融合发展中心作为中央厨房实体化运作的抓手,重塑生产流程,打破频道壁垒,逐步建立起融媒体策采编核发机制、总编调度中心制、每日选题例会制、时政新媒体报道联动协调制、杭州之家 APP 供稿制等一整套以媒体深度融合为目标导向的运行机制。

融媒体策采编核发机制推动集团各媒体与融合发展中心协同开展选题与素材汇聚、主题策划与组织、稿件审核、手机客户端集中供稿发布等一系列流程,实现各媒体之间、各媒体与融合发展中心之间在采编队伍、新闻选题、报道素材、专题策划、分发平台、网络直播等各方面进行深度融合。

总编调度中心制与每日选题例会制配套运行,集团编委会领导、委员任每日例会的值班终审,各媒体分管新闻的副总监任值班总编,各媒体新闻部负责人参加会议、报送选题、进行专题策划。每周都有一位值班终审搭班一位值班总编主持选题例会,对全集团的新闻资源进行统筹调配,对选题进行研判和甄选,重点策划集团官方 APP"杭州之家"的内容产品。各媒体按照例会讨论结果,以"移动优先"为原则,采制发布全媒体报道、网络直播等内容产品。

时政新媒体报道联动协调制旨在增强集团重大主题报道的新媒体发布力度,以"杭州之家"APP 为主阵地,联动综合频道、综合广播(FM89)官方微信微博、集团所属其他媒体新媒体平台以及第三方新媒体平台,形成时政新闻新媒体发布矩阵,在重要会议、重大主题报道中快速反应、创新策划、响亮发声,推出丰富多彩的时政短视频、APP 时政专题、H5 产品、大型融媒体行动,充分发挥时政媒体采编实力与资源优势,放大主流声音、引导正面舆论。

二、技术融合下的移动赋能

在城市台的发展长河中,因为广播通路、电视频道等传播渠道与平台的相对稳定,事业重心常常放在内容生产上,"内容为王"也已成为城市台最重要的生存策略之一。但随着媒体融合步入深水区,尤其是在智能手机渗透生活、移动技术席卷互联网的背景下,城市台极有可能因"内容为王"的惯性思维,将融合传播力等同于内容生产力,从而忽视了技术这一生产要素对媒体融合所起的决定性作用。在某种程度上,互联网的兴起正是依赖于信息技术的进步,技术与内容一样也是核心竞争力,推进媒体融合必须用最好的技术达到最好的效果。

杭州文广集团十分注重技术所起的支撑作用,主张关键核心技术为我所有、为我所用,用主流价值导向驾驭算法应用,积极推进融媒体技术平台建设与高清化改造,为实现融合传播、移动优先、高清播出提供技术赋能,目前已建成舆情系统、汇聚平台、移动生产系统等三大媒体融合技术系统。

舆情系统实时分析全网数据,梳理热点事件,帮助采编人员把握舆论走向,分析宣传效果,实现从经验决策到数据决策。汇聚平台是集媒体数据采集、存储、计算能力于一体的数据管理体系,能对集团所属各媒体数据进行有效管理,准确连接平台和用户,为内容精准运营、效果评估提供全流程的支撑服务。高清融媒体移动业务生产系统"云采+"于2020年6月建成并投入使用。通过"云采+"系统,采编人员依靠一部手机和APP就可以随时随地完成新闻报道的采集、制作、传输、审核、发布,真正实现全流程化移动生产。未来将借助大数据、云存储、人工智能等新技术,使中央厨房成为对接全网、服务全台的汇聚分发中心、用户数据中心、策采编核发中枢。

同时,集团积极推动电视高清化及超高清建设。2019年4月16日,综合频道率先高清播出;同年12月26日西湖明珠频道、生活频道、影视频道、青少·体育频道、导视文化频道进行高清化试播,电视频道演播室高清化改造、电视高清播出控制系统、前后期高清数字化摄录系统、高清制作系统等39个高清化融媒体升级改造项目基本完成,杭州电视全面进入高清化时代。2020年集团抢抓电视产业趋势和亚运机遇,组织力量提前部署4K超高清技术设备,开展规划调研,希望通过发展超高清电视带动融媒体技术系统迭代升级。

三、内容融合下的产品创新

互联网新媒体发展至今,几乎已经重新定义了内容标准。广播电视节目的收视收听率不再是体现内容竞争力的唯一指标,点击、浏览、阅读、点赞、收藏、转发、充电、月活、GMV、留存、热搜等数字早已构成新的传播力体系。城市台的内容生产,需要全速适应新的受众对象、传播载体、话语体系与表达方式,建构新的思维逻辑、技术方法去诠释演绎新媒体时代下的内容产品。杭州文广集团主动拥抱互联网思维,从打造传播矩阵与推出原创产品两个维度入手,创新做好新媒体移动传播。

一是打造"212"百万级新媒体矩阵。2019年起,集团推动各媒体开始打造具有文广特色的"212"百万级新媒体矩阵(即微博微信、客户端、抖音号头条号),着力构建无缝覆盖、精准传播、协同高效的全媒体传播矩阵。目前,拥有百万级粉丝的新媒体平台(账号)14个,多个平台(账号)已成垂直领域领跑者。矩阵中的"杭州交通918"微信公众号2020年总阅读数5.96亿次,位居"新榜"第1名;"虎小叔说车"抖音号从零开始,截至目前粉丝数已达765万,荣列2019年度浙江省媒体融合创新案例。同时集团积极自建新媒体平台,集团官方手机客户端"杭州之家"定位杭州首席新闻视频客户端,通过"新闻+服务""直播+短视频""问政+便民"为市民服务,现有用户120万,已成为时政权威信息发布的主平台之一;汽车维权神器"开吧"手机客户端,将交通经济广播的听众、节目、品牌资源进行新媒体转化与延伸,开发了资讯、服务、社交、爆料等聚合功能,目前拥有全国用户465万,"开吧"APP全国广播电台联盟已达81家,2020年交通经济广播融媒"开吧系统"全新研发"广播数据驾驶舱"并成功接入"城市大脑",为车主和听众提供大数据出行服务,被国家广电总局列为全国广播电视媒体融合典型案例。这一矩阵在重大突发事件的新闻传播中发挥了巨大作用。在新冠肺炎疫情、利奇马台风、新安江水库泄洪等重大突发公共事件中,实现24小时不间断全媒联动、全程参与、全息传播,其中疫情防控新闻5.6万余条,推出《战疫情 促发展》《声情陪护》等系列报道与特别节目、交通91.8疫情应急广播、"直击——杭州战疫"慢直播等全媒体内容,获网络点击量近70亿,交出战疫报道高分答卷。

二是推出一系列新媒体"爆款"产品。集团先后围绕改革开放40周年,新中国成立70周年,高水平全面建成小康社会,党的十九届五中全会,"干好一一六,当好排头兵","六保""六稳""六新"等重大主题,精心制作推出广播电视新闻报道、新媒体图文、短视频、VLOG、移动直播、全媒体活动等丰富多彩全媒体新闻产品。特别是推出了许多表达载体新颖、传播效果好的时政新媒体产品,如推出"壮丽70年 奋斗新时代"大型主题采访活动,投入记者200多名,网络点击量2.3亿;推出"我是星力量"大型媒体采风行动,先后以2019"我和我的祖国"、2020"小康路上幸福多"、2021"百年初心 依然少年"为主题,围绕重大主题策划采制一批鲜活生动的全媒体作品,累计网络点击量近2亿;推出"决战脱贫攻坚 决胜全面小康"重大主题报道,全网点击量1.5亿;"爱上大运河"全媒体行动获中宣部专文表扬。通过一大批内容产品的融合创新,文广集团努力在纷繁复杂的网络世界中不断强化主流声音、弘扬主流价值。

四、视野融合下的未来驱动

城市台以往的发展模式与创收链条较为单一,主要依靠时段广告、产品植入、活动创收。但随着新媒体的发展,受众与广告商都在转向流量丰富的新媒体平台，城市台或主动或被动地需要尝试新的营销手段、发现新的增长机会、探索新的发展路子。杭州文广集团努力拓宽视野、合作借力，以不断开拓融合转型的新路径。

2021年4月30日，国家（杭州）短视频基地奠基开工、中央广播电视总台浙江总站挂牌仪式等重大活动在集团圆满举行。集团全力做好要素保障，扎实推进项目工作，得到中央广播电视总台和省市领导充分肯定。集团将持续深化与总台的战略合作，进一步增强把握媒体融合发展趋势的能力，以国家（杭州）短视频基地为主引擎，全面推动集团"1+5+2+N"发展战略，实现"十四五"高质量发展，以国家级平台建设为目标，打造面向国际、亚洲领先、国内一流的主流视听新媒体高地。

集团与国家广电总局卫星直播管理中心密切合作，深入打造以"工地融媒体"为基础的直播卫星融合业务试验基地，有效扩大基本公共文化服务覆盖面和适用性，特别是对建筑工人、外来务工人员、偏远山村等城市边缘人群、弱势人群的覆盖，打通全媒体传播的"最后一公里"，得到了市领导的高度评价和村民的极大欢迎。

集团以建设县级融媒体中心为契机，以共建、共享、共赢的理念不断扩大融合"朋友圈"。早在2018年初，集团就携手13个区县市及相关部门成立"融之家"联盟，并在"杭州之家"客户端上开辟"融之家"专区，为县级融媒体中心提供新闻、直播、短视频、H5等内容服务。此后，集团积极搭建钱江云平台，不断在线索汇聚、内容生产、智能媒资、融合发布、大数据分析等方面进行迭代升级，积极为县级融媒体中心建设赋能，为县级融媒体中心建设提供包括内容、技术、平台、资金等在内的一条龙服务，确保实现省、市、县三级融媒体中心的资源共享、信息互通、业务协作。

以"四化"思维构建融媒传播新格局

——金华市婺城区媒体融合的探索与实践

金华市婺城区新闻传媒中心　张　明　翁哲宁

随着全媒体时代的来临,传播路径渐趋多样化,推进媒体纵深融合是摆在媒体面前的重要课题。县区级融媒体在全媒时代背景下,实现新闻生产部门与生产流程之间的高效融合,以新应新、以变应变,坚持内容搭建,以数字化、扁平化、移动化、融合化的"四化"传播思维,不断提升县级融媒体的引导力、传播力、影响力和公信力,形成向域外辐射的传播基站。

在媒体融合改革中,金华市婺城区新闻传媒中心全力打造移动优先的传播矩阵,所有采编人员全部转型为融媒体记者编辑,取消原先设置的新闻部、周末部、电视部、网络部,通过融合改革后,全新设置新闻采编中心、专题策划中心、新媒体发布中心等,同时组建融媒实验室、整合成立婺城短视频联盟,几大平台既分又合,全面融合贯通,互融互通,不断探索"四化"思维推动媒体纵深融合路径。

一、数字化破局,创新新闻模式

(一)提高媒介素质,拥抱数字时代

婺城区在媒体融合中以数字化支撑移动化,打造一支具有互联网思维、适应新兴传播业态的全媒体队伍,掌握文字、图片、视频、音频等不同的叙述方式,并加强平台建设,建设与媒体融合发展相适应的采编发布及技术支撑平台,实行一次采集、多种生成、多元传播的传播模式,拥抱数字传播时代。

(二)建立评估体系,做活全链传播

传统媒体与数字媒体的更迭与交替之际,数字化的建设可以促进二者的融合。早在 2013 年,就已有了二者融合的尝试,落户于天津的"中国经济广播节目全媒体数字转化基地"即是一个印证。该基地在发展的过程当中运用了各种新技术将传统的经济广播节目转化成为全媒体的数字化平台,利用全国

60多家电台的资源,在经济节目制作、节目呈现以及节目管理等多个方面进行了优化,形成了媒体融合发展的格局。这也为全媒体传播格局下数字转化制度的建立提供了经验。通过这种方法,媒体还可以完成对受众群体的分类转化,根据受众的兴趣特点、接受程度、心理需求来进行分类,然后将受众的种类与媒体信息的种类进行一一对应,进而进行精准传递。婺城融媒在全媒体格局构建过程中十分重视对受众同步交流与互动模块的设计,在融合场景设计中,做好评估反馈模块,为用户构建便捷的留言板、互动区、点赞区,并通过信息沟通、用户留言、调查问卷等多种形式来了解用户的实际需求,初步实现新闻传播的双向化通道。

（三）拓宽传播渠道,实现全媒融合

随着新媒体的迅速发展,受众对于专业媒体平台和优质媒体内容的需求越来越高,有价值和有专业度的内容仍将是受众的主要需求,婺城融媒目前已基本形成采、策、编、发的全数字并做好推发后的数据跟踪,在新闻浏览量、到达率、点赞率和评论进行全方位反馈,同时突出内容本土化、精品化,表现形式多元化、可视化,即能更好满足群众需求。

二、扁平化筑基,打通媒介壁垒

（一）打造融媒中枢,完善流程运作

移动互联时代,受众注意力逐渐"碎片化",主流阅读人群则更青睐移动智能阅读。目前,婺城区新闻传媒中心正打造策、采、编、发、播一体化流程,构筑全媒体新闻资源24小时采集发布平台和以婺城融媒 APP 为新闻源,打破原来传统媒体和新媒体采编体系各自分开的格局,建立围绕新闻事件和用户需要为主导的全媒体采编体系,实现从新闻采集到编辑发布扁平化的采编流程管理。

（二）优化分发制度,实现精准传播

互联网已经实现信息来源的多样性,在新闻报道实践中,婺城融媒不断丰富每日的新闻"稿池",做到各平台精准传播,实现新闻稿件的多元分发,在新媒体的"新"、融媒体的"融"、传统媒体的"深"上做足文章,实现差异化的精准传播。

三、移动化开路,实现精准传播

(一)深化终端平台,设计立体矩阵

移动互联网已经成为网民获取信息的最主要渠道,顺应这一变化,婺城融媒较早对原有平台进行大刀阔斧式的改革,建好建强一个集声、屏、报、网、视、端、微、抖的全媒立体矩阵,以打造新型主流媒体为基础,努力形成全媒体覆盖的现代传播体系,推进媒体纵深融合,着力打造形态多样、手段先进、具有竞争力的新型主流媒体,不断扩大主流价值的影响力版图。

(二)坚持移动优先,推动一体发展

学者彭兰认为,移动化、社交化、智能化是传统媒体转型的三条主要路径。新闻移动化和多终端化时代的到来,意味着媒体竞争的主战场也将随之转换,先人一步也许会步步领先,以婺城区新闻传媒中心为例,依托婺城新闻网,提出一网带一微一端一报一云的"一带四"模式,采编流程全部实现新媒体流向传统媒体,实现"移动优先"后,婺城融媒各平台的用户数迅速增长,目前各平台用户总数突破 50 万,是融合前的 16 倍,一批优秀新闻作品脱颖而出,激活了融媒改革活力。婺城融媒客户端、"婺城发布"两个移动平台已经成为婺城区最权威、阅读者最多的新媒体融合发布平台。特别是婺城融媒客户端作为婺城新闻网的移动端产品,以时效引领,与"婺城发布"微信公众号实现差异互补,24 小时实时发布,打造移动掌上党报,对重大活动第一时间实现慢直播,特别是在文明城市创建、婺城白沙溪三十六堰入选世界灌溉工程遗产、白沙八景落成等活动中以不间断滚动直播方式把网民带入"第一现场",新闻传播影响力不断得到提升。

三、融合化赋能,传递婺城声音

(一)做强新闻"能量池",激发传播活力

自 2019 年婺城区媒体融合改革后,充分运用图文、视频、VR、智能主播等功能,线上线下相连接,先后策划了专题 300 多个,各类新媒体发稿近万篇,内容涵盖全区各项重点工作,从各个不同侧面,反映了婺城政治、经济、民生、社会事业等方面的发展和变化,有效地宣传了婺城区的正能量,传播了婺城的好声音。围绕区委区政府的中心工作,新闻中心在主题策划上精准发力,通过报纸《今日婺城》、电视《婺城新闻》、婺城融媒客户端、婺城发布等融媒体平台进行差异化推送。做好新闻的二次传播，以"唱响主旋律、讲响好故事"为出发点，全面对外展示婺城的整体形象，并多次在《人民日报》《浙江日报》"学习强国"、中央电视台等国家、省、市级主流党报党台、网站、新媒体上亮相。2020年婺城53次登上央视荧屏，依托融媒体新闻平台，在全省创新推出打通农村意识形态最后一纳米的新平台"婺彩云"网络家园平台，打造融媒"百事通"：包含了便民信息、政务服务、记者帮办、政策解读等，并重点推出一些农村群众喜闻乐见的新闻和文化助力行动，形成一个充满正能量的同城舆论场。

（二）编织全媒"一张网"，探索区域外延

在网络媒体抱团发展的今天，努力实现"你中有我，我中有你"的融合路径，主动融进来、走出去，一方面借船出海，借梯登高，加大与省市媒体的融合，主动与浙报集团金华分社、金华日报社和金华广电集团达成多维度的合作，在金华首开省级平台的县域端口。浙江新闻移动客户端婺城频道正式开通后，婺城区新闻亮点有了省级媒体平台的推送，进一步提升融合宣传影响力，有力助推地方媒体的全面融合进程，实现省市新闻平台和地方新闻平台、省市媒体技术平台与地方分平台、网络媒体和传统媒体的多维交叉式的融合，达到策划为先、一次采集、分流编辑、产品融合、多元发布的全新格局。通过三年来的融媒体改革，婺城区新闻传媒中心已取得显著成果，婺城新闻网从2016年起，连续4年获得浙江在线新闻网站十佳支站，三年中共有60多件新闻作品获得省市各类好新闻奖，以队伍建设和媒体融合提升为抓手，婺城加快融媒体中心建设，进一步强化主流舆论宣传力度，积极提升新闻宣传水平，强化"移动优先""发布优先"策略，推进媒体融合流程再向纵深发展，已成为全媒融合的思考重点。

（三）拓展媒体"朋友圈"，讲好精彩故事

充分发挥媒体融合的功能，不断创新融合模式，向外拓展建立"媒体融合圈"，向内建好"新闻联动圈"，以"双圈"服务地方的中心工作和重点工作，为配合2019婺城首届发展大会的召开，婺城区融媒体团队再次发力，组建了多支采访团队，分赴广州、北京、杭州等地，对婺城乡贤进行集中采访，并通过融媒体平台，充分运用视频、图片、文字的组合功能，在各大媒体平台推送，一时间婺城"乡音"成为关注的热点。乡愁短片《闻着花香回故乡》通过融媒发布后引起全城共鸣。婺城媒体融合的"朋友圈"正不断扩大。

一场以"转"促"融"的新闻行动

——绍兴市新闻传媒中心"先行者的风景"
"建党百年全媒体新闻行动"增强"四力"的实践

绍兴市新闻传媒中心　何瑛儿

2021年是中国共产党成立100周年、"十四五"开局之年、浙江争创社会主义现代化先行省启动实施之年。为生动展示全省忠实践行"八八战略"、奋力打造"重要窗口"、加快实现"四个率先"的新实践、新成果,2021年初,浙江省委宣传部、省记协向全省新闻单位发出《关于开展"走基层、强四力"活动的通知》。2021年3月起,绍兴市新闻传媒中心结合开展"走基层、强四力"活动,组织实施"先行者的风景——建党百年全媒体新闻行动",深入街道乡镇、科创园区、企业社区、工地码头等开展调研式、体验式、行进式报道,采撷先行者的风景,展示新闻人的风采。新闻行动紧紧围绕一个"新"字、一个"精"字、一个"融"字,发挥体制优势、立体展示呈现,截至2021年5月30日已推出13组报道,全媒体刊发报道90余篇(需要核实),展示了传统产业数字化智能改造、打造世界级制造业集群、长三角一体化发展、打造市域治理现代化标杆城市等领域的"绍兴风景","走"出了绍兴特色,也"走"出了新闻人的底色。

一个"新"字:
海选题材,创新机制,精心策划
每一场行动都是眼力和脑力的比拼

这次全媒体行动,是绍兴市新闻传媒中心统一组织、作为重要品牌项目打造的庆祝建党百年的重大主题报道。为确保其顺利实施,绍兴市新闻传媒中心在机制上进行了创新。一是精心制定《"先行者的风景——建党百年全媒体新闻行动"工作方案》,形成顶层设计。二是组建模板化小分队,由中心领导、骨干记者、年轻记者组成采访队伍,形成传帮带梯度。三是在各平台抽调采编人员组成"全程、全员、全息"团队矩阵。

2021年3月21日,系列报道推出第一篇。《绍兴日报》以整版篇幅刊发通讯《工厂化养蚕：巴贝一梦五千年》。该文以"记者探访"为视角，围绕"一道神奇的'瀑布'""一个最强的大脑""一片广阔的蓝海"3个部分作行进式、见闻式报道，行文生动可读，富有场景式画面感，彰显了敢于创业、勇于创新、追求极致的企业家精神。《绍兴晚报》以"'作茧自缚'7年，巴贝'破茧成蝶'"为题，深挖巴贝人历时7年攻克工厂化养蚕难题的故事。电视新闻频道对难能可贵的工厂化养蚕生产场景进行了最直观的记录和呈现，广播频率则以大量的现场同期声，让听众体验了"声"临其境的感觉。越牛新闻客户端则对多个平台的报道通过编辑和筛选后，集成式刊播。

同一个题材，多平台刊播，呈现出"集束性"效果。这是2019年1月1日"巴贝工厂化养蚕改写5000年养蚕史"这一科技成果正式向外界宣布以来，人们第一次如此全景、直观、生动地了解到一条蚕是怎么从流水线上孵出来的，全年无休数字化养蚕的真实场景，以及工厂化养蚕这一世界性科技难关被攻克的幕后等第一手信息。

工厂化养蚕，既是传统产业转型升级的典范，又是科技创新的最佳样本。在此之前，中心旗下《绍兴日报》、新闻频道都对此作过报道。但由于该题材在科技创新和商业领域具有较强的保密需求，过去的采访多是碎片化、单线式的，缺乏成体系的、全方位的、立体式观照和呈现。因为记者进入不了车间，就无法拍摄到第一手生产场景。企业董事长、项目领军人物金耀是一个极其低调的企业家，一直没有找到与其深入对话的机会。而这次全媒体行动，因为策划早、阵容大，得到了嵊州宣传部门的大力支持，周密安排采访联系、精心设计步骤，确保了采访的顺利推进。

类似巴贝工厂化养蚕这样的选题，具有肉眼可见的"先行者特征"。但更多的题材，则需要我们在独具慧眼的基础上筛选和辨别，要既能承载建党百年这一宏大主题，又能紧紧围绕绍兴"率先走出争创社会主义现代化先行省的市域发展之路"和"四个率先"的部署，同时还要兼顾区域、行业的平衡性和典型性，事件的代表性、先进性、新闻性，这是一场眼力和脑力的大考验。迄今确定的第一批20个报道对象中，既有绍兴拥抱浙江大湾区建设的滨海工业区，也有传统经典产业发展的代表山下湖珍珠产业，既有传统小吃产业发展推进"枫桥经验"传承创新的诸暨安华镇，也有在融杭中展示"桥头堡"功能的杨汛桥镇……它们分别是在中心领导、编委、部主任分头提出的上百个选题的基础上，由总编室汇总梳理"海选"出来的。

什么样的题材能够进入法眼呢？绍兴市新闻传媒中心还就全媒体报道的操作要求明确了一套标准。首先是题材本身要有多平台展示的价值，既足够重大,足够先进,还要有"一鱼多吃"的丰富元素,适合电视、广播、纸媒等多平台展示。当然,更重要的,要在某一个领域具有令人眼前一亮的典型意义,这属于新闻选题的直觉范畴。

"媒体深度融合的大背景下,更要融入发展大潮,把握新阶段新理念新格局,增强脚力眼力脑力笔力,讲好'绍兴故事''浙江故事''中国故事',为党的百年大庆记载功业,凝聚同心共筑中国梦的磅礴力量。"3月8日,《绍兴日报》头版刊发评论《春天里,看先行者的风景》,阐明这次全媒体新闻行动时代背景、现实意义。这也是"先行者的风景"的"先"字内涵。

一个"精"字
深入一线采撷亮点,"脚力"下跑出活鱼
"旧闻"里炼出真金

到5月底,这组报道已刊出近13期。应该讲,每一组经历精心打磨、反复修改的环节后,都以各具异彩的形象呈现了出来。社会各界对报道的影响力、仪式感都给予好评,称赞这是绍兴市新闻传媒中心近年来少见的精品力作。其实这些题材并非独家新闻,多为"旧闻","旧闻"里面"炼"出真金、"死鱼"点化成活鱼,靠的就是沉到底部、走到核心。

在2021年4月22日刊播的系列报道之一《安华之"安"》中,有这样一段描述:厨房里,灶台边,四五口锅同时开火,牛杂汤汩汩沸腾,鱼面飘香,煎饺冒气……掌勺的是彭娟的丈夫何铁军。只见他两手并用,面庞通红、汗流浃背。屋后,何铁军的父母又是杀鱼,又是烤羊排。一旁的姐姐,秒速包饺子。

这样的活色生香的细节,是全媒体采访小组在当地熬过了一个深夜的结果。4月13日晚上10时许,采访小组走进安华镇华南路小吃街的军大胖碳烤牛肉店时,体验了一个小镇"深夜食堂"座无虚席的美食影响力,找到了能够"点燃"这组报道的灵感火苗。

当然,回头去看,每篇报道都不是一蹴而就的。每一次精彩的呈现背后,都有一个认识转换甚至对报道主题重新提炼另起炉灶的过程。

一是从"没搞头"到"有花头"。前面讲过,海选出来的题材绝大部分都是旧闻,这就导致有的记者"接单"后认为"冷饭炒不出新花头"。譬如《巴贝一梦五千年》这个稿子,也经历了这样的过程。这个题材我已经追踪了近10年,写过的稿子也有好几篇了。因此当有关领导提出再写巴贝时,我也有点抵触:怎么又来了?都已经写那么多了,还能怎么写?但是转换思路以后,发现还真是有挖不完的新闻素材。尤其是像巴贝这样的重大题材,可以有无数个角度和理由让你再次进入这个神奇的世界。报道不怕重复,关键是能不能做出创意和新意。这组报道我们将"行"作为贯穿全文,也是区别于过往报道的主线,通过记者的"走",记录所见所闻、所思所想,以场景连接故事,在形式和内容上都有创新。另一方面,充分突现全媒体行动优势,牢牢抓住机会打造"第一视角"、捕捉"独家访谈"。尤其对金耀的采访,过去虽然也有过,但多是断断续续的。这一次金耀敞开了心扉,与我们长谈近一个小时,得到的信息成为不可多得的重要资源。总之,拍没有拍过的画面,采访没有采访过的人,以确保内容的吸引力。《绍兴日报》一位编辑在谈到编辑体会时说,新闻有没有"搞头",关键看认识有没有到位。认识到位了,就有搞头。没到位,就没搞头。

二是从"写过头"到"写出彩"。因为是重大题材的全媒体行动,也有部分记者唯恐写"轻"了,仿佛不用力就不足以显示其"重"。但其实,越是重大题材越是需要小切口进入,唯有"小"才能"大",很多稿子都经历了由"大"到"小"的修改。譬如在选择亲历者时,很多记者都会不自觉选择领导干部,但领导干部的视角显然跟"从基层寻找亲历者"的定位不符,所以"亲历者说"这个栏目很多都经过了两次采写。在写"采访手记"时,很多记者往往习惯于输出"大而全"的观点,缺乏热气腾腾的触觉,因此往往要经过不断的"收",才能将"写过头"的稿子扳回价值通道。还有一种出彩,是让枯燥无趣的题材写出彩。譬如在采写《新昌有"数"》报道时,在写之前,也让人头疼。这个题材属于提到就要打瞌睡的类型,一是报道雷同。在绍兴市新闻传媒中心的平台,已多次频繁报道。二是题材本身较枯燥。"数字化"是抽象的概念,如何生动有趣地呈现?作为作者,我们觉得,要让抽象的东西具体化,最本质的一点是要吃透理解,不能"以己昏昏使人昭昭"。在先期做了大量功课的基础上,采访到了直接负责这项工作的新昌县委常委,精准地抓住了新昌数字化改革成功的根本:营商环境。随后,我们又走访了多家企业,在生产车间跟部门负责人和一线工人聊天,了解数字化革命对企业、产业和"人"的影响。在这些来自一线的故事样本中,我们也找到了新昌数字化成功的重要支撑:来自企业的原生动力。当"天线"接上"地气",再加上新昌多年来形成的"向天花板要资源"的创新基因,也便可以解释,在全省数字化浪潮中走在前列、成绩斐然的,为什么是新昌?

对于这样的大规模新闻行动为说,由于失去了"首发"优势,记者会遇到瓶颈,需要寻找更大的突破,这是对记者提出的更高要求。只有脚到、力到、心到、笔到,文章才能写"到"位。

一个"合"字
抱团作战　优势互补

"大合唱"的乘法效应

发挥报台融合的优势,由中心领导、编委带队,组建由报纸、电视、广播、新媒体记者组成全媒体采访团,确保了新闻行动高效实施。每个团队均提前踩点,搜集素材、挖掘亮点、找准角度,给后期的采访打下了基础。从规模来讲,这是绍兴市新闻传媒中心成立以来的规模最大的一次全媒体新闻行动。从效果来说,是一种发挥融合优势,"一次采集,多元生成""各扬所长、优势互补"的低成本、高效率生产方式,深度报道、电视作品、广播、短视频交互式立体作战,树立了项目引领的融合样板。

2019年,原绍兴日报社和绍兴市广播电视总台合并组建成绍兴市新闻传媒中心后,在推进融合传承的过程中,取得了一系列成果,但也面临着进一步深化融合的理念变革、体制转换、技术赋能等一系列需要解决的问题。尤其是传统报纸、广播、电视在发展突破上束缚太多,要想打造行业领先的智媒体、融媒体,需要实现平面媒体和音视频业务、内容、平台、网络、终端的共融共通,为做强做大新媒体矩阵创设更多载体,这次全媒体新闻行动,在探索难题的破解中发挥了积极的作用。

一是技术之合。报纸和广播电视是两种截然不同的形态,在技术上,双方各有优势,但也隔着一道道屏障,文字记者擅长思考,电视记者擅长画面,广播记者擅长声音,新媒记者擅长速度,但对于移动时代的媒体人来说,要求十八般武艺样样精通,如何做到新闻技术的互相赋能和加持?通过统一新闻行动,了解多平台多媒体生产方式的异同,对提升记者的专业技能很有帮助。譬如,在几次全媒体采访中,我要求文字记者养成全程录音、摄像的习惯,尤其是一些珍贵的场景采访中,记录的每一个瞬间都是历史。文字记者起初并不理解,认为不是有摄像记者吗,为什么还要"重复劳动"?但我认为,记者在运用多种技术手段采访的同时,掌握的不只是生产能力,而是全媒体思维方式。后来证明,文字记者仅用手机拍摄的照片和视频,在新闻细节的捕捉上弥补了摄像的不足,不仅生动,而且视角十分独特。

二是人心之合。市新闻传媒中心有1000多名员工,体量庞大,加上是"重组家庭",彼此之间并不熟悉,交流也少。通过同题采访、统一行动、交流沟通,学到了别人的长处、照见了自己的短板。在共同克服困难的过程中,增进了感情、加深了了解。很多记者都反映,全媒体采访就像一大型团建活动,在工作实践中学到了本领、提升了精气神。如一名95后新记者在采访嵊州巴贝工厂化蚕项目过程中,对自己了解到的情况信心满满,表示承担《绍兴日报》整个版面的深度报道没有问题。抱着让年轻人锻炼也是活动初心的想法,我在与她探讨了内容框架的情况下，接受了她的"请缨"。但后来当我拿到稿子后，却心里一凉：稿子结构松散，缺乏亮点和主线。于是我翻出了我的采访本和现场拍摄的一些录音视频，与她一起回放采访内容，重新梳理报道的框架思路。并告诉她："啃硬骨头"，应对采访中的各种风险和挑战是家常便饭，要有解决复杂问题的信心和能力。当时离稿子刊发时间已经十分迫切了，我花了整整一天时间重写了稿子，并与她一起对稿子进行了分析对比，告诉她原稿中存在哪些问题，应该如何去思考和表达。后来小姑娘说：这次采访压力很大，但收获也很大。后来她经常就采访中的一些问题与我探讨，我也常为她的进步感到欣喜。

三是认识之合。所谓融合，认识很重要。最后体现在效果上，还是要看生产理念的提升、生产方式的改进、生产效率的提高。一次实践胜过很多堂课。通过自己的参与和实践，通过观照别人的实践成果，才能让大家在实践中加深融合认识、在项目中提升融合能力。在多次协同采访中，我发现了一个现象，往往是文字记者想深问、电视记者求快进。也就是说，文字记者希望通过深入采访掌握更多的素材，但电视记者总认为电视作品需要文字量并不大，还是要以画面为主，所以总想寻找更多的画面，而不愿意花较长时间去倾听。我们在采访的间隙探讨了这个话题：为什么同样一个题材，总觉得电视作品的思考深度不够？固然有形式的制约，但更多原因还是在采访过程中"唯快不求深"。电视记者后来试着在采访中与纸媒记者一起全程聆听，不再抱着摄像机一扫而过，后来在写稿时也承认这是"磨刀不误砍柴工"。新闻行业，说一千道一万，检验的是实战能力。在同一个阵地上，面对同一个题材，长板和短板、优势和劣势一目了然，也极大地增强了各平台记者的竞争意识。

人们常说，媒体的人难管，媒体的事难做，尤其是跨集团融合，在"和"和"合"上面临的挑战和困难更大，需要我们充分发挥融合的先发优势，深入贯彻落实中央《关于加快推进媒体深度融合发展的意见》精神，推动传统媒体和新兴媒体融合步伐，着力形成资源集约、差异发展、协同高效的全媒体传播体系。需要通过创新创优主题报道，深化新闻供给侧改革，更大力度培育名记者、名栏目、名作品，生产更多更好的爆款融媒体产品，让主旋律更响亮、正能量更强劲。需要通过精心打磨专业队伍，结合增强"四力"实践教育，实施员工素质"提升工程"，提高员工队伍适应全媒体发展的素质和能力，为加快媒体融合发展、打造向朝气蓬勃的"和媒体"集团提供强有力的人才支撑。从这个层面讲，"先行者的风景——全媒体新闻行动"，已经成为绍兴市新闻传媒中心推进融合过程中的一次"小而美"的亮剑。

新闻＋政务＋服务＋商务
提升县级媒体引导力、服务力、共治力、竞争力

安吉新闻集团　高克斌

习近平总书记强调,要扎实推进县级融媒体中心建设,更好地引导群众、服务群众。安吉县以数字化改革为引领,做强做实县融媒体中心,建立健全以内容建设为根本、数字技术为支撑、创新管理为保障的县域全媒体传播体系,推动县级媒体在加强基层舆论引导、便利群众生活、提升社会治理等方面更好地发挥作用。目前,该县融媒体中心旗下各类媒体平台用户数达到 165 万,是全县总户籍人口数(47 万)的 3.5 倍;中心经营收入连续六年保持 10％以上增长,2020 年度营收 2.9 亿元,媒体智慧化融合项目入选 2020 年全国广播电视媒体融合典型案例。

一、做精新闻主业,提升舆论引导力

一是融合新闻传播渠道。中心融合县域广播、电视、报纸、网站,研发上线"爱安吉"APP,注册"安吉发布"官方微信、微博、微视频,全方位打造新闻传播矩阵。依托中心新闻生产"中央厨房",实行新闻报道"统一策划、统一采集、分类编辑、分类推送",2020 年根据时间节点、重大事项,精心组织推出各类主题报道 68 个 4700 余篇,引导群众广泛分享,牢牢掌握新闻舆论工作主动权。截至目前,已有 27 家市县融媒派员长期蹲点驻地学习。二是办好本土新闻栏目。开办《百姓连线》《城事你我他》等"接地气"栏目,开设我和主播过中秋、文化夜市、我陪父母游乡村等系列活动,增加自办节目播出容量。自行拍摄制作的《安吉白茶携手致富路》在 2020 年 4 月 20 日央视《新闻联播》播出,实现连续 3 年《新闻联播》头条单条。同时,融媒体中心连续 2 年获得浙江省新闻奖一等奖,连续 13 年广播电视获省对农节目考核"双优"。目前,该县广播、电视用户分别达到 17 万、13 万,据收视率调查公司尼尔森数据分析,安吉电视台收视份额从 2014 年启动融合时的 8.5％提升至 2020 年的 26％,位居全国县级台第一。三是丰富新闻推介形式。探索 VR 全景视频创作,上线 AI 主持

人,推出 VLOG 新闻产品,使新闻生产更加活泼、新闻内容有效互动。运用在线直播平台传播新闻信息,上线"最安吉"抖音号,抖音号粉丝超过 13 万人,其中 9 条新闻短视频点击量破亿。2020 年,与央视新闻、央视财经、东方卫视、蓝莓号等中央和省级媒体合作连线直播 100 余次。

二、开发移动应用,提升惠民服务力

一是便民服务"掌上享"。在"爱安吉"APP 上线扫码借车、智慧医疗、掌上公交、智慧 5189000 等 21 个生活服务应用,提供给群众身边的多元线上服务,基本覆盖群众的日常出行、娱乐、旅游、饮食等服务需求。例如,在智慧 5189000 应用中,群众可以一键呼叫钟点工、家电维修、管道疏通、搬运安装、上门理发、甲醛检测等各类家政生活服务,2020 年累计共提供各类服务 2383 次,得到群众广泛好评。目前,"爱安吉"APP 注册用户数达 20.3 万,平均日活跃用户数 5.1 万,活跃率达到 25.1%。二是政务服务"掌上查"。在"爱安吉"APP 上线消费维权、农林产权交易、数字乡村等 9 项政务服务应用,联通县级相关部门信息平台数据,为群众提供精准政务信息查询服务。2020 年疫情发生初期,自主研发全国首个口罩预约系统,在最短时间上线企业员工信息管理、本土果蔬配送、白茶生产交易管理等智慧抗"疫"信息模块,运用数字技术强化疫情管控、保障复工复产,有效助力"两战赢"。三是产品营销"掌上通"。创新"从田间地头到自家门口"的农产品销售模式,实现百姓线上下单、就近取单,让本地优质农产品实现"内循环"。2020 年初在"爱安吉"与"游视界"平台分别上线"两山优品"和直播带货应用,其中游视界上架全国名特优产品 563 种,开展助产助农直播 67 场,"两山优品"上线各村特色农产品 156 种,两项累计销售 1210 余万元。

三、融入基层治理,提升社会共治力

一是融入应急指挥体系建设。发挥技术力量优势,搭建县公共危机应急指挥中心信息系统技术架构,提供系统运维技术支持。主动将"村村通"数据光网、"村村用"信息平台、"村村响"音频广播、"村村看"视频监控等数据资源接入县公共危机应急指挥中心信息系统,推动构建县乡村三级联动、快速响应的综合指挥体系。同时,自主研发智慧社区、智慧旅游和乡镇社会治理"四个平台"等应用,建成大数据协调、公共应急指挥、社会综合治理指挥三大中心,用数据服务县域治理,打造基层社会治理的"眼睛"和"大脑"。二是上线村级

"三务"公开信息系统。在中心旗下的数字电视、"爱安吉"APP、微信公众号上线"村务清"系统,村民通过手机扫描二维码即可进入系统实时查看本村"三务"公开信息,实现村社事项"码上知"、权力运行"码上督"、群众诉求"码上办"。2020年平台上传公开信息超5万条,办理回复件3946条,处置率达98.6％。三是开发"文明超市"智慧平台。依托中心大数据建设和三屏融合成果,开发集互动电视端、手机移动端于一体的新时代文明实践中心"文明超市"智慧平台,建立了群众点单、中心派单、志愿者接单、群众评单的活动机制,实现线上线下同频共振,互融互通,促进城市文明向全县域文明转变。2020年已有569个各类志愿者组织加入"文明超市",累计开展活动共7347次,常态化提供生态环保、扶贫帮困、文化演出、法律咨询等各类公益服务。

四、实行多元经营,提升市场竞争力

一是推进"融媒体＋文创"。聚焦市场、产业、用户需求,探索建立传媒与文创项目融合发展新机制,每年筹办演艺、会展、培训等大型活动150场以上。2020年3月份,疫情防控应急响应等级降低后,就迅速在6天时间里承办了浙江省2020年文化和旅游重点项目集中开工仪式、2020年全县经济发展攻坚动员大会、上墅乡2020年度经济社会发展大会等三场活动,连续14年举办县域最有影响力活动《安吉骄傲》颁奖盛典,每年承制各类宣传片、汇报片、公益片100余部,快速推动传统广告经营向现代文创产业加速转型。中心文创产业连续三年实现15％以上增长。二是推进"融媒体＋旅游"。自主开发运营面向全国的"游视界"平台,依托平台构建了全国各地形象宣传、旅游推介、精准扶贫等为一体的线上线下体系,获得浙江省基层科技创新一等奖、浙江省电子商务贡献奖。目前,平台已吸引河北、山西等12个省272家市县媒体加盟,取得较好成效。例如,2019年4月,晋南地区17家融媒体中心和陕西国旅联合运营,实现晋南尧乡古镇景区日接待游客8900人次;2020年12月份,长三角32家融媒体中心和旅行社联动举办江南天池开滑节,单日进景区游客9000人次,是该景区15年来单日游客的峰值。三是推进"融媒体＋知识产权"。注重知识产权申请与保护,每年研发支出占到总收入的3％以上,截至目前,共取得国家软著、专利46项,与全国90个市县签订全面战略合作协议。自行研发的融媒体系统,成功在嘉善、桐乡、临安等10多个周边县市得到复制推广应用,还成功在山西、湖北、贵州、广东等省10多个县市进行了模式输出,为当地县市级融媒体快速融合和节约政府成本,树立了标杆,初步打响全国县媒建设"安吉名号"。同时,推动融媒体平台、智慧城市项目、"爱安吉"APP等应用对外输出,累计创收 1100 余万元。

附件

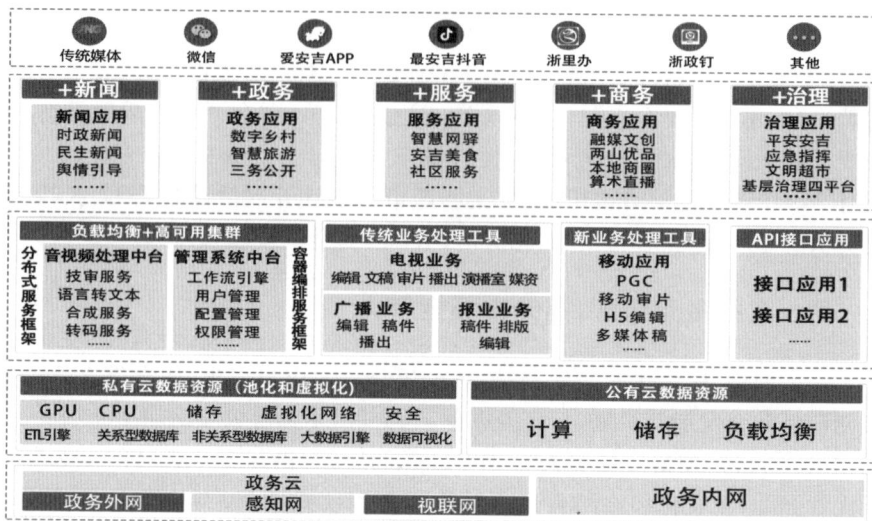

图 1　安吉县融媒体平台系统架构

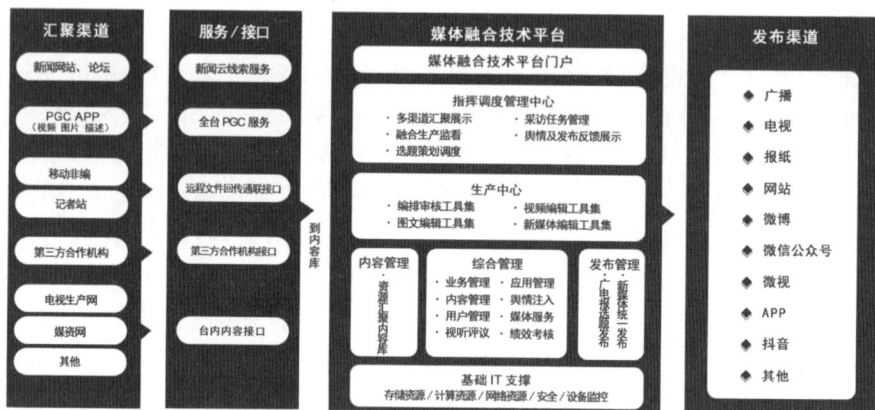

图 2　安吉县融媒体新闻生产制作流程

全媒体报道形态下的对外宣传

洞头区融媒体中心　庄海文　郭婷娟　余佩遥　柯　瑜

对外宣传工作一直以来都是党和政府宣传工作的重要组成部分,融媒体中心和广播电视台作为最基层、最基础的各级宣传媒体,做好对外宣传工作,并加强对各媒体资源的有效整合利用,有利于产生"宣传蝴蝶效应",形成强大的助推力,对各地域、各区域树立提升对外社会良好形象重要且迫切。

随着社会经济的高速发展,科技技术的迭代更新,我们正处于一个信息"爆发"时代,新闻、舆论的传播速度"没有最快,只有更快",宣传方式、途径越来越多。而在全媒体形态下的外宣工作,与传统的对外宣传模式也发生了本质的改变。迫切需要我们掌握全媒体宣传的发展规律,并打破常规化的对外宣传格局,避免被传统的对外宣传思维和惯性所束缚,更要在宣传的策略上、战略上、学术上,充分结合现代科学社会的发展轨迹,迅速进行创新、革新、推新,为全媒体的宣传注入生机和活力,推动宣传工作再上新台阶、更上一层楼。

一、建立稳固的内宣群落

内宣是基础,外宣是延伸。内宣凝神聚力,鼓舞干劲;外宣扩大影响,树立形象。而做好外宣的基础关键在于建立稳固的内宣群落,才能及时发现最有新闻价值和宣传价值的线索,通过深入采访,在给本中心提供新闻节目资源的同时,也作为外宣素材使用,一举两得。

(一)要打牢素材来源的基础,建好信息库

依托平台,形成外宣工作的强大合力。美国新闻学家麦尔文·曼切尔曾说过:"消息来源是记者生命的血液。"对记者来说,新闻线索、素材来源是开启新闻作品的钥匙,而在这个信息爆炸的时代,如何从海量信息中甄别出有价值的新闻线索和有对外宣传竞争力的素材就显得尤为重要。过去面对消息素材的繁杂,不能进行快速的整理分类,但在探索过程中,洞头区融媒体中心整理出了一套属于自己的外宣库。依照主体内容、发布平台等特点进行分类整理,在这种模式下,将信息进行上报推送,达到送达宣传的目的。在此基础上,广播媒体等平台可发挥自身优势,通过多渠道、多维度的采编体系,扩充素材库。

(二)要打造稳固通联的队伍,建好通联网

认真抓好通联队伍建设,对于推动通联工作有强大的助力。通过建立微信"庄庄一家亲快乐一群""庄庄一家亲快乐二群"和"洞头广播内外宣交流群",汇聚洞头各界别、各条线的人员,打开了多元化的信息渠道,扩充了采编力量,使得我中心的新闻羽翼更加丰满。

(三)要打通激励向上的渠道,建好排行榜

"洞头广播内外宣交流群"根据各条线、各单位向我中心报送的新闻以及被采用的新闻条数,在每天广播《洞头新闻》编稿结束后,汇总当天通讯员稿件。设立以当天用稿的通讯员姓名、单位、新闻标题等构成的排行榜,保证每日7~8条的用稿量,而后将稿件根据条数进行排行。形成了"状元榜""光荣榜""用稿榜"等机制,不断激励和鼓动更多不同领域的人加入新闻宣传工作,积极报送新闻素材和新闻作品。

目前,洞头区融媒体中心广播通讯员队伍迅速发展不断壮大,出现了积极争当通讯员的喜人局面,以半敞开全媒体微信通联管理方式,使全民参与广播新闻宣传工作,提高了每日广播《洞头新闻》的可听性。到目前为止,通讯员队伍已扩充到400余名,成功组建了一个强大的新闻信息库供我中心检索、筛选,为开展全方位、全角度、全领域的全媒体时代通联工作,打下了坚实的基础,促进新闻的触角在基层得以最大程度延伸和发展。

二、科学合理梳理外宣网络

夯实外宣网络基础,方能提高外宣质量。发布各类外宣时,发布平台的选择,新闻导向的把握,文章内容的投放,这些工作做得不好,都会让你的外宣发布质量大打折扣。所以,怎样梳理好外宣网络工作显得极其重要。

(一)科学合理梳理外宣平台

国家、省市各级新闻发布的平台,都有其特性与专长。例如广播拥有交通频道、经济频道、音乐频道,各有其鲜明的导向特色。因此,要摸清各级新闻平台的特性与可能感兴趣的内容,全面地做好平台的统筹与梳理,根据不同性质的新闻属性,检索出来,向合适的平台报送最新、最快的新闻,才能大大提高外宣采用率。

在全国各级媒体兴起报道新中国成立70周年的热潮中,洞头台在筛选平台推送时,以 1949 年 10 月 1 日作为节点。在这个时间节点,全国大陆已基本解放,而浙江沿海岛屿和全国各地众多岛屿仍未解放,还在为新生活浴血奋战。以此为切入点,洞头台走访浙江各地和全国各地海岛,看 70 年后的重大发展变化。这个报题角度引起了中央人民广播电台浙江站的关注,中央广播电视总台央广网和央广记者中心联合推出大型系列报道《你好,小岛》。跟随记者的脚步,巡游祖国的辽阔海疆,登临美丽的花园小岛,走进神秘的渔村人家,感受百姓的幸福生活,描述火热的建设场景,倾听感人肺腑的生动故事,分享海洋强国建设的喜悦与荣光。2019 年 7 月洞头台报题与中央台联合采制的开篇报道《代代接力的"巾帼战旗"——追寻新时代"海霞精神"》,在《学习强国》刊播后获得 560 多万的阅读量,在 2019 年度浙江新闻奖重大主题报道奖评选中摘获策划创新奖,并获得中央广播电视总台 2019 年度优秀作品奖融媒体类三等奖。

(二)创新全媒发布模式平台

在现今的全媒体形态下,涌现出微信、微博、抖音等新兴的新媒体发布平台。其所需要的各类素材,不再是以往常规的文字与冗长的视频、音频,而是需要我们打破传统的思维约束,改变以前传统的外宣发送模式,做好与平台的对接,按照其所需的播发格式,将视频精简剪辑到 15 秒到 30 秒之间,以短视频的形式报送。2021 年 2 月份,洞头台推送的一则题为《最美的弯腰》的短视频,因其精短且内容吸睛而被抖音总部选中采用,阅读量达 1200 多万,是截至目前本年度本台外宣阅读量和转播率最高的一则短视频,成为结合当下发展新趋势创作出新的成功宣传范例。

(三)做好外宣平台人脉梳理

每天省市县各级平台向上报送的新闻十分繁多,而如何提升本级媒体的竞争力,关键在于"人脉"的把握。不管是在职场还是生活中,当下社会人脉即金脉。而记者这个行业更需要"人",广交好友是每一位记者做好新闻的长久之道。那么,想要建立良好的人脉圈首先需要对自己的朋友圈进行梳理,并利用各式各样的场合与机会结交友人,这样才能拓展更多的信息源。并通过加强与上级媒体的沟通联系与探讨交流,持续吸纳好的经验做法和建议,在不断拓宽媒体视野和强化自身新闻素养的同时,往往能大大提升外宣竞争力。

(四)加强与各"微"群组交流

众所周知,目前微信建群已成为一种现代交流的方式,各级平台都会通过各类群组提前发布所需的外宣选题和课题,通过及时沟通,根据要求提前做好新闻的采集进行报送,最大化地完成外宣工作。

例如,在洞头区委宣传部的牵头下,洞头区融媒体中心联手区精神文明建设指导中心、团区委、区慈善总会、微动力志愿者服务队和原野花屋等爱心人士,组成一支稳定的"鲜花送雷锋"小分队,每月选定两位雷锋式代表人物,在其生日之际送上鲜花、绶带和证书。此外,洞头台还充分利用新媒体的力量,建立了文明新闻爆料群、全媒体新闻报备群、公益春晚微信群等平台,持续关注和报道随发性的好人好事。事迹一经证实,小分队即刻出发,送上鲜花和蛋糕,融媒体中心的记者也随即跟上,展开追踪报道。

洞头台"万朵鲜花送雷锋"的成功案例,被浙江传媒学院列为学术研究课题。在浙江省广播通联会议、中国广电区域人才交流等会上,被选做典型交流发言。总结性论文《"软实力"视角下县级媒体社会责任的构建——以洞头传媒中心系列公益活动为例》,荣获 2017 年度浙江省广播电视学术论文奖三等奖、温州市二等奖。

二、汲取地域的特色外宣

洞头是海岛,其最大的特色就是海岛、海洋资源。特别是近年来的蓝色海湾整治、独特的海洋非遗文化等,是其与其他县域相比的最大不同之处,这为我们对外宣传提供了创作的源泉。根据洞头"海"的特点,我们准确地把握外宣定位,紧紧抓住地域特色,依托地方做文章,巧打"海"字牌,抢占第一受众效益,创作出一批具有影响力的对外精品,让受众看到新鲜、好看、对口味的"好外宣"。

(一)精品外宣来源于素材检索

每天,我中心的新闻就有十几条的内容,如何在一堆不同种类的题材中,检索到适合外宣的内容,就需要一双善于发现的慧眼和精于挖掘的巧手。而后,就需要一个出彩的标题。每篇出彩出新的外宣稿件,都势必会有一个最亮、最新、最独特的标题。而标题想要引人注意,就要巧用数字,巧用地域语言。

我们要学会用慧眼去检索好的素材:一是题材是否重大。新闻要被上级台采用,采制的新闻在自己当地是否重大?在全市是否有前瞻性做法?在全省这个行业中有没有引领作用?其做法有没有独到的值得全国各地学习的借鉴经验?记者要研究这个问题,成为这方面评判的行家。二是时效是否够快。最新、最快的新闻,才是各级媒体追求的方向。要想新闻被上级平台采用,想尽一切办法采制出最新、最亮的新闻是关键。三是地域特色是否鲜明？取材的难易程度？这些都是挑素材的关键。同时，有了好的素材更需要一双巧手去深挖去包装，这样才能做到适用宣传，精品外宣。要从稿件中寻找不同的角度，进行筛选、撷取精华。

（二）紧紧抓住当地"海"字特色

好的新闻内容要有独特性，做到人无我有、人有我特。利用特色鲜明的海岛、海洋、海域，做出别人难以临摹、仿制的新闻，始终讲述渔村、渔港、渔夯和渔船感人肺腑的好故事，把海洋这篇文章做到淋漓尽致。

例如，洞头的海洋生态保护，鹿西鸟岛就是其中最具有代表性的内容之一。十九大期间，中央电视台要推出大型景观"直播绿色中国"，从全国各地精选出生态建设的典范，作为我国今后发展绿色经济的借鉴。2020年，我们在中央台报题群中看到，一个选题为直播绿色中国的新闻版块，正在寻找浙江具有代表性的生态保护题材。我们立即检索出了洞头符合要求的题材，第一时间将鹿西鸟岛的特色、做法等内容，以500字的文字发送到报题群中，在一步步深度对接的过程中，因地域特色成功抓住中央电视台眼球，后通过《朝闻天下》节目向全国进行了直播。

借助浙江广播电视集团、浙江省广播电视学会举办"最多跑一次"全省新闻微广播剧大赛舞台，洞头台获得二等奖的佳绩。本台作了大量的深层次探索，通过挖掘海岛"最多跑一次"改革中涌现的人物，不断对他们进行深入走访了解，通过宣传策划，形象地展现了洞头"最多跑一次"改革的海岛特色，形成广泛的社会影响。所选人物彭福义被选中作为全省四名特邀颁奖嘉宾之一；这部微剧在微信推送中获得10万加的点击率，在全省市县台中排名第三，在全省县级台中点击率排名第一。

（三）做好平时特色素材的收集

首先，洞头有许多的海洋文化与非遗文化，洞头贝雕是其中之一。由于洞头岛海岸曲折蜿蜒，盛产各种贝类，贝壳自然也就多。经过长时间的海浪冲卷淘漉，色彩斑斓、形状各异的贝壳更显得玲珑剔透、晶莹喜人。逢年过节，尤其是农历"七月七"中国"七夕情人节"，女孩佩戴悬挂贝串的更为普遍。这种对贝壳自然形态的利用和初步加工，是贝雕工艺的发端，算起来，在洞头至少有100多年历史了。洞头也是"中国七夕文化之乡"，所以这些素材都必须在平时第一时间做好搜集，在七夕之际作为大外宣向外推出。

其次，洞头妈祖文化是国家级非物质文化遗产，极具洞头色彩。妈祖文化有着一千多年的历史,是民族文化的瑰宝,它不仅融合了海洋文化、民间信仰和地方民俗等历史文化特征,而且还体现了中华民族的传统美德和民族团结的巨大精神力量。这些内容都需要在平时做好梳理,以备每年在非遗文化传承和集中报道时及时体现。例如,2015 年,是妈祖诞辰 1054 周年纪念日,洞头县举办的第五届中国·洞头妈祖平安节隆重举行,共同传承妈祖千年信俗文化,祝愿国泰民安。洞头台向中央人民广播电台直接报送选题《海峡两岸4000 人妈祖平安节同祈国泰平安》,当晚 11 点选题直接通过中央台审核,第二天早上通过广播直播连线方式,对活动举办情况向全国第一时间报道。

三、树立强大的外宣策划手笔

新闻策划作为新闻运作的一个重要手段,越来越受到各新闻单位的重视。围绕党和政府的中心任务、重点工作,以及群众关心的热点难点问题,进行重大选题主题外宣策划,形成强大的主流舆论和报道声势,是对外宣传工作的有效形式和重要载体。外宣策划着重在于有没有超前性和求异性的新闻思维,有没有敢于突破、敢冒风险、敢于竞争的新闻精神。

(一)巧妙把握外宣的发布节点

作为媒体人,我们要了解和把握每一年不同的宣传节点,以及各类新闻突发事件发生的节点,才能进一步做好对外宣传工作。例如,今年是建党一百周年,对于洞头而言,海霞精神作为红船精神、革命精神的基因延续,是温州和洞头重要的城市标签,此时正是对外宣传与弘扬海霞精神的好时机。同样,还有母亲节、劳动节、端午节等节日,都是我们可以提前针对时间节点,做好事件的宣传策划与追踪性报道的。

针对新闻突发事件发生后时机的准确把握,更是对新闻工作者的敏感性、知识性、实践性把握能力的重大考验。例如,2017 年 10 月 25 日,洞头"兰小草"王珏新闻事件。15 年来,坚持匿名捐款的好人"兰小草"王珏带着他希望行善 33 年的遗憾因病离世。记者第一时间掌握该情况后,结合其生前故事,迅速推出了连续报道《我们是永远的"兰小草"》,用 29 天时间共创作了 23 篇报道。通过各方的努力配合,与国家省市各级媒体联动配合,共制播 30 多篇外宣报道,"兰小草"王珏也被评为 2017 年感动中国人物。

(二)做好提前的策划与谋划

洞头区是全国 14 个海岛县(区)之一,灵霓大堤于 2006 年 4 月建成通车,曾将孤悬在外的洞头与温州陆地相连,改写了洞头以海为家、仅靠舟楫的交通历史。然而,由于灵霓大堤的阻隔以及瓯江南口泥沙淤积,瓯江口流域的凤鲚、鲈鱼、日本对虾等洄游性海洋生物的洄游通道受阻,这一海域海岸带的生态功能变弱,生物多样性持续下降。考虑到大堤对海洋生态的破坏,洞头痛下决心:破堤通海,为鱼"让道"。这样一个新闻事件就属于重大且优质的外宣题材,如何发挥该新闻题材的价值,就需要精心谋划和周密组织,才能使宣传报道取得不同凡响的传播效果。

因此,洞头区融媒体中心精心策划了一个《从连堤到破堤》《从挖沙到造沙》《从污海到护海》的系列直播报道,并提前与中央人民广播电台浙江站做了沟通,通过精心策划,外宣采取央视频直播的方式对外发布,于2021年获得温州市广播电视政府奖的网络直播报道二等奖。

(三)要有不断创新的策划意识

现在大多数新闻在形成过程中,前期策划的作用已经变得越来越明显,而想要提高在媒体竞争中的实力,就要有一批优秀的作品,而好的作品又离不开一个具有创新意识的策划。所以说,在策划中要时刻体现出灵活的创新意识,不断用新的思维方式去审视新现象,用不一样的策划理念去表达新内容,先他人一步,打破常规,出奇制胜,做出精彩、独特的作品来抢夺受众,只有这样才能创造成功的外宣,才能在同题材的竞争中产生极大的吸引力。

例如洞头台与中央电视台合作推出的《洞头蓝色海湾整治经验引领全国》,就是一个创新的成功案例。2017年8月,在十九大期间,中央电视台《焦点访谈》要推出全国各地在发展建设中的正面典型经验报道,洞头台从自己珍藏的题库里精选出《洞头蓝色海湾整治经验引领全国》,上报给中央台,经过多轮竞争,洞头台从全省70多家电视台中脱颖而出。中央台节目组来洞头蹲点采访9天,深入洞头基层,我台配合中央台节目组五次起草节目方案,五次重新撰稿。拍摄的节目,通过中央台四轮审核,最后在中央电视台《焦点访谈》播出,洞头海洋保护的经验成为全国人民的美谈。

四、结论

在全媒体融合发展的实践探索中,融媒体中心(广播电视台)要明确传播模式创新的现实意义,对自身的资源优势进行快速有效整合,而建立对外宣新路径是现在发展的重点。在对外宣传越来越专业化、多样化的今天,搭建对外宣传的平台,进行渠道整合,每个环节都至关重要。

　　洞头区融媒体中心集聚自身的地域平台等诸多方面的优势,依托海岛特色,不断创新形式,在对外宣传上形成了自身优势,探索出了一条全新的全媒体发展外宣道路,推动自身媒体不断发展壮大。

机制一变天地宽

——媒体融合发展之昆山实践

昆山市融媒体中心　左宝昌

2018 年 8 月 21 日至 22 日,中共中央总书记习近平在全国宣传思想工作会议上发表重要讲话,指出"要扎实抓好县级融媒体中心建设,更好引导群众、服务群众"。2018 年 9 月 20 日至 21 日,中宣部在浙江省长兴县召开县级融媒体中心建设现场推进会,对县级融媒体中心建设做出部署,要求 2020 年底基本实现在全国的全覆盖。县级融媒体中心建设蹄疾而步稳,涌现出一大批富有实效的实践成果,积累了许多有益的经验,但在建设过程中也存在顶层设计、理念、人才、体制机制等方面的难题,特别是体制机制僵化已经成为县级融媒体中心建设的掣肘。本文以昆山市融媒体中心在体制机制改革方面的探索为例,探究县级融媒体中心在破解体制机制难题过程中采取的路径及未来的发展趋势。

一、困境与挑战

当前我国县级融媒体中心建设尚处于摸索阶段,面临诸多困难和问题,体制机制僵化成为严重制约人才队伍建设的掣肘。具体表现为运行管理机制僵化、经营创收模式单一、人员架构体系及绩效考核机制落后、改革动力不足等,这严重阻碍了县级媒体融合改革的步伐。

一是县级机构各自为政,运营管理机制僵化。现阶段,我国县级媒体运营管理机制普遍呈现出"杂乱无章"的状态,平台间缺乏深度、有效的联动。虽然县级融媒体中心建设基本实现了全覆盖,但广播、电视、报纸、新媒体各自为政、互不干涉的现象还是较为普遍,资源平台得不到有效的互融共通,极大阻碍了媒体融合发展。有的县级融媒体中心还存在不同平台之间进行"简单叠加"的形式主义问题,没有形成"合署办公"的有利模式,也没有撤裁变革原本臃肿的机构设置,缺乏强有力的"领导班子"进行战略部署及任务规划,权责分配体系并不明晰。

二是经营创收模式单一，产业化程度较差。县级媒体长期以来采取的是事业单位体制，基本上依靠财政补贴生存，但在实际运行过程中，县级财政"供血"困难、资金匮乏，一些经济落后地区的县在当地县级融媒体中心建设上只给予200万元左右的费用，除购买用于展示的大屏之外，基本上就没有资金做其他的事情了。部分县级媒体的经营方式仍停留在单一的广告经营模式，在新媒体的冲击下，广告收入出现明显下降，"自我造血"能力不足，无法实现可持续发展。

三是绩效考核机制落后，难以激发人才活力。推动媒体深度融合，人才是基础，队伍是关键。但县级融媒体中心因为平台影响力小、市场竞争力弱，特别是受制于体制机制的束缚，很难建立公平、高效、科学的绩效考核分配机制，经常是干多干少一个样、干好干坏一个样，不能充分激发员工干事创业的活力，使得人才引不进、留不住、用不好，这成为制约县级融媒体中心建设的瓶颈。

四是改革动力不足，落地落实困难重重。由于部分县区的媒体融合观念不强，对新媒体的地位与作用认识有偏差，导致党委政府及相关部门对于媒体融合改革的政策支持和保障匮乏，使得媒体融合多为形式化地响应上级决策而进行的自上而下的融合。此外，有的地方原本的广电和报纸发展得都很好，合并成立融媒体中心后还是习惯于原有的体制机制，改革的决心和动力不足。

二、探索与实践

落后的体制机制已成为县级媒体融合发展的最大阻碍，体制机制不改，人员的积极性与主动性无法激活，组织的活力难以释放。如何打破"平均主义大锅饭"，建立有效的奖惩激励机制，成为县级融媒体中心面临的一大难题。面对压力和挑战，昆山市融媒体中心大胆改革，创新突破，坚持"事业单位企业化运作、市场化待遇"，用改革凝聚发展的磅礴力量。

（一）加强顶层设计，夯实改革根基

一是政府资金政策多方位支持。昆山市以理念融合为先导，把县级融媒体中心建设纳入全市全面深化改革的大盘子，着力解决影响县级融媒体中心发展的机构定位、人员编制、运作模式等问题，破除体制机制障碍，构建起保障有力、管理高效的新型传媒机构。将昆山市融媒体中心划入公益二类事业单位，市财政拿出专项资金支持传媒事业和传媒产业发展。

二是重构优化组织架构。树立"融为一体、合而为一"的核心理念，重构组织架构,激发组织活力。按照县级融媒体中心建设要求,2019年5月,完成了原昆山日报社、昆山市广播电视台的业务、资产和人员整合,实现合署办公。同时学习借鉴省级、地市级传媒集团的成功经验,与相关咨询机构合作,开展媒体融合、事业发展管理模式的顶层设计。目前已打通各媒体平台,成立全媒体指挥中心、技术中心、行政中心、公共服务中心、产业发展中心五大中心,并组建了文化传播、影视发展、才艺培训、资产管理、商贸服务五大子公司,形成了全媒体融合发展组织架构和"事业单位、企业化管理、市场化待遇"体制形式和运营模式。

三是推动出台改革创新政策。在组织架构、薪酬体系、采编流程、平台建设等方面创新,提出一系列改革举措。第一,推动出台了关于加快昆山媒体融合改革发展、高标准做好全国县级融媒体中心试点工作的若干意见,由市委常委会审议通过。从深化人事薪酬制度改革、创新人才引进激励政策、加大财政扶持力度、高标准加快推动传媒大厦建设等方面,给予政策支持、鼓励创新突破。第二,推动出台了昆山市加快推进媒体深度融合发展的若干措施,经市委深改委第六次会议审议通过。从深化体制机制改革、优化薪酬管理体系、加快人才队伍建设、拓展文化服务产业、加大支持保障力度等方面为扎实推进县级融媒体中心建设提供了制度保障,为下一步改革发展创造了有利条件。

四是创新管理运行机制。成立编辑委员会、经营管理委员会和技术委员会,定期召开工作例会、专题会议、业务分享会等,形成常态化的沟通交流机制,推动各部门增进了解、凝聚共识、加强协作、形成合力。推行项目制、工作室、事业部等管理模式,试行"竞聘(竞标)上岗、独立核算、自主运营、权责利配套、风险分担,成果分享"的管理机制,赋予创新团队必要的人财物及经营自主权。推进岗位胜任度评价,完善待岗培训、机动调派、二次上岗与退出等配套制度,建立合理的岗位流动"换血机制",激发团队干事创业的激情。

(二)优化激励机制,激发队伍活力

一是人事岗位由身份管理向岗位管理转变。实施岗位价值评估与竞聘双选工作,建立完善能上能下、能进能出的岗位动态管理体系。增设专业晋升通道,配套部门预算控编机制,落实内部协作机制。实施轮岗与待岗机动制度,实现人才合理流动与"换血"机制。引入职业经理人模式,试行股权激励与事业合伙人机制,充分激发人才活力。

二是薪酬管理体系由事业化向市场化转变。按以岗定薪、同工同酬、多劳多得、增量激励、逐年优化的改革思路,优化薪酬结构,加大浮动绩效与奖金比重,实施"两级考核二次分配"政策。落实薪酬向创新产品、移动优先项目、重点岗位、核心骨干、一线员工等倾斜。对融媒高层次人才实行年薪制、协议工资制、项目工资制等灵活的薪酬模式。完善融合奖励政策,设立董事长特别奖和融合创新奖励,建立完善外宣评先、创优好稿等奖励制度,通过绩效和奖励拉开薪酬合理差距。

三是组织运行机制由粗放型向集约型转变。优化组织管理模式,推行项目制、工作室、事业部等创新管理方式,赋予创新团队必要的人财物及经营自主权,建立以业绩目标为依据的考核奖惩与退出机制。针对部分内容生产与经营项目,试行"竞聘(竞标)上岗、独立核算、自主运营、权责利配套、风险分担,成果分享"的企业化管理模式。

四是人才晋升通道由单一化向多通道转变。在行政晋升之外增设"资深、首席"等专业晋升通道,公开评选,动态管理。鼓励市场化引进高层次人才,为高端人才、急需紧缺人才引进提供特殊支持,开辟绿色通道,给予特殊待遇。

三、成效与收获

媒体融合是个新生事物,没有成功参照、没有模式遵循、没有先例援引,甚至有人说媒体融合是"天下第一难"。但媒体融合改革是大势所趋。千难万难,勇于攻坚克难就不难;千辛万苦,敢于担当作为就不苦。融合改革一路走来,有艰辛、有坎坷,更有收获的喜悦!

一是融出了凝聚力、亲和力。在系统化改革举措的驱动下,全体员工的精气神发生了根本性变化。自信心变得更强。以前采编一线的记者出去采访,因为要考虑经营创收,加上传统媒体影响力日渐式微,经常畏手畏脚、自信不足,而现在都为是一个融媒人而感到骄傲和自豪。愿意加入的人更多。融媒体中心成立前的 2017 年、2018 年各离职 13 人、18 人,成立时的 2019 年离职 11 人,2020 年仅离职 1 人。2020 年引进各类人才 20 多人,其中不乏凤凰卫视、浙江广电集团、黑龙江广播电视台、江西广播电视台、哈尔滨日报社、青岛广播电视台等副省级以上媒体的骨干人才。想要做事的劲头更足。融媒体中心有个女编导已经 45 岁,原本比较"佛系",在 2020 年举行的琼花工作室负责人竞聘中,她自告奋勇和"90 后"们同台竞技。她深有感触地说,正是受融合改革激发感染,才再次有了站到前台的冲劲。目前,融媒体中心已然成为每个员工的奋斗之家、成长之家、快乐之家。

二是融出了生产力、竞争力。聚焦主业、内容为王、当好喉舌,通过用心做好每项宣传、编好每条微信、出好每份报纸、办好每档栏目,新闻传播力得到显著提升。对外宣传成绩卓著。2020 年至今,昆山市融媒体中心在央视、央广、人民日报、新华社、中新社等国家级平台发稿249篇次,其中《新闻联播》11篇、省台611篇,"学习强国"520篇。2020年7月6日,《新闻联播》"走向我们的小康生活"专栏中,播出了《昆山:智慧农业平台助推农民增收》,用近4分钟时长详细报道了昆山帮助农民增收创收的成功经验。对内宣传有声有色。在重要会议(活动)、重大主题的宣传上,在重大突发事件、热点问题的正面回应上,各平台统一发声、互相支持、多媒相融,重大时政宣传浓墨重彩,新媒体宣传亮点纷呈。2020年疫情期间,"昆山发布"和"第一昆山"微信平台推送作品1000余条,总阅读量超过千万人次。其中,"昆山发布"共有30多条"10万+"阅读量的作品,其中单条阅读量最高近80万、单日总阅读量最高超110万,在苏州县级市(区)微信排行榜(政务类)上连续多周位居首位。精品力作层出不穷。2020年在各级各类好新闻评比中共斩获省级以上奖项19个,其中获得江苏省报纸优秀作品(全省好新闻)二等奖2个、三等奖3个,获得中视协一等奖3个、江苏省广播电视二等奖3个和三等奖4个。在江苏省新闻媒体践行"四力"、深入"走转改"优秀新闻作品评选中,昆山融媒体中心是唯一获得广电类一等奖的县级融媒体中心。在今年的"江苏省好新闻"评选中,荣获1个一等奖、5个二等奖和2个三等奖,获奖数量和层次名列江苏省县级融媒体前茅。创作的"Vlog我眼中的小康"栏目荣获2020年江苏省网络视听新媒体十佳栏目(节目)奖,是唯一获此荣誉的县级融媒体中心。创作的《江苏昆山:外籍友人在昆感受"中国年"》荣获2021年第1期全国县级融媒体中心优秀作品双月赛一等奖。

三是融出了影响力、公信力。始终在党委政府和市民群众两个满意中检验"融"的成效,主责主业得到市委市政府的充分肯定,民心服务获得市民群众的高度认可,总体成效得到了社会各界和上级媒体的广泛关注。2019年12月14日,新华网推出深度报道《融媒"昆山号"破冰远航》,指出媒体融合成效已初步显现。2019年12月26日,中宣部《每日要情》刊发了《江苏昆山高标准推动县级融媒体中心建设》信息。2020年9月30日,新华社《高管信息》刊发《昆山融媒体中心建设:创新突破,各展所长》,高度关注融媒体中心改革成效。2020年11月15日,交汇点新闻发文报道《江苏唯一!昆山市融媒体中心获评全国市县媒体融合先导单位》。2021年1月22日,《苏州改革》刊登《融出一片广阔的新天地——昆山市融媒体中心改革试点的创新实践》,充分肯定了融媒体中心的融合改革成效。2020年年底,荣获全国广播电视媒体融合先导单位10强称号,是全国唯一获此荣誉的县级融媒体中心,荣获"全国市县媒体融合先导单位20强",是江苏唯一获此荣誉的县级融媒体中心。

四、愿景与未来

媒体融合是一场长跑,慢进则退,不进则汰。进入媒体融合的下半场,必须要跳出媒体看媒体,县级融媒体中心已经不是单一的新闻宣传机构,而是打通媒体融合的"最后一公里"、连接群众的"最后一公里"、基层治理的"最后一公里",成为新时代治国理政新平台。时代在不断变迁,科技在快速发展,趋势在迅速更迭,机遇与挑战并存,只有懂得把握新时代趋势机遇,才能成就一番伟大的事业。

（一）提升优质内容"生产力",跑好媒体融合定向赛

在新老媒体万马奔腾的年代,媒体融合向纵深发展,以内容建设为根本不能变,发挥舆论"压舱石""定盘星"的作用不能变。思想性始终是媒体的核心竞争力,做有思想、有温度、有品质的新闻产品始终是第一追求。作为专业的内容生产者,县级融媒体中心始终要坚持正确方向,聚焦主业打造内容精品,增强新闻原创能力,把"重要的"做成"需要的",把"有意义"做成"有意思",让提升新闻品质成为融媒体发展策略的核心要义,从拼海量向拼质量转变,从聚流量向聚人心跨越,着力打造"有温度、有品质,传得开、叫得响"的上乘之作。要发力短视频,基于县域特点,例如文化传统、旅游资源、人文风情等,因地制宜地创作出当地老百姓喜爱的短视频融媒体产品。要在 IP 源头、适配群体、表达形式、触及方式等各环节形成强大能力,从"内容生产者"向"内容运营者"转变,进一步提升主流媒体影响力。

（二）释放改革创新"原动力",跑好媒体融合接力赛

媒体融合,对运营管理提出全方位要求,"刻舟求剑"不行,拿着"老船票"想要登上"新客船"也不可能,必须用改革的思想、创新的办法、制度的力量来推进。要全面实施企业化薪酬管理制度,深化事业单位"以岗定薪、岗变薪变、量化考核、多劳多得、优劳优得"改革,优化薪酬结构,突出绩效分配导向,鼓励薪酬向一线员工、重点岗位、核心骨干、创新产品、移动优先项目等倾斜,最大限度调动人员积极性、主动性、创造性。要建立面向全国招聘优秀高层次媒体人才的常态机制,实施"年轻储备干部培育计划""优秀骨干人才培养计划""青蓝对接精准提升计划"等人才培养激励计划。要充分借助"外脑",和知名高校建立战略合作关系,培养专业人才,共建融媒智库,打造实践基地。要推动区镇成立融媒体分中心,建立县级融媒体中心＋多个区镇分中心的"1＋N"架构模式,由县级融媒体中心派驻人员常态化对接区镇宣传与服务等方面需求,加

强对区镇的融媒服务功能,形成上下贯通、左右联动的聚合型融媒体平台。

(三)激发移动优先"加速力",跑好媒体融合弯道赛

纸媒时代,新闻的"生命"是一天。融媒时代,时间和空间的藩篱被打破,新闻产品的生命以小时、分钟甚至秒来计算。众所周知,当今社会"终端随人走、信息围人转"已成为信息传播的新常态。融合发展必须顺应移动化大趋势,强化移动优先意识,把客户端建设作为重中之重,形成载体多样、渠道丰富、覆盖广泛的移动传播矩阵。要按照移动优先要求,重造策采编审发流程,彻底打通采与编、采编与技术、内容生产与平台建设等多重壁垒,确保新闻生产的"第一滴水"落在移动端,实现新闻资讯 24 小时持续推送、滚动传播,做到"一端在手、尽在掌握"。要强化用户思维,注重客户体验,真心实意与用户"坐在同一条船上",以用户为中心架构新媒体功能价值体系,重塑生产机制,创新服务功能,把用户注意力聚集过来,推动形成渠道丰富、传播有效、可管可控的移动传播矩阵。

(四)增强技术创新"驱动力",跑好媒体融合挑战赛

回顾媒介发展的历史我们不难发现,技术的迭代更新使得信息传输方式发生变化,人与人、人与事物或事物与事物之间的联系方式也随之改变,当下,技术已成为事关媒体未来发展的核心驱动力。要用好大数据、云平台等技术,加快信息传播网络化、数据化、智能化进程。要从"媒体+技术"角度深入社会治理研究,参与解决服务群众"最后一公里"问题,以社区宣传、社区治理、社区文化、社区服务和社区居民互动等需求为切入口,做好社区综合治理平台的创新策划、开发建设与落地运营工作,增强用户黏性,打造社区数字化互动传播新模式,构建社区数字化治理服务新平台。进一步探索"智慧媒体+智慧政务+智慧城市运营",真正做到以技术驱动平台,提供多元化、多端口、多种服务,构建全媒体传播体系。

(五)打造产业发展"竞争力",跑好媒体融合持久赛

这几年,传统媒体创收断崖式下跌,主要是由于原有的经营模式老了旧了,跑不动了。赛道变了,除了不断升级,推动"马车"向"动车"转型,还得需要动力足、造血强的"大引擎""大心脏"才能行稳致远,跑好这场旷日持久的"马拉松"。县级融媒体中心要实现可持续发展,不能一味靠财政扶持,含着"奶嘴"过日子,只有不断提升"媒体+政务服务商务"的能力,在"体能储备"上下功夫,做强产业,反哺新闻,创新业务模式培育增量,才能带动发展后劲,实现经济效益和社会效益双丰收。

立足主责主业　提升主流媒体"四力"

——县级融媒体建设的阳西实践

"我们要因势而谋、应势而动、顺势而为,加快推动媒体融合发展,使主流媒体具有强大传播力、引导力、影响力、公信力,形成网上网下同心圆,使全体人民在理想信念、价值理念、道德观念上紧紧团结在一起,让正能量更强劲、主旋律更高昂。"习近平总书记在中共中央政治局第十二次集体学习时强调。

阳西县融媒体中心自 2019 年正式挂牌成立以来,以习近平新时代中国特色社会主义思想为指导,深入贯彻习近平总书记关于推动媒体融合发展的重要讲话精神,以打造高水平的县域新型主流媒体为目标,整合广播电视、报刊、网络、微信、微博、移动客户端等媒体资源,加快传统媒体转型升级,打造具备"新闻＋政务＋服务"功能的新型融媒体机构,形成了丰富多彩的宣传新格局。

媒体融合新成效

一、加快媒体融合步伐,提高传播力

阳西县融媒体中心整合了原阳西广播电视台和阳西县新闻中心,实现了人员和资源的整合,实现"屏报网端两微一抖"的全媒体宣传阵容,建立了"一次采集—多元生成—矩阵发布"的工作模式,实现了电视、报纸、微信、微博的信息共享宣传新格局,成为当地最权威主流宣传媒体平台。自 2020 年 10 月底通过省检查验收以来,充分发挥媒体矩阵宣传阵地作用,生产、刊播各类新闻稿件近 2000 条;被中央媒体采用 33 条;被"学习强国"采用 200 多条,其中发布于全国平台 8 条;被广东广播电视台、《南方日报》等省级媒体采用 130 多条;被阳江市电视台采用 305 条,阳江电台采用 319 条,用稿量稳居全市各县区首位,遥遥领先。在阳西微报、阳西广播电视台等公众号和"南方＋阳西"频

118

道、"山海阳西"APP等平台累计发稿3700余条。强大的矩阵宣传,全面提升了县融媒体中心的媒体传播力。

二、全力维护意识形态安全,提升引导力

阳西县融媒体中心坚持党管媒体的原则不动摇,从优化部门设置、吸纳专业人才、完善设备设施、充实技术力量等方面落实安全播出人防、技防工作,保证了阳西县的安全播出,实现了安全播出"零事故"。与南方舆情合作,加大对新闻舆情信息搜索和管控力度。密切关注经济社会热点、焦点问题,抢抓舆情信息第一落点,主动抢占信息发布制高点,先入为主、把握节奏、妥善处置,提高舆情信息工作服务大局、服务领导决策的能力和水平,确保县融媒体中心对县域重大新闻和政务信息首发率在98%以上,牢牢把握舆论工作的主导权和话语权。牢固树立"服务群众、引导群众"的服务理念,探索"媒体＋政务""媒体＋服务"等运行模式,推动新闻宣传向公共服务领域纵深发展。

在党史学习教育中,利用媒体融合平台优势,开辟了《红色阳西》专栏,拍摄了一系列阳西革命遗址短视频,在电视频道、微信公众号、视频号、抖音、"山海阳西"APP、"学习强国"等平台进行发布,让广大群众从多渠道了解阳西红色历史,坚定永远跟党走的信心和决心。在此期间,共生产红色主题大型专题作品逾100部(篇),为庆祝建党一百周年营造了浓郁的氛围。

三、加强阵地建设,提高"影响力"

2021年是十四五规划的开局之年,也是《阳西2021行动方案》收官之年,阳西县融媒体中心按照县委县政府的工作部署,在电视频道、"山海阳西APP"、微信公众号等宣传平台开设了"聚焦征拆行动""全民创建""扫黑除恶在行动""重点项目大干120天"等栏目,聚焦中心工作,加大对民众关注度高的热点、焦点新闻宣传报道,坚持正确的舆论导向,为我县和谐稳定传播了正能量,营造人人关心、支持阳西经济社会和谐发展的舆论氛围,进一步提升了本中心的影响力和阳西美誉度。

与此同时,在原有宣传平台的基础上,积极开拓进取,借力省市媒体,加强宣传阵地建设。2021年,与《南方日报》合作打造《南方日报·阳西视窗》,利用省报采编力量,开展重大题材主题策划报道,往深度、广度进行拓展,一方面充实宣传内容,另一方面锻炼了采编队伍。每周四个版的深度报道,紧紧围绕县委县政府的中心工作,展现阳西高质量发展最新成果,为阳西经济社会发展

营造良好的舆论氛围,取得了良好的宣传效果,获得了广大读者的充分肯定。

2021年4月份,与阳江日报社进行深度合作,除了常规宣传工作外,还在图文、H5制作等方面寻求技术指导,提高了融媒体产品质量。与阳江广播电视台合作,策划、承办了"助力乡村振兴 阳西县百企千人桐油山绿道徒步"活动,采取线下活动＋线上直播的方式,不仅圆满完成承办活动的任务,还宣传了阳西县乡村振兴的成果。同时在策划、承办活动过程中,激活了广告资源,整场活动带来了100万元的收入,还积累了经验,锻炼了队伍,为今后开展活动创收打下了良好的基础。

2021年5月份,县委县政府的重大活动之一——阳西县专家顾问委员会第一次会议,也由县融媒体中心进行承办。随着影响力不断扩大,阳西县融媒体中心由传统的以宣传为主,逐渐转向宣传＋政务＋服务的多元发展格局。

四、加强阵地管理,提高"公信力"

阳西县融媒体中心坚持新闻宣传"三审"制度,从选题、采编、制播都实行层层把关,落实专人审核,从新闻源头上确保了安全。采编人员严守新闻采编纪律,落实中央八项规定、新闻采访、安全播出工作纪律,开展"走转改"活动,深入基层一线采访,确保新闻采访的真实性、及时性和可靠性,提高新闻公信力。坚持以公益广告为主的广告制播制度。截至目前,本中心公益广告占全部广告的份额达8成以上,杜绝了虚假广告、医药广告,维护了人民群众的权益,得到了上级主管部门的充分肯定。

新型冠状病毒感染的肺炎疫情发生后,县融媒体中心根据县委县政府的工作部署,启动了疫情防控宣传报道应急方案。组织了县融媒体中心新闻记者深入一线,及时、准确地发布疫情最新信息,推出一大批形式多样、内容丰富的新闻作品,加强舆论引导和疫情防控措施宣传解读工作,主动发声,牢牢把控防控宣传工作的主动权,提高新闻舆论的公信力和影响力,在全县营造出团结一致、众志成城的抗击疫情的良好氛围。疫情发生以来至今,县融媒体中心刊播防控新闻宣传稿件、公益广告、公益标语等2000多条,被"学习强国"、人民网、新华网等上级新闻媒体采用稿件100多条,总点击量达500万＋。

2020年,全面加大脱贫攻坚宣传力度,刊播脱贫攻坚稿件270多条,被"学习强国"等平台采用稿件22条,先后开设了"脱贫攻坚""走向我们的小康生活""聚焦一线""镇委书记打CALL乡村振兴""政协委员走进演播厅"等栏目,多媒体宣传决战脱贫攻坚、决胜全面建成小康社会的新成效。

媒体融合的瓶颈与突破

　　阳西县融媒体中心经过整合发展,在内容生产、阵地建设上有了初步的成效,但发展中依然存在不少问题,成为制约融媒体发展的瓶颈。其中,人才短缺是最突出的问题。阳西县融媒体中心整合后,采编队伍共有 30 多人,包括采编记者、主持人、后期编辑人员、广告、新媒体运营等业务。融媒体中心运行需要有一支高素质、高效率的专业采编队伍才能适应媒体融合发展,而目前阳西融媒体中心人员中有新闻采编专业学历的人员不多,多是半路出家的其他专业人员,将不能满足融媒体中心运行的需要。未来融媒体中心发展需要新媒体、新闻写作、摄影摄像、后期制作、后期包装、播音主持等专业人才,如果没有人才支撑,融媒体中心的建设发展将成为一纸空谈。

　　针对宣传队伍力量不足、专业人员流失严重等情况,本中心通过与上级部门的沟通联系,想方设法充实宣传队伍力量,形成结构合理的人才梯队。

　　一是开展招才引智工作。2020 年,本中心通过全国选调节目主持人 1 名,并与暨南大学、岭南师范学院、肇庆学院、阳江职业技术学院建立人才培养实习合作基地。近年来,各高校输送了专业人才 20 多人,为中心的宣传工作注入新鲜血液。同时,中心也不定期选派人员到各合作高等院校进行轮训,不断提升专业水平。同时,利用中心编制空缺,招聘主持人、记者等共 6 名编制内人员,吸引更多优秀年轻人加入到宣传队伍中来。

　　二是积极营造良好的干事创业氛围,畅通工作人员的上升渠道,调动广大干部职工工作热情和积极性。2020 年,以融媒体中心建设为契机,对 7 名工作能力强、政治觉悟高的干部进行了提拔,大大提高了他们的工作热情和工作积极性。

　　三是不断提高高级专业技术人员的经济待遇和政治待遇。坚持在绩效奖励、职务晋升、评先评优等方面给予倾斜,鼓舞了干部队伍士气和工作热情。在工作中,本中心帮助优秀年轻专业人才解决各方面困难,让他们安心扎根工作,真正做到"待遇留人、情感留人",确保人员队伍稳定。

　　四是不断提高干部职工能力水平。选派本中心技术骨干到项城、安吉、江门、开平、高州等地考察学习,并邀请全国融媒体建设专家王文科教授、"全国五一劳动奖章获得者"、原广东广播电视台资深媒体人吴伟光等前来中心给采编人员"充电"。通过"请进来""走出去"等方式加大年轻人才培养力度,开阔他们的视野，提升他们的专业水平，做好专业技术"传帮带"，形成结构合理的人才梯队。

媒体融合未来发展方向

在融媒体中心建设取得阶段性成果的基础上，阳西县融媒体中心将继续抓好主责主业，不断完善平台建设，夯实宣传阵地，实现在媒体融合发展上见到新成效、取得新突破。

一、继续完善融媒体中心软硬件建设

根据省委宣传部对县级融媒体中心建设考核标准，重组、重编融媒体中心的核心宣传部门，提高工作效能。结合阳西实际，不断完善"山海阳西"APP功能，努力打造"新闻＋政务＋民生"模式，补齐短板，增强宣传主阵地的履职履责能力。与数字广东、触电等合作，加快建设"山海阳西"小程序，打造微信端的"新闻＋政务＋服务"新平台，提高"山海阳西"APP用户黏性和日活量，为群众提供更加便捷的新闻资讯和政务服务。

二、积极开拓创新，广开门路创收

阳西县委县政府为融媒体中心搭建了一个良好的平台，也给予大力的支持。目前，县委县政府已把户外广告牌的经营权划拨给县融媒体中心，增强中心的造血功能。融媒体中心将抓紧理清县内户外广告牌的经营权属，尽快完成划拨交付工作，利用好户外广告资源，开拓广告资源实现创收。同时，利用好融媒体中心的资源优势，继续承接县内的重大活动，以活动带动口碑，以活动带动收入，努力打造县融媒体中心的服务品牌。

三、发挥平台优势，提升媒体产品质量

紧紧围绕县委县政府开创阳西改革发展新局面，打造沿海经济带高质量发展的新高地、建设宜居宜业宜游现代化滨海城市的中心工作，充分发挥本中心主流媒体的作用，履行好新闻宣传的职责，不遗余力正面宣传阳西，提高阳西知名度和美誉度。除了县级融媒体平台外，还利用好"学习强国"、《人民日报》客户端、新华网、《南方日报·阳西视窗》、南方＋等平台，以做强做大区域

主流舆论阵地,为阳西高质量发展营造良好舆论氛围。

值此建党一百周年华诞之际,阳西县融媒体中心将以习近平总书记的重要讲话精神为遵循,牢牢把握新闻传播规律和新兴媒体发展规律,顺应时代大潮,强化互联网思维,坚持以先进技术为支撑、内容建设为根本,推动传统媒体和新兴媒体优势互补、一体发展,以入耳入脑入心的有效传播,进一步增强主流媒体的传播力、引导力、影响力、公信力,为我们的伟大事业顺利向前推进提供强大精神力量和舆论支持。

在融合创新中坚持做优做深报道内容

——以诸暨市融媒体中心为例

诸暨市融媒体中心　宣浩军　钱旭锋

诸暨市融媒体中心是由诸暨市广播电视台、诸暨日报融合而成。融媒体中心下设办公室、党建室、总务部、技术部、总编室（外联部）等 17 个部室。同时组建浙江浣江传媒集团有限公司，下设广电网络、物资、影视传媒、信息技术、工程建设、越融网络科技、诸暨日报社等 7 家全资子公司。

自从融合以来，诸暨市融媒体中心坚持正确的舆论导向，锐意改革进取，以媒体整合为契机，大力推进移动优先战略，加快县级融媒体中心建设，"一报、两台、三端、四网、五微"全媒体矩阵基本形成，宣传覆盖面进一步扩大，新媒体平台粉丝数量超 300 万。依托平台的融合优势，诸暨市融媒体中心着力做优内容，尤其是在意识形态、党史学习教育和舆论监督报道中进行了多维度的有益探索。

一、融合发力，坚守意识形态阵地

1. 传播好党的声音

只有坚持正确的政治方向，才能提高新闻舆论传播力、引导力。今年是中国共产党建党一百周年，为将党的声音传递到基层、传播到一线，市融媒体中心强化移动优先与创新融合，充分发挥报纸、电视、广播等传统媒体深度优势，形成纵深，构建起全方位、立体式、高标准、高质量的全媒体传播报道体系，先后启动"我们的奋斗"大型融媒体新闻行动，"奋斗百年路""启航新征程""学党史""悟思想""办实事""开新局"等专栏，宣传我市开展党史学习教育的好做法、好经验、好成果。截至目前，《诸暨日报》刊发相关报道 72 篇，电视、广播《诸暨新闻》播发新闻报道 44 篇，新媒体平台推送 188 篇，总点击量 122 万＋。

2. 服务好社会经济发展大局

诸暨市融媒体中心切实履行好围绕中心、服务大局的基本职责，创新各种形式做好宣传工作,营造舆论氛围。两会期间,市融媒体中心推出短视频:《听! 2020 诸暨声音记忆! 这一年,每个人都不容易!》;H5 动画:《@诸暨人,这里有一份来自"两会"的盲盒,打开就有惊喜!》《坐上时光机,跟老陈一家去2025 年的诸暨看看》;VLOG:《融媒小花看两会》等系列产品,巧用时下流行的盲盒、国画、穿越等元素,形式新颖,内容有料,广受好评。

2021 年 3 月 5 日,诸暨市委经济工作会议召开,绍兴市委常委、诸暨市委书记沈志江在大会上围绕"解放思想、开放发展",提出"十问",直指诸暨现状、顽疾,令在会议现场的所有干部振聋发聩,反响强烈。诸暨市融媒体中心迅速反应,跟进重点热点,并在原先策划的市委经济工作会议报道方案的基础上,突出"十问"重点,强化"十答"落脚点,全媒体报刊、广播、电视、新媒体等各平台增强报道厚度、力度、深度,切实推动在全市上下形成"解放思想、开放发展"大讨论的强劲舆论声势。

3. 凝聚好宣传合力

风清则气正,气正则心齐,心齐则事成。在加强传统媒体和新媒体管理方面,诸暨市融媒体中心发挥主流媒体的引导作用,加强舆论引导,营造良好的网络环境,凝聚起宣传合力。将中心工作、重点工作、充满正能量的事迹,在新媒体平台上进行推送后,丰富内容,转变形式,同步在传统媒体上播发,把正确的政治方向和舆论导向覆盖贯穿到所有领域、所有媒体、所有平台,画好网上网下同心圆。

2021 年 4 月底,《诸暨市国民经济和社会发展第十四个五年规划和二〇三五年远景目标纲要》正式发布,诸暨市融媒体中心同步推出 H5《小红线,往上扬!》等相关报道,通过 1978 年以来绍兴各县市的 GDP 增长数据对比,直观展现诸暨与周边县市的发展差距,引发网友接力转发,为诸暨发展加油助力。

在长达 7 个月的 CBA 联赛报道期间,诸暨市融媒体中心充分发挥承办地主流媒体的责任与担当,全盘谋划宣传热点,统筹协调报道团队,坚持移动优先,强势外宣发声,制作推送 700 多篇全媒体报道,让诸暨"篮球之乡"的美名借助顶级体育赛事成色更足,进一步扩大"西施故里好美诸暨"的影响力和美誉度。

同时,外宣持续发力,截至 5 月底,广播事业部在中国之声平台发稿共 11篇,其中《新闻和报纸摘要》栏目 3 篇;在浙江之声平台共播出新闻稿件 99 篇,其中《浙江新闻联播》和《浙广早新闻》栏目播出 82 篇,头条 1 篇,单条 44 条。报刊事业部完成各级外宣 147 篇,其中《人民日报》刊发 11 篇,头版 1 篇;《新华每日电讯》4 篇;《浙江日报》刊发 4 篇,头版 4 篇。电视事业部在央视《新闻联播》发稿 8 条，其中单条 2 条；在浙江卫视各栏目发稿 147 条，其中《浙江新闻联播》单条 21 条，头条 2 条。

二、创新载体，推进党史学习教育走深走实

1. 强化理论知识传播

学史明理、学史增信、学史崇德、学史力行。诸暨市融媒体中心围绕《习近平在浙江》、习近平总书记在党史学习教育动员大会上的重要讲话精神等内容，通过系统策划，程序严谨地报道《习近平在浙江》采访实录的学习宣传内容。其中报纸新闻推出《市委理论学习中心组专题学习〈习近平在浙江〉采访实录　续写新发展阶段"八八战略"诸暨篇章》等重点报道；电视、广播新闻在主要栏目开设相关专题，精准对接上级媒体，加大传送画面、声音的力度；"西施眼"APP 搭建党史学教平台，细分"跟着总书记学党史""我们的奋斗""金句接力""学教动态""党史日历"等 5 个版块；诸暨发布重点位置单条推送《习近平的创新思维方法在浙江的探索与实践》等系列内容；文明诸暨等微信号积极转发配合主平台。强化融媒矩阵，形成线上线下互动、形式丰富、发力精准的立体传播格局。

2. 注重典型故事宣推

在党史学习教育中，典型故事的宣推对推进整个学习走深、走实具有重要作用。诸暨市融媒体中心充分运用融合传播手段，注重典型故事的宣推。

诸暨是浙江省革命老区县，红色资源丰富，在革命时期涌现了一大批先烈，其中俞秀松、张秋人、宣中华、宣侠父、汪寿华、郑复他等革命先烈都在党史上占有重要地位。诸暨市融媒体中心在"西施眼"APP 上推出了诸暨英烈人物榜，同时在《诸暨新闻》栏目中推出了《数风流人物》专栏，重点报道了这些诸暨籍先烈的丰功伟绩，取得了很好的传播效应。

而在 2021 年清明节期间，诸暨市融媒体中心配合中央电视台开展"为三江营 60 多位烈士寻亲——烈士家乡祭英灵"直播，派记者随英烈亲属赴扬州参加诸暨籍英烈的祭扫活动，进行跟踪报道。并制作《西施眼 | 百年奋斗路　清明祭英烈》等 5 个特色融媒体产品，通过"西施眼"APP、微信视频号、天目新闻等新媒体平台发布，营造了全市上下弘扬英烈精神、汇聚奋进力量的浓厚氛围。

3. 致力特色活动开展

4 月 29 日，策划实施了"百年党史　红色工运——诸暨工人故事·致敬

劳动者"活动,活动在店口万安集团车间举行。活动通过"百年工运·诸暨记忆""我心向党·生生不息""奋进未来·浣江有梦"三个篇章,在红歌演唱、情景剧表演、沙画和原创诗歌朗诵、劳动者故事讲述等多种演绎方式中,全面回顾了我市百年工运史,重温诸暨工运先驱们的英雄事迹,讲述当代诸暨工人的奋斗故事和精神风貌。

5月22日晚,由中国教育电视台、市党史学习教育领导小组主办,诸暨市融媒体中心协办的大型朗诵情景剧《诗意中国 红色诸暨》在西施大剧院上演,全场座无虚席。一段段经典红色诗文朗诵,和情景再现百年党史中各个阶段的奋斗历程,感人至深、催人奋进。2个小时的演出中,泪水与掌声相伴,一堂生动形象的党史教育课,推动我市党史学习教育走深走实,社会反响强烈。活动得到了中宣部、中国教育电视台相关领导的高度评价,经学习强国、浙江卫视等各大媒体报道后,也引来省内外多地的点赞和关注。该活动先后得到了绍兴市委常委、诸暨市委书记沈志江以及市委常委、宣传部部长王孔羽的批示肯定。

6月6日,在"诸暨的延安"同山镇丽坞底村,诸暨市融媒体中心圆满承办"初心之旅 红动诸暨"——诸暨市红色旅游启动仪式,通过五条红色旅游经典线路发布、讲解员讲解和颁奖、首批党员教育培训基地代表授牌、"浙里红·诸暨行"旅行团授旗、"浙里红"旅游基地颁牌、红色旅游启动仪式等多个环节,充分展现诸暨丰富的红色旅游资源和厚重的红色历史文化。

二、聚焦堵点,助力项目加速推进

为助力全市项目百日攻坚,诸暨市融媒体中心在报纸、电视、广播同步开设《聚焦》栏目,组建全媒体采编专班,以问题为导向,聚焦项目要素保障不足、执行力不到位、政策处理不及时、推诿扯皮等问题。自2020年下半年以来,已经先后推出92篇监督报道,聚焦100个项目,形成了建设性舆论监督的强大声势,是诸暨新闻史上舆论监督报道体量最大、播出频率最高的一次舆论监督报道,用新闻的力量推动中心工作,用舆论引导项目建设抓起来、动起来、快起来,提升问题解决效能。

1. 配强采编队伍

每日不间断舆论监督的任务对任何一家县级媒体而言都是前所未有的挑战,诸暨市融媒体中心快速启动,打赢了一场舆论监督硬仗。2020年8月4日下午,诸暨全市项目建设"百日攻坚"推进会召开,当晚,诸暨市融媒体中心党委立即召开新闻线紧急会议,就舆论监督栏目名称、定位、机制等进行了专题研究部署。当晚,融媒体中心就组建了"聚焦"全媒体采访专班,成立了由20余名全媒体资深采编骨干组成的多路调查组,建立了"聚焦"栏目采编播发流程和审核机制。同时,积极与诸暨市推进办等单位就线源、审核等问题建立协作机制,为顺利完成百日百只项目舆论监督的任务提供保障。

8月5日上午,融媒体中心多路调查组就深入到项目一线开展采访活动。8月6日,诸暨日报、诸暨电视台、诸暨人民广播电台正式同步推出"聚焦"栏目,开篇刊播了《投资5.6亿的仓储物流项目 200余米配套道路为何开工17个月难落地?》,距离诸暨市委提出要求仅仅间隔一天时间。

2. 按照节点推进

舆论监督报道在实际采编过程中困难重重,一方面在调查采访过程中屡屡遭遇部门乡镇不理解,被采访单位不配合、拒绝接受采访、态度蛮横等情况;另一方面,每年下半年是新闻报道高度集中期,加上新上线"西施号"APP平台,人力严重不足。对中心正常新闻生产、媒资经营等都带来了一定的影响。

面对困难,诸暨市融媒体中心直面问题,敢于担当,不推诿、不扯皮、不回避,克服人手紧、任务重、采访难等困难,每天至少派出3路调查组约9人的采访力量深入项目一线。以问题为导向,强化"解决问题、促进发展"的大局意识,客观报道新闻事实,不折不扣完成诸暨市委交付的舆论监督报道任务。据统计,2020年8月6日以来,诸暨市融媒体中心共推出92篇监督报道,聚焦100个项目,其中对10个项目"回头看",在诸暨日报、诸暨新闻、诸暨之声等权威平台同步发布,在诸暨全市上下引起了强烈反响。

3. 注重监督效果

为确保百日百期曝光助力项目推进取得真正实效,诸暨市融媒体中心切实加强与诸暨市推进办等单位的沟通协作,建立线源摸排、信息核实、稿件审核等机制,全市发力,合力保障,营造项目建设比学赶超的浓厚氛围,一部分曝光问题得到了真重视、真解决。

如2020年8月6日,《聚焦》栏目对超驰物流厂区内约200米配套道路一直未建问题进行了曝光,2020年9月25日,诸暨市暨阳街道办事处完成了招标,2020年11月初道路施工全部完成;2020年8月7日,《聚焦》栏目曝光璜山镇正欣生态牧场项目因临时用地和坟墓迁移政策处理不到位导致项目无法正常推进,璜山镇、东白湖镇于当年8月份完成坟墓迁移工作和20亩农用地审批备案;2020年8月13日,《聚焦》栏目指出官庄至弦腔公路项目第三标段一房屋政策处理迟迟不完成,一周内镇政府完成政策处理,并于 2020 年 11 月 3 日拆除;2020 年 8 月 10 日,《聚焦》栏目报道了浦阳江治理二期工程竹月湖段堤防段 200 米路段牵涉 22 户村民政策处理问题,暨阳街道办事处成立了由 3 位班子成员牵头的 10 人工作专班,挨家挨户上门做工作、签协议,2020 年 8 月 14 日完成了政策处理,2020 年 8 月 16 日进场施工。目前,通过《聚焦》栏目,在诸暨全市部门乡镇努力下,重大项目完成率从 60.8% 提升到了 80.5%。

四、结束语

综上所述,对于县级融媒体中心来说,在融合创新过程中,一定要坚守意识形态阵地,用有深度、有温度的报道来形成宣传合力,服务地方经济社会发展大局,同时要在党史学习教育的重要节点承担起主流媒体的责任和使命,用优质内容推动党史学习教育走深、走实,同时还要利用融合传播的优势做好舆论监督,用新闻的力量推动社会的进度。

以新闻热点带动理论传播

——金华市青年记者宣讲团的实践与探索

金华市广播电视台　陈建飞

把党的创新理论学习好、宣传好、贯彻好,是党媒的重要职责和崇高使命。党媒记者除了通过新闻报道宣传党的理论外,还可以运用怎样的新形态、展现怎样的新作为?

2020 年 7 月以来,在金华市委宣传部直接指导下,金华日报社、金华市广播电视台分别成立青年记者宣讲团。两家媒体的青年记者认真学习党的理论、热心传播党的声音、努力宣讲党的政策,坚持在采访中宣讲、在宣讲中采访,一带两便、一体双效,不仅为党的创新理论"飞入寻常百姓家"做出有益探索,也为有效提升青年记者素质能力走出一条新路。对此,浙江省委常委、宣传部部长朱国贤在相关材料上做出批示肯定;央视《新闻联播》报道了宣讲团成员钟原的宣讲体会;《中国新闻出版广电报》两次在头版刊发宣讲团的做法和成效。金华市青年记者宣讲团还被省委宣传部评为 2020 年度浙江省基层理论宣讲成绩突出集体。

一、谁来宣讲:让青年记者成为理论宣传"轻骑兵"

如何让宣讲带露珠,让理论有温度?精选宣讲主体、精挑宣讲人员至为重要。那为什么选择青年记者这个群体作为宣讲主体?为什么让青年记者成为"学"的主角、"讲"的主力?

(一)党媒提升记者素养的需要

学懂弄通做实党的创新理论,特别是习近平新时代中国特色社会主义思想,是党的新闻工作者的时代课题、首要任务。一方面,党的十八大以来,党的理论创新步伐显著加快,习近平总书记就治国理政提出一系列新思想新观点新论断,另一方面,大批年轻人走出校门进入新闻媒体,他们系统接受党的理论教育的机会相对较少,主动学习党的创新理论的自觉和习惯也相对不够。

如何激发青年记者学习党的理论的内生动力,实现真学、真懂、真信、真用,是一个需要不断创新推动的重大课题。以金华市为例,据该市新闻工作者协会统计,目前全市新闻从业者总人数为 2943 人,其中新闻岗位人数 1576 人,而新闻岗位中超过一半为 40 岁以下年轻人。

金华市委宣传部从全市新闻队伍中青年记者占比高、人数多的实际出发,针对青年记者以往学习理论零碎、被动的普遍状况,选择青年记者这个群体中的优秀分子作为主体组建宣讲团,以基层宣讲的实际需要,倒逼青年记者先学一步、学深一层,由"要我学"向"我要学"转变。

(二)党媒创新理论宣传的需要

近些年来,各级党媒对理论宣传开展了形式多样的探索,诸如《马克思是对的》等大型通俗理论对话节目,"100 秒理论速递"等新媒体微宣讲栏目,受到普遍好评。但毋庸置疑,以往党媒宣传党的创新理论,更多的是通过记者采制的新闻报道和一些栏目节目等载体展开。这种面对所有群众的"大水漫灌"式宣传,没有针对不同受众进行靶向传播,缺少差异化、分众化、个性化。宣传形式较单一,效果存在局限性。

党媒对理论宣传既要沿用好办法、传承好经验,更要改进老办法、探索新做法。随着新媒体的快速发展,人们接触媒介的习惯和渠道发生了根本性变化,给主流意识形态传播带来了新挑战,也让理论宣传有了更广阔平台和更丰富手段。对新媒体玩得最溜的无疑是朝气蓬勃、思维活跃的新一代年轻人,他们以年轻人的视角,用年轻人的方式,可以让理论宣讲更加通俗易懂、生动活泼。如金华广电青年记者宣讲团主播小分队都是由广播、电视青年主播构成,他们形象好、学习快、能力强,特别是表达能力突出,在群众中有一定的知晓度,参与理论宣讲更容易引发情感共鸣,能改变一些理论宣传枯燥乏味、少人喝彩的局面。

(三)党媒践行新闻"四力"的需要

每一位党媒工作者都应该成为距离群众最近、与群众接触最密切的人,多深入基层、深入群众、深入实际,采制"沾泥土""带露珠""冒热气"的报道,更好地讴歌时代、服务人民,切实履行好党媒工作者的职责和使命。但不可否认,当前有不少党媒工作者,浮在上面,漂在外面,没有沉下去,也没有学进去,没有积极践行脚力、眼力、脑力、笔力。

党媒工作者增强"四力"需要一个有效推动的载体。金华市青年记者宣讲团要求把新闻采访和理论宣讲结合起来,把采访现场作为宣讲课堂,通过理论宣讲与群众面对面互动。这对青年记者提出了比单纯采访更高的要求。他们既要对采访进行提前准备,吃透两头,掌握上情下情,确保采访走深走实,掌握更多的生动素材,丰富新闻报道,又要对报道主题进行深入思考,从采访主题中提炼宣讲主题,努力让宣讲内容为群众所需要,宣讲形式为群众所接受。同时,还要重视宣讲群众反馈,把控宣讲现场效果。宣讲工作的高要求势必激发记者践行"四力"的动力,促使他们在"上接天线、下接地气"中下功夫。

二、怎样宣讲:以新闻热点带动理论传播

以怎么样的形式开展宣讲?金华市青年记者宣讲团把理论宣讲融入日常采访中,深挖热点事件背后的理论需求,突出新闻性、时效性、实践性,以新闻热点的精准把控带动党的创新理论的有效传播。具体做法上,不限内容、不限对象、不限形式、不限时长、不限规模、不限场地,群众在哪里,采访到哪里,宣讲就到哪里,做到"实、新、短、平、活"。

突出"实",就是宣讲主题联系实际。党的理论和各项政策必须与实际问题相联系,才能转化为群众的共同认知和自觉行动。一个好的宣讲主题,必须紧跟时代、贴近生活,通俗地说,就是要足够接地气、足够平民化。金华市青年记者宣讲团围绕经济社会发展中的热点问题组织策划理论宣讲,定时研究不同群众的思想文化需求,找准思想认识的共鸣点、利益关系的共赢点、化解矛盾的切入点,结合新闻采访内容确定宣讲主题,把宣讲工作与新闻宣传同步推进。宣讲团着力从小处入手,通过把中央精神和省、市要求分解成一个个鲜活、生动、发生在群众身边的新闻故事,努力把与群众关系密切、群众关注关心的一个个小问题讲清楚、讲明白、讲透彻。在兰溪市柏社乡孙下坞村采访高山蔬菜种植情况时,宣讲团成员围绕十九届五中全会精神提出的"要保障国家粮食安全,提高农业质量效益和竞争力"的内容,向在场农户作了主题为"守住耕地红线"微宣讲,介绍当时正在金华市开展的粮食生产功能区"非粮化"整治工作。

讲究"新",就是宣讲内容鲜活清新。记者是一项每天面对新鲜事、新鲜人的新鲜工作。金华市青年记者宣讲团积极探索以新闻速度开展宣讲,努力抢占"第一落点",及时把与群众生产生活息息相关的方针政策、法律法规等传到基层。宣讲团注重以新闻的视角去挖掘宣讲主题,注重从新闻报道中提炼宣讲主题,注重在平时采访活动中发现宣讲主题,以有效克服基层理论宣讲中普遍存在的"换汤不换药、天天老一套"的弊端。

增强宣讲主题的鲜活度和吸引力,从内容上讲,要避免说陈旧过时的话、

说众所周知的话、说漫无边际的话、说晦涩难懂的话、说出格违规的话、说似是而非的话，让宣讲更贴合形势、更符合需求。如结合习近平总书记重要讲话发表、党和国家重要会议召开、重大政策发布以及重大纪念活动举行等集中宣传契机，找准角度，将一些生动平实、贴切得体、有血有肉的故事嵌进宣讲主题，有针对性地谋划宣讲内容。2020年8月下旬，在金华市革命烈士陵园里，宣讲团成员与即将奔赴全国各地高校的新生分享了"金华源东徐作成父子七十余年接力，为抗日英雄丁志远守墓"的采访经历，接受一场"爱英雄学英雄"的心灵洗礼。

力求"短"，就是宣讲篇幅短小精悍。一套话语满足不了所有人，一个腔调难以唱遍天下。"我念你听""照本宣科""一稿通行天下"已远远不能达到群众需求。记者在采访现场如何以接地气的形式开展生动活泼形式多样的宣讲？金华市青年记者宣讲团是微宣讲、轻宣讲、流动宣讲，是从日常的普通人入手，结合身边鲜活事例，将理论思考、新闻事实、现场体验、采访感悟有机结合起来，以小切口解剖大问题、小话题阐释大主题的方式将宏大的理论"落小、落细、落实"。从规模上讲，既因事制宜，也因时制宜，更因势制宜，采取合适的力度，时间上不求长，听众上不求多，场面上不求大。从频率上讲，把握好宣讲的节奏，不求次数多，但求效果好，对什么内容适合什么群体宣讲，心中有数；对什么时机适合宣讲什么内容，掌握火候。这种去冗长、求差异的宣讲方式，达到了较好的宣讲效果。

融入"平"，就是宣讲时机见缝插针。把宣讲融入青年记者的日常采访工作中，宣讲队员们在居民家、在公园里、在旅途中"四处开化"，多形式、多途径、多维度开展宣讲。不刻意去组织，不专门去动员，是在采访间隙的趁机讲、在服务群众中的便民讲，这是金华青年记者宣讲团的一个显著特点。如有的宣讲是在直播的间隙开展的，有的宣讲是在采访的中途进行的，有的宣讲是在摄影俱乐部采风的休息时间完成的。这样轻松、自然、愉悦的氛围，让宣讲内容更容易深入人心，也更符合现代工作、生活的快节奏。2020年7月，金华市委宣传部牵头出版了《此行无悔》一书，结集全市107位援鄂白衣战士先进事迹。金华市青年记者宣讲团及时推出《此行无悔》"八婺读书会""最美思政课"等宣讲活动，走进社区、高校、商圈、市场、部队，推介"身边最亮的星"，让白衣战士逆行而上、无私无畏的可贵精神得到更深入更广泛的传播。

强化"活"，就是宣讲形式灵活轻便。理论宣讲既要追求内容的"深入"，也要追求形式的"浅出"。金华市青年记者宣讲团充分发挥媒体人掌握信息制作和发布技术的优势，借助新媒体手段，让好技术赋能好内容，变过去俯视的宣传姿态为互动的分享交流,让深奥的道理通俗化、复杂的逻辑简单化、抽象的理论具象化,放大宣讲效果。宣讲团成员不仅努力做好线下宣讲,而且积极做好形式多样的线上宣讲,将宣讲内容制作成操作简洁、易于传播的短视频、VR、H5、动漫、海报等新媒体产品,通过"金华发布"客户端、微信、微博、抖音、快手等"云阵地"进行融合传播。在《共产党宣言》第一个中文全译本诞生100周年之际,金华市青年记者宣讲团搭乘新技术的潮流快车,以网络"接力读宣言"的形式,推出系列宣讲活动。该项目不仅可以自己读,还可以邀请朋友一起读;不仅可以分段读,也可以读几章或整本书;不仅可以晒朗读声音,还可以晒朗读心得。同时,通过先进人物领读以及线上点赞、评论、实时弹幕、即时评论等交互设计,让用户边参与、边体验、边学习,丰富了理论宣讲的形式。

三、效果如何:实现理论传播与新闻报道双赋能

金华市青年记者宣讲团开展宣讲的效果体现在哪里? 对宣讲对象来说,以是否需要、是否欢迎、是否理解、是否满意为评价标准。对青年记者来说,通过宣讲,既要为党媒创新理论宣传探索新路,也要为促进新闻报道提质增效拓展空间,还要为提升自身政治能力和业务水平寻求助力。

(一)实现理论传播与新闻报道的双赋能

金华市青年记者宣讲团结合采访工作实际开展理论宣讲,让理论宣讲与新闻采访有机融合,有效实现了理论宣讲和新闻报道的双向赋能。

通过理论宣讲,给新闻报道增效。通过理论宣讲与重要新闻报道同谋划、同部署、同落实、同检查,让宣讲与重大主题报道同频共振,做到在重大主题报道上不缺位,从而赢得舆论引导先机。2020年7月以来,金华接连涌现多起引发全国热烈反响的好人好事:驻金某部战士王亮一人勇救四名落水群众,永康九旬老人倪德藏急流中救起6岁儿童,浦江辅警石丁丁爱岗敬业过世后捐献器官。宣讲团成员、新闻主播范浩威结合金华正在创建全国文明城市,第一时间作了题为《好人好事,为文明城市创建"增色"》的视频宣讲,进一步扩大了新闻报道的传播力、影响力。

通过新闻报道,为理论宣讲提质。一方面,以新闻事实丰富宣讲内容,用新闻语言阐释学术理论,让群众在接受宣传时感到亲近,增强群众参与感、代入感,增强党的创新理论传播的吸引力、感染力。另一方面,把理论宣讲从现场"搬"到网络空间,将宣讲内容积极通过客户端、微信朋友圈等进行推广,扩大党的创新理论在新媒体平台的渗透力、传播力,提升宣讲的传播效果。如

"金华市烈士陵园里的思政课"宣讲视频先后被"学习强国"、央视《新闻联播》、浙江电视台《浙江地市头条》《党建播报》等主流媒体报道。

（二）实现思想引领与服务为民的双促进

在服务群众中有效引领群众，在引领群众中更好服务群众，是金华市青年记者宣讲团的一个特色做法。

理论宣传必须有的放矢，把握群众需求。宣讲团坚持在服务群众中融入宣讲。2020年，金华市12345便民服务平台举办一系列便民行动，宣讲团主动对接，积极融入，在提供便民服务的同时，向群众展开《民法典》等内容宣讲。宣讲团还结合一些部门、单位开展"服务企业、服务群众、服务基层"活动，进企业、入社区、下农村开展防疫知识、创业政策等宣讲。

为了让宣讲更贴近群众，宣讲团的青年记者们发挥自身特长，开展便民宣讲，吸引群众关注。如在金华市中心医院青年医生业务学习会上，宣讲团成员讲解了H5的入门操作技术；在老年大学的培训班上，宣讲团成员给老人们演示了智能手机使用方法；在社区居民跳广场舞间隙，宣讲团成员则精选了一批网络谣言开展线下辟谣宣讲，受到普遍欢迎。

（三）实现个人能力与团队战力的双提升

传道的前提是明道。宣讲是对党媒工作者个人能力的淬炼。既要当记者，又要当"讲师"，宣讲提升了记者"案头""田头""笔头""镜头"的本领，培养了记者分析、表述及策划、拍摄、制作等综合业务能力。金华市青年记者宣讲团成员姝隽是一名爱好拍摄的新闻主播。在婺城区竹马乡下张家村宣讲的不是主业而是副业，她做了《新媒体 新零售 小屏幕上的大市场》的主题宣讲——指导村民用手机拍出好看视频。

宣讲也是对团队战力的锤炼。金华市青年记者宣讲团结合岗位特点和个人特长，分成若干小组。小组之间既是"伙伴"，又是"对手"；既互帮互助共同商定学习内容、宣讲主题，又相互"竞演"，"切磋"学习体会，交流宣讲心得。其中，金华市广播电视台以"十佳青年记者""十大优秀青年"为骨干，选拔60名青年采编人员组成理论、政策、民情、主播、新媒体、服务等六个宣讲小分队。当中央召开重大会议或出台重要文件时，金华广电各宣讲小分队就及时组织学习讨论，提炼宣讲主题，形成宣讲材料，以宣讲促学习，以学习带宣讲。

同时，从"键对键"到"面对面"，从"屏对屏"到"心连心"，青年记者在宣讲中增进了对基层和群众的了解，磨练了做好群众工作的本领，促使他们早日成长为既懂业务、懂理论，又懂基层、懂群众的新时代党媒工作者。

从媒介规范理论看县级融媒体中心微信公众平台的发展路径
——以《介休融媒》为例

浙江传媒学院　陈林彬　张邦鑫

一、引言

在 2018 年全国宣传思想工作会议上,习近平总书记提出要"扎实抓好县级融媒体中心建设"。2019 年 1 月 15 日,受中宣部委托、国家广播电视总局组织编制并审查的《县级融媒体中心省级技术平台规范要求》《县级融媒体中心建设规范》发布实施,县级融媒体建设工作得以全面展开。

经过两年多时间的发展,我国的县级融媒体中心建设在数量上达到了中宣部提出的"在 2020 年底基本实现县级融媒体在全国范围内的全覆盖"的要求,但在质量上还没有达到习近平总书记要求的"引导群众,服务群众"的目标。本文将以社会主义媒介规范理论作为支撑,以《介休融媒》微信公众平台为研究对象,探索介休市融媒体中心的建设情况,找出其在建设过程中存在的问题,并提出相应的解决措施。

二、文献回顾

县级融媒体是媒体融合在县域范围内的具体实践,是继以人民日报"中央厨房"为代表的媒体融合在中国的又一次尝试,长期以来受到了学界和业界的密切关注。在知网数据库中以县级融媒体为主题词进行搜索后发现,2017 年之前,相关论文的数量只有 13 篇,2018 年县级融媒体成为一项国家战略后,受到的关注度也呈爆发式增长,论文数量达到了 329 篇,在 2019 年达到了峰值 1249 篇。这些论文的研究内容主要集中在两个方面,第一方面是从宏观方面将县级融媒体作为研究对象,探索分析县级融媒体在发展过程中面临的困难及原因并提出相应的解决措施。北京大学新媒体研究院院长谢新洲通过对我国县级融媒体建设情况开展系统调研后提出,在县级融媒体中心建设过程中要"从管理机制、机构设计、人才培养、技术路线、资金扶持等方面做好部署安排",具体而言就是要着重架好"融合、创新、引导和服务"这四条主梁①;中国人民大学新闻与社会发展研究中心副主任李彪分析了基层传播格局的新转向与新特点,说明了县级融媒体建设的必要性,并探讨了县级融媒体中心发展的四种模式和建设的六个关键环节②;复旦大学新闻学院教授朱春阳对比了中美两国社区媒体发展的异同,回顾了中国社区媒体的发展历程,指出了县级融媒体中心建设的价值所在,并从引导群众、服务群众和成长方式三方面阐述了县级融媒体中心建设的创新路径。③

　　第二方面则是从微观角度分析某一具体案例,将其在建设和发展过程中的优劣进行总结提炼,以期形成经验教训,为其他县级融媒体中心的建设工作提供借鉴。郁澄椒和胡臻龙以海宁市传媒中心微信公众号为例,分析了其存在的问题并指出了改进策略④;马艳对"项城模式"进行研究,分析其在建设过程中"如何让受众在媒体使用过程中实现使用与满足,并在此基础上分析县级融媒体的建设路径"⑤。

　　对相关研究文献进行总结后可以发现,我国学者对县级融媒体中心建设的研究更多聚焦于宏观层面,对微观层面的研究则比较少,宏观层面的研究则注重对建设过程中出现的典型案例进行深入剖析,以期总结出能够"推而广之"的经验,但我国幅员辽阔,各地面临着不同的经济条件和发展状况,很多好的经验并不具有"推而广之"的可能性,如果忽略自身的特点对央级媒体或其他被称之为"模式"的建设方式进行简单复制,只会妨碍自身的县级融媒体中心建设。

---

　　① 谢新洲.县级融媒体中心建设的四梁八柱——融合、创新、引导、服务[J].新闻战线,2019(3):45-47.

　　② 李彪.县级融媒体中心建设:发展模式、关键环节与路径选择[J].编辑之友,2019(3):44-49.

　　③ 朱春阳,曾培伦."单兵扩散"与"云端共联":县级融媒体中心建设的基本路径比较分析[J].新闻与写作,2018(12):25-31.

　　④ 郁澄椒,胡臻龙.海宁市传媒中心微信公众号改进策略研究[J].新闻文化建设,2020(11):138-139.

　　⑤ 马艳.从使用与满足理论看县级融媒体的建设路径——以"项城模式"为例[J].出版广角,2019(10):64-66.

三、县级融媒体中心概况

1. 县级融媒体中心的特点

所谓的县级融媒体就是整合县级广播电视、报刊、新媒体等资源,开展媒体服务、党建服务、政务服务、公共服务、增值服务等业务的融合媒体平台。[①]重点在于"引导群众,服务群众",但就目前县级融媒体的建设情况来看,除了一些被列为典型的建设样板外,其他大多数县级融媒体的建设与这两个目标还有一定的距离。主要表现在对引导群众只停留在简单传递信息,而没有关注用户对信息的实际需求和信息传递所发挥出来的实际引导力;为受众提供的服务往往不具针对性和及时性,盲目追求服务种类和服务样式的大而全却忽视了服务的质量和服务效果。被奉为典型的"长兴模式、邳州模式、项城模式、吉林模式、北京模式"等这些虽被各类文献称之为模式,但在仔细研究之下就会发现这些"模式"带有深深的地域特色,"其融合举措与该区县所处的地理位置、经济状况以及社会资源直接相关"[②]。

2. 介休融媒体中心基本结构

作为晋中地区首批成立的县级融媒体中心,介休融媒体中心成立于 2018年 12 月 24 日,中心将介休市广播电视台和介休报社的机构及人员进行融合,深度整合了广播、电视、报纸、新媒体等优势资源,确定了"两台一报""两微一端"的宣传阵地,形成了"一室四中心"的运营模式,"一室"即总编室,"四中心"即新闻中心、运营中心、行政中心、技术中心,共计 14 个部室。[③]

四、社会主义媒介规范的基本要求

自大众传播学于 20 世纪问世以来,对大众传播系统与社会大系统之间关系的研究一直是大众传播学重要的分支领域。[④] 麦奎尔提出的规范理论作为其提出的与大众传播有关的四种理论之一,对大众传播和社会发展以及二者之间的关系都产生了重要影响。麦奎尔指出,规范理论主要考虑或规定媒介

---

① 县级融媒体中心省级技术平台规范要求[S],2019-1-15.

② 朱春阳,曾培伦."单兵扩散"与"云端共联":县级融媒体中心建设的基本路径比较分析[J].新闻与写作,2018(12):25-31.

③ 《介休融媒》微信公众号。

④ 黄成炬.媒介社会学[A].鲁曙明,洪浚浩.传播学[C].北京:中国人民大学出版社,2007:55-83.

应该如何运作,这样的理论通常源自意义更广泛的社会哲学或某个既定社会的意识形态,这种理论在塑造媒介机构和使媒介合法化方面起着一定的作用,同时也极大地影响其他社会机构对媒介所寄予的希望。[①] 在我国社会主义制度下,媒介规范理论应始终坚持四个原则:1.新闻事业实行社会主义公有制;2.媒体由中国共产党领导,必须坚持党性原则,即党媒姓党;3.新闻事业执行新闻报道、舆论引导、信息传递、娱乐服务等多项功能,始终要坚持真实性、质量高、品味高的原则;4.新闻传播事业有重要的经济功能,是国民经济的重要组成部分并服务于国民经济。[②] 习近平总书记所提出的"引导群众,服务群众"正是对该理论的契合。

五、个案分析

笔者对《介休融媒》微信公众平台 2021 年 1 月 1 日至 31 日推送内容的头条进行了分析,认为其主要存在以下几个方面的问题。

1. 内容单一,缺乏吸引力

《介休融媒》微信公众平台是由《介休广电》微信公众平台改组发展而来,在《介休广电》时期,平台主要推送介休电视台前一日新闻的重点内容,这些新闻主要聚焦于党委、市委领导的日常活动或政策措施的发布,在形式上缺乏创新,因而对普通读者的吸引力不足。在改组为《介休融媒》之后,虽然对微信公众平台的推送形式做了一定的调整,但在推送内容上仍然没有太多创新。文字内容是对传统媒体新闻稿件的简单复制,没有针对微信公众平台和读者的阅读特点进行提炼加工,稿件内容缺乏亮点,且对普通读者来说有一定的理解难度,阅读之后无法做到内容的"入脑、入心"。阅读量通常只有 1000 左右,未能取得很好的传播效果,而且这些新闻鲜有读者进行评论转发,平台与读者之间的互动不足,平台与读者之间缺黏性。

2. 形式有所创新,传播能力仍有不足

与改组之前相比,《介休融媒》微信公众平台改变了对电视新闻内容的简单复制,开始采用原创图片和文字的方式,与之前相比,这种方式的可读性和吸引力有所提高,但整体来看,传播力仍然较弱。《介休融媒》微信公众平台的现有粉丝已经超过了 10 万,阅读量和粉丝量之间存在着严重的脱节。

① 贺程.媒介规范理论研究的内涵与意义[J].东南传播,2011(5):35-36.
② 尹辉.当代大众传播视域下的我国意识形态安全研究[D].兰州:兰州大学,2015.

阅读量的不足也就意味着传播能力的不足，习近平总书记将新闻媒体的传播效果总结为"四力"即传播力、引导力、影响力和公信力，其中传播力是"四力"的基础。在互联网时代智能手机广泛普及，传统的报纸、广播、电视等媒体的传播能力不断下降，这也正是加快建设县级融媒体中心的原因。微信公众平台伴随着社交软件微信产生，内嵌于社交软件之中，经过不断的升级更新，微信公众平台的表现形式变得多样，融合了视频、文字、图片、H5等多种形式，但在《介休融媒》的推送中并未充分利用上述形式，造成推送形式创新不足，缺乏活力。

3. 推送不及时，缺乏时效性

《介休融媒》微信公众平台作为介休市融媒体中心的主体账号，无论是在投入的人力物力上还是在自身的影响力上都要超过"两微一端"中的微博和客户端，因此，微信公众平台担负起了新闻内容的首发功能，每天固定推送7～8篇文章。由于受到微信公众平台每日推送次数的限制，这些内容只能统一推送，但内容全部排版完成通常要到下午甚至晚上，这也就导致一些时效性极强的文章错过了最佳的发布时间，一条原本极具新闻价值的推送既没有为平台带来阅读量也没能及时满足用户的信息需求。

六、《介休融媒》微信公众平台优化路径

1. 转变观念，大胆创新

县级融媒体中心建设作为媒体改革在县一级的实践，使得县级媒体这个以往很难受到关注的媒体层级来到了舞台中央。任何成功的改革都需要进一步改革思想观念，县级融媒体中心的工作人员也应该不断转变自己的思想观念，树立新的运作理念。

首先是要树立"独立自主"的思想理念。长期以来，由于县级媒体是中国媒体结构中最基层的媒体，绝大部分县级媒体处于比较艰难的境地，主要依靠财政拨款维持日常发展，而且由于只覆盖到了县域范围，无论是新闻产品的生产力还是影响力都比较小，这些不利因素严重挫伤了县级媒体从业人员的积极性。习近平总书记提出的县级融媒体建设，将县级媒体提升到了一个新的高度，使其得到了政策、资金、人员等多方面的支持，相关从业人员就必须改变以往依赖性的思想理念，树立独立自主的工作理念。

其次是要树立"用户为王"的思想理念。所谓"用户为王"就是一切新闻内容的生产和传播技术的运用都应该以满足用户的信息需求为准，用户需求在

哪里,新闻内容就在哪里。从传统媒体的"消费者"新媒体的"受众"再到融媒体的"用户",新闻内容消费者的地位不断得到提升,"用户为王"的思想理念要求从业人员将"用户"纳入新闻生产的过程中,将用户的需求作为新闻生产的出发点,将 UGC 内容作为新闻产品的一部分,既增强了用户的黏性也提升了媒体的生产效率。在如今的互联网时代,以百度、阿里和腾讯为代表的互联网企业走在了发展的前列,他们在媒介的融合上做了许多有益的探索,他们的发展经验可以为县级融媒体的建设提供借鉴。目前,中国传媒业的根本属性依然是"事业单位,企业化管理",行政力量在媒体的变革和发展中扮演了重要角色,这也就导致我们在讨论县级媒体的融合发展路径时,常常会从传播者或者政策制定者的角度出发,但这与 BAT 的发展路径是相悖的,"在 BAT 的行动逻辑链条中,传播平台是对用户需求反应的结果,而非起点。用户端,而非传者端,应该成为融合发展的逻辑起点,脱离了用户需求的媒介融合最终只能沦落为一堆没有灵魂的传播技术的堆砌"①。在社交媒体盛行的今天,新闻的分享已经变成了社交的一部分,在不断改版升级后,微信公众平台加入了"点赞"和"在看"功能,留言列表有了好友提示,读者点赞和在看的内容将分享到自己的交际圈,评论区的社交属性进一步增强,这些新的分享机制都对内容生产者提出了新的要求,要不断提高内容的亲近性,依靠用户之间的分享来提升自身的影响力和传播力。在具体工作中应该深入挖掘会议新闻、政治新闻中的"平民化"内容,找到用户的需求和困惑,将用户拉到新闻当中,带用户发掘新闻内容中与自己息息相关的部分。社会主义媒介规范理论提出,新闻媒体具有"新闻报道、舆论引导、信息传递、娱乐服务"等多项功能,想要实现这些功能就必须面对用户、了解用户。

习近平总书记强调,"宣传思想工作是做人的工作,人在哪儿重点就应该在哪儿"。新媒体的出现拓宽了受众的信息来源和兴趣爱好,使一些在传统标准下不具备新闻价值的内容具备了"新闻"的属性。采编人员应该改变以往灌输式的工作态度和思维方式,推送内容不仅要包括传统意义上的新闻,还应该将诸如"暖新闻"之类休闲娱乐式的生活信息,与用户日常生活相关的小妙招、小提示纳入县级融媒体的传播语境之下,增强受众用户对县级融媒体的依赖。

最后就是要树立"融合"的思想理念。媒体的融合发展是一个全方位的过程。要做好不同平台之间的联动和互补,微信公众平台植根于微信 APP,拥有固定的用户群体和传播的便利性,但时效性不足是其最明显的劣势,这就需

① 朱春阳.县级融媒体中心建设:经验坐标、发展机遇与路径创新[J].新闻界,2018(9):21-27.

要其他可以多次推送的平台作为补充。被称为县级融媒体中心建设样板的长兴模式就通过"掌心长兴"手机客户端以弹窗模式向用户及时推送新闻信息，保证了新闻的时效性。微博、微信、客户端，每个平台都有自己的特点，或及时迅速或内容深刻，多平台之间的联动和补充可以弥补不同平台的不足，满足用户的各类需求，提高自身的影响力和用户黏性。《人民日报》在微信、微博和客户端等不同平台上推送的内容考虑了用户不同的阅读习惯形成了不同的风格，不同平台做到了风格鲜明彼此补充。还要融合媒体承担的不同角色。"县级融媒体中心的建设自然不仅要继续履行当年传统媒体的新闻宣传任务，更要扮演县域层面社会沟通中心节点的角色"。①《介休融媒》微信公众平台2021年1月推送的头条内容当中，《【疫情防控】我市召开新冠肺炎疫情防控工作紧急会议》《【疫情防控】介休市新冠肺炎疫情防控工作领导小组办公室发布紧急通知》和《【转扩】2021年春节期间六类来（返）介人员如何有序流动？介休最新规定来了》三篇文章阅读量超过了1万，最高达到了2.9万。这些内容发布时正处于晋中市榆次区新冠肺炎疫情暴发初期和在外介休人返乡的高峰期，这些内容与用户的生命安全和出行需要息息相关，信息的发布满足了用户的需求，故而获得了不错的阅读量。县级融媒体中心不仅仅是新闻产品的生产加工中心，也是县域信息的流通中心，每一位采编人员都应该利用好自己的采编权和信息发布权，整合县域信息，"既要打通'天线'，加强、密切与县级党和政府的联系，又要打通'地线'，通过各类便民惠民的综合服务和专业化、小众化的专业服务聚合，增强民众对县级融媒体中心的使用黏性和价值认同。"②

2. 优化生产方式，打造优质产品

县级融媒体中心建设不仅为县级媒体的组织机制带来变革，也改变了以往县级媒体新闻产品的生产方式。介休市县级融媒体中心成立以来，《介休融媒》微信公众平台减少了以往对介休电视台新闻内容的依赖，采用了"图片＋文字"和"独家原创视频"的方式，但在文字内容上依然存在直接搬运的现象，内容的创新性不足，吸引力不足。因此，在生产方式和生产内容上的创新，应该是介休市县级融媒体中心今后很长一段时间内关注的重点。

首先应该采用"一次采集、多元生成、多端发布"的生产模式。随着融合深

① 朱春阳，曾培伦."单兵扩散"与"云端共联"：县级融媒体中心建设的基本路径比较分析[J].新闻与写作，2018（12）：25-31.
② 李彪.县级融媒体中心建设：发展模式、关键环节与路径选择[J].编辑之友，2019（3）：44-49.

度的加强,各种不同的传播平台被纳入县级融媒体的传播架构之中,在前期采制完成之后应该根据不同平台的不同特点,选择适当的方式,发布不同的内容。与报纸、电视等传统媒体相比,微信公众号等新媒体平台更具活力,用户阅读变得碎片化和快速化,在注意力成为稀缺资源的前提下,微信公众平台的内容呈现应该更多地考虑到用户的阅读习惯,采编人员应该对要发布的新闻稿件和政策文件进行深度加工,对其中的重点内容进行可视化呈现,既要通过新颖的标题吸引用户的眼球,也要通过合理的深度加工呈现出内容的重点。上述有关疫情防控的发布虽然获得了不错的阅读量,但由于文章内容"模式化"并未切实解决用户的疑问,反而增加了用户的理解难度。因此,在内容的选择和呈现上,不仅要让用户"喜欢看",更要让用户"看得懂"。其中"看得懂"是关键。

微信公众平台兼具视频、音频、图片和文字等多种表现形式,这就为内容的多样化呈现提供了便利。与文字相比,图片更具直观性,与图片相比,视频音频更具沉浸性,合理使用多种表现形式不仅能够吸引用户更能够打动用户,使用户自觉参与到新闻内容的讨论与传播之中。《介休融媒》微信公众平台1月14日发布的文章《@介休车主 介休上线一大波电子监控设备,为了你不被罚,我们也是拼了!》详细介绍了介休街头几种监控摄像头的作用以及避免违章的方式,吐槽式的口吻和详细的图文配合引发了用户的共鸣,不仅获得了1.4万的阅读量,还引发了读者对于交通规则和驾驶习惯的讨论。

会议新闻是各类媒体尝试创新的重点,《介休融媒》推送的会议新闻内容阅读量只有1000左右,面临阅读量过低、传播能力不足的问题。在进行会议新闻报道时,更应该充分调动新闻内容的呈现方式,提炼其中与用户生活息息相关的重点内容,将"枯燥"的数据生动化,将"高大"的内容"日常"化,兼顾会议新闻的严肃性和可读性。

3. 担当媒体责任,做到主动出击

长期以来,我国的县级媒体都处在"四级办报"的边缘地带,在发展资金和发展潜力上存在很多不足,随着互联网的不断发展,社交媒体采取下沉式发展的策略,进一步消解了县级媒体的影响力。和美国的社区报与民众的"强关系"相比,我国的县级媒体和覆盖范围的民众处于"弱关系"。

在中国共产党长期领导新闻工作的实践中,形成了政治家办报的原则,各级媒体在党委的领导下有序开展工作,习近平总书记提出建设县级融媒体,更是将县级媒体建设提升到了新的高度。十八大以来,习近平同志多次强调宣传工作的极端重要性,将意识形态工作视为"党的一项极端重要的工作"。[1]作为离受众最近的媒体,具有"靠近受众,扎根人民"的天然优势,能够在第一时间到达新闻事件发生的最中心,接触到新闻事件最核心的当事人。为了更好完成县级融媒体中心"打通宣传工作最后一公里"的任务,县级融媒体中心的采编人员应该改变以往"等新闻"的工作方式,学会主动出击,主动寻找新闻,承担起宣传战线的"守土之责"。

形形色色的新闻时时刻刻都在发生,基层媒体"却很难在社会舆论第一现场实现有效沟通,尤其是危机时刻常常游离于舆论发生的第一现场,回避诱发舆情的核心问题"。但"在'全世界在观看'的场景下,'引导群众',就需要在事件发生的第一时刻抵达现场,并在第一时间把真相传播出去,不给谣言、流言和谎言留出滋生危险的空间"[2]。

县级融媒体中心是城市形象传播载体,"真实地反映着一个地方的经济发展状况、发展潜力、地域特色、人文环境等。塑造良好地域形象可以为当地吸引优质资本落户,促进地域经济发展,提升群众的获得感、幸福感"[3]。在进行外宣工作时更需要对本地区的风土人群进行全方位的呈现,用真实的内容和及时的行动来塑造城市形象,避免对问题的刻意隐瞒。

最接近新闻现场和核心问题是县级媒体的优势,采编人员应该借助直播等先进技术利用并放大该优势,掌握在突发事件当中的话语权和主导权,扩大自身影响力,增强用户黏性。

七、结语

县级融媒体中心不仅是新闻信息的加工和发布中心,更是"县域层面社会沟通中心节点",承担着"引导群众,服务群众"和"打通宣传工作最后一公里"的重任,经过两年多时间的布局,县级融媒体中心建设走上正轨并逐渐探索出一套成熟的模式,但不可否认的是县级融媒体中心的建设是一项"一病一方"的定制工程,需要在已有模式的基础上不断探索完善适合自己的体制机制。总的来说就是要紧紧围绕社会主义媒介规范理论提出的要求,认清定位,守好

---

[1]　习近平在全国宣传思想工作会议上强调　胸怀大局把握大势着眼大事　努力把宣传思想工作做得更好　刘云山出席会议并讲话[EB/OL]. http://cpc. people. com. cn/n/2013/0821/c64094-22636876. html.

[2]　朱春阳. 县级融媒体中心建设:经验坐标、发展机遇与路径创新[J]. 新闻界,2018(9):21-27.

[3]　解玉升. 聚焦群众生产生活　立体传播服务百姓——县级融媒体中心服务群众理念探析[J]. 现代视听,2020(6):75-77.

舆论阵地,做好融合、创新、引导和服务工作。

参考文献

[1] 滕朋.社会治理、传播空间与县级融媒体中心建设路径[J].当代传播,2019(2):48-50.

[2] 郁澄椒,胡臻龙.海宁市传媒中心微信公众号改进策略研究[J].新闻文化建设,2020(11):138-139.

[3] 解玉升.聚焦群众生产生活 立体传播服务百姓——县级融媒体中心服务群众理念探析[J].现代视听,2020(6):75-77.

[4] 郭全中.县级融媒体中心建设的进展、难点与对策[J].新闻爱好者,2019(7):14-19.

[5] 马艳.从使用与满足理论看县级融媒体的建设路径——以"项城模式"为例[J].出版广角,2019(10):64-66.

[6] 李彪.县级融媒体中心建设:发展模式、关键环节与路径选择[J].编辑之友,2019(3):44-49.

[7] 杨明品.县级融媒体中心建设:现实与前瞻[J].新闻战线,2019(3):11-14.

[8] 谢新洲.县级融媒体中心建设的四梁八柱——融合、创新、引导、服务[J].新闻战线,2019(3):45-47.

[9] 贺程.媒介规范理论研究的内涵与意义[J].东南传播,2011(5):35-36.

[10] 朱春阳.县级融媒体中心建设:经验坐标、发展机遇与路径创新[J].新闻界,2018(9):21-27.

[11] 王晓伟.长兴模式:县级融媒体中心的建设探索[J].新闻与写作,2018(12):92-94.

[12] 朱春阳,曾培伦."单兵扩散"与"云端共联":县级融媒体中心建设的基本路径比较分析[J].新闻与写作,2018(12):25-31.

[13] 朱春阳.县级融媒体中心建设的任务、核心问题与未来方向[J].传媒评论,2018(10):9-12.

[14] 吴怀辉.布好"先手局"走活"一体棋"——柳州日报社以体制机制创新实施全媒体传播工程[J].中国报业,2021(7):54-55.

[15] 许颖.互动·整合·大融合——媒体融合的三个层次[J].国际新闻界,2006(7):32-36.

[16] 尹辉.当代大众传播视域下的我国意识形态安全研究[D].兰州:兰州大学,2015.

[17] 谢新洲,黄杨.我国县级融媒体建设的现状与问题[J].中国记者,2018(10):53-56.

[18] 陈国权,付莎莎.传播力建设的最后一公里——县级融媒体中心建设路径[J].新闻与写作,2018(11):24-27.

[19] 谢新洲,朱垚颖,宋琢谢.县级媒体融合的现状、路径与问题研究——基于全国问卷调查和四县融媒体中心实地调研[J].新闻记者,2019(3):56-71.

[20] 谭天.移动社交:构建县级媒体融合新平台[J].中国记者,2018(10):64-67.

加强县级融媒体中心深度融合，打造与社会主义现代化先行省相适合的新型主流媒体

浙江传媒学院　史　征

党的十八大以来,以习近平同志为核心的党中央高度重视媒体融合发展工作,习近平总书记亲自谋划、亲自指导、亲自推动,发表一系列重要讲话,作出一系列重大部署。县级融媒体中心建设是媒体融合发展的重要内容,也是习近平总书记非常关心的工作。2018年8月21日,习近平总书记在全国宣传思想工作会议上提出了"要扎实抓好县级融媒体中心建设,更好引导群众、服务群众"的要求,党的十九届五中全会通过的《中共中央关于制定国民经济和社会发展第十四个五年规划和二〇三五年远景目标的建议》也指出,要"推进媒体深度融合,实施全媒体传播工程,做强新型主流媒体,建强用好县级融媒体中心"。

我省县级融媒体中心建设起步早、标准高、有力度、有特色、影响大、成效好,走在全国前列,是我省践行"八八战略"、建设"重要窗口"的示范样本和争创社会主义现代化先行省的生力军。经过多年探索,县级融媒体中心建设的"长兴模式""安吉模式""青田模式"已成为全国县级融媒体中心的学习标杆,中宣部在我省召开了全国县级融媒体中心建设现场推进会;在2019和2020年度国家广电总局全国广电媒体融合先导单位、典型案例和成长项目评选中,我省长兴、青田、安吉等县级融媒体中心先后榜上有名;2020年全省实现了县级融媒体中心全覆盖,兰溪市融媒体中心等6家融媒体中心在全省县级融媒体中心建设考核评估中荣获省级示范单位称号。近年来,各地县级融媒体中心在新闻信息传播、政务服务改革、社会治理创新以及志愿服务、民生服务、疫情防控、复工复产、乡村振兴、脱贫攻坚等多方面都发挥了重要作用。

一、当前我省县级融媒体中心建设存在的主要问题

近年来,全省按照"充分整、深度融、新闻＋、政策扶"的思路加快建设县级

融媒体中心,但从全省各地情况分析,还存在着融合认识不一样、融合程度不一致、融合效果不同样的融合发展不平衡情况。根据加快媒体深度融合的总体要求、对标国内其他地方县级融媒体中心建设的发展态势,我省仍然有进一步改进和加强的空间。

1. 体制机制束缚导致融而不深

目前许多县级融媒体中心虽已挂牌,管理体制机制也做了重新的顶层设计,明确了县级融媒体中心的单位属性,配备了较强的领导班子,许多县级融媒体中心也在体制机制改革上努力探索创新,但传统的体制机制束缚仍然不少,与媒体深度融合发展的要求差距不小,县级融媒体中心内部也尚未从物理变化转向化学变化,还远未达到媒体融合"你就是我,我就是你"的境界。

2. 资源整合不全导致融而不广

县级融媒体中心建设需要把我们掌握的社会思想文化公共资源、社会治理大数据融入进来,并进行充分整合。因此,县级融媒体中心的融合发展,不仅仅是媒体机构、媒体平台、传播理念、传播方式、传播内容、人才队伍、传媒市场等传媒方面多维度的融合,也是对多种社会公共资源的高度融合。当下,我省许多县级融媒体中心的融合重心更多置于将报刊、电视频道、广播频率、手机客户端、政府网、微信公众号、微博、抖音号等媒体资源的融合,着力于新媒体矩阵建设,但如何将政务资源、社会治理、公共服务、商务资源等多种社会公共资源进行融合,在"新闻+政务+民生+服务"的新模式方面探索进行创新的办法不多,成效也尚不够明显。

3. 自主平台缺失导致融而不强

经过技术创新和流程再造后,我省多数县级融媒体中心的新闻内容、传播形式、传播渠道有较大变化,有些新闻信息通过第三方平台传播进行裂变式传播后,取得了一定的传播效果。但随之产生了过多依赖于第三方商业化平台、热衷于关注全网点击率等指标、忽视县级融媒体中心自主平台建设等问题。当前,很多县级融媒体中心的自主平台影响不大、使用不多、关注更少,往往陷入"有爆款、没用户,有流量但没有好平台"的困局中。对于县级融媒体中心而言,如果没有自主平台,就没有了联系广大人民群众的稳固渠道,既不能够为党和政府服务,自身又失去了生存和发展的资源。

4. 技术迭代加速导致融而不新

我省县级融媒体中心在建设期间,各级财政均给予有力度的支持,甚至在有些地方,还有特殊的专项支持政策,许多县级融媒体中心在软硬件条件上均有了明显提升，建成了集策采编发评一体化的"中央厨房"，"大屏"已成为标配，媒体技术方面在挂牌之初均已达到了先进性。但县级融媒体中心对运营的技术要求很高，且融合传播技术迭代快，后续需要有大量资金作支撑，一些县级融媒体中心接下去会因其本身造血功能不足而面临技术更新之痛。

5. 人员素质欠佳导致融而不强

人才队伍是提升县级融媒体中心建设水平的主要瓶颈。一方面，原有的县级融媒体中心的人员在互联网思维、媒体新技术和产业运营等方面都存在知识、能力不足的问题，同时现有的人才由于受编制、待遇、职业发展等多种因素影响也时常有流失；另一方面，部分融媒体中心由于受地域生活环境的限制，从外地引入高层次人才尤其是优秀全媒体记者、高端技术人才和产业经营人才仍有很多困难。

二、进一步加强我省县级融媒体中心建设的对策建议

我省县级融媒体中心建设要继续在全国彰显特色、保持领跑，真正发挥出县级融媒体中心主流舆论阵地、综合服务平台和社区信息枢纽的功能，牢固筑强由中央、省、市、县主流媒体组成的全媒体传播体系中最基层媒体能力，稳步构建县域主流舆论新格局，还需要我们秉持更大的决心，付出更多的努力。

1. 强化组织领导

要认真学习、深刻领会习总书记关于媒体融合的重要讲话精神，认真贯彻落实中共中央办公厅、国务院办公厅《关于加快推进媒体深度融合发展的意见》，进一步加强党的领导，把推进媒体深度融合发展作为各地和相关部门、单位落实意识形态工作责任制的重要内容。一是省、市、县各级党委和政府进一步加强政策支持，形成支持县级融媒体中心深度融合发展的政策保障体系。二是省委宣传部、省广电局每年开展全省县级融媒体中心建设成果评审，设立省级县级融媒体中心建设专项奖项，表彰取得显著成效的县级融媒体中心、融合业务项目和相关工作人员，面向全国积极推广县级融媒体中心建设的浙江先进经验和成功案例，全面展示县级融媒体中心建设的"浙江样板"。三是成立全省县级融媒体中心建设专家小组，发挥好国家广电总局媒体融合发展专家库中省内专家（省内仅有 3 名）的作用，组织专家深入基层一线开展县级融媒体中心建设专题应用研究和专业咨询指导。

2. 坚定责任担当

县级融媒体中心一要进一步提高加强县级融媒体中心建设的思想认识，

主动担负起打造新型主流媒体,构建主流舆论格局,建立全媒体传播体系三个任务,不断增强县级融媒体中心的传播力、影响力、公信力和引导力。二要按照"全媒为本、导向为先、内容为王、技术为要、改革为重、人才为宝"原则,科学编制好各个县级融媒体中心"十四五"发展规划或三年行动计划,深化县级融媒体中心的改革方案,做到系统性攻坚克难。

3. 改革体制创活

一是加快县级融媒体中心的体制机制改革,鼓励县级融媒体中心根据自身情况在管理体制、创新机制、协同机制、激励机制、薪酬机制、经营机制等方面因地制宜进行改革创新,探索出与新使命相匹配的新机制。二要加强与当地党委、政府的对接,做到主动服务,优质服务,在"新闻＋政务＋民生＋服务"上再下功夫,在县域公共服务和社会治理领域为国家治理体系和治理能力现代化提供新的路径和模式。

4. 坚持内容创优

一要进一步做强新闻主业,坚持正确政治方向、舆论导向、价值取向,形成多类型传播新矩阵,实现新闻浏览、专题发布、网络直播、问政爆料、政务服务、新时代文明实践等各类信息更有效传播。二是再造策采编评业务流程,通过每日晨会、"项目化"采集、新媒体平台首发、差异化多次编辑、内外宣联动等制度,进一步优化生产流程。三要强化互联网思维,以用户需求为导向,重构内容生产方式、创新内容表达方式,创作出满足用户需求的各类优秀作品。四是加强"天目云""中国蓝云"的平台支持作用,密切县级融媒体中心与省、市融媒体平台的对接,做到互联互通,加强浙江日报、浙江广电等省级媒体和市级媒体对县级融媒体中心的业务指导。五是坚持内宣、外宣、网宣三宣统一,内宣依托新媒体、报纸、广播、电视发布,外宣对接中央、省、市主流媒体积极上送,网宣通过自有平台及第三方平台等渠道发布,传播好浙江各县的好声音。

5. 狠抓队伍创强

一要加强选人用人机制改革,通过外引内培,提高队伍素质,通过调整内设机构、鼓励团队合作、扶持创新创业等方式实施正向激励,激发各类人才的创新与引领作用。二是制定出台新的考核方案和绩效评价办法,坚持"按绩取酬"分配原则,推出项目制、轮值制、内部创业孵化制等激励机制,经营创收与宣传业绩和绩效考核紧密联动,调动全体员工的工作热情。三是加强与浙江大学、浙江传媒学院等省内高校合作,针对县级融媒体中心不同岗位开展多种形式的人员培训工作。

6．推进技术创新

一要坚持移动优先，强化传统媒体渠道与移动渠道的互通和联动，深化资源、平台、流程、产品的多种融合。二是抓住5G、AI、区块链、云计算、大数据、超高清、AR/VR和数字化媒体融合的机遇，实现传播范式的转型。三是构建系统性的媒体融合技术战略，除了已有的"5G＋4K/8K＋AI"系统性探索之外，积极向"智媒体＋智慧政务＋智慧大脑运营""三智化"生态系统深度延伸。四是着力建设好县级融媒体中心的本地化客户端、微信公众号等自有平台和多种技术平台，同时强化社群信息服务，入驻基层网格社群，把"新闻＋政务＋服务＋商务"延伸到千家万户。

7．拓展产业创效

县级融媒体中心要积极探索融媒产业化运营新路径，探索适合自身发展的商业模式，推进融媒事业与传媒产业"一体两翼"发展架构，更好地反哺主业。一要充分发挥人才和平台优势，争取政府性资源依法合规向县级融媒体中心倾斜，形成宣传业务和运营业务相辅相成的模式，采取部门人员高效配置、产业经营目标导向、绩效考核联动挂钩等创新举措，形成事业促进产业、产业反哺事业的良性局面。二要尝试通过拓展业态来提升服务能力，在互联网信息服务、智慧广电、数字经济、文化产业、直播带货、MCN机构、乡村振兴、精准扶贫等方面重点布局，提高经营创收能力。

短视频在主题报道中的应用探索

——以宁海传媒集团《艺术振兴乡村报道》为例

宁海传媒集团　杨思敏　周震霄　蔡圣洁

随着网络技术的发展、移动终端的普及和流量资费的降低,短视频受到了各大平台的追捧,也因此,一系列短视频作品在传播的方式上做出了新的突破。而主题报道需要的是更加高效便捷的方式,传统媒体定时定点定量的播出方式已经很难适应新的传播理念,观众获知的渠道也日益增加,正因如此,主题新闻报道也逐步进入了快时代。从目前相对固定的播出形式到现在随时随地能点击,短视频为主题新闻报道在形式上和传播方式上带来了新的方向。本文旨在研究短视频在新闻主题报道中的实践案例,分析短视频在主题新闻报道中的发展应用,探索短视频在未来的发展空间,如何将短视频优势发挥到极致。

一、短视频在主题新闻报道中应用现状和优势

随着移动互联网及 4G 技术的快速发展,短视频以其短、平、快等传播优势创新了信息传输的新方式,正成为互联网时下发展的火热风口。随着短视频多元垂直化的发展,新闻短视频作为新闻报道的新方式迎来了发展契机。而新闻报道中的主题报道更需要借助短视频的优势来让主题宣传报道飞入寻常百姓家。短短几年时间,短视频网站大量崛起,出现了抖音等客户端,创造了时代的新奇迹。比如,央视新闻推出了《一桥飞架粤港澳》微专栏,以电子杂志的形式集纳了港珠澳大桥正式开通期间所进行的视频图文直播等报道;建军 90 周年之际,央视新闻制作推出的《铁血铸军魂》,分《铸魂》《砺剑》《红色记忆》三大版块,创新了视频发布形式,短视频在主题报道中发挥着越来越重要的作用。

二、宁海传媒集团在重大主题报道中短视频的应用探索

主题报道是县级新闻宣传中的重点,如何借助风口的短视频,来做好主题宣传,是县级融媒中心融合发展必须探索的一条路径。艺术振兴乡村是宁海在推进乡村振兴中的一大亮点工作,也是主题报道中的重要之义,如何利用短视频的优势做好这一主题报道,宁海传媒集团做了一些探索。宁海县大佳何镇从 2019 年 4 月在葛家村开始探索"艺术振兴乡村"模式,围绕"财富友好赋能"的乡村建设理念,赋能村民就地取材,挖掘乡愁元素,融合文旅产业发展,令村庄环境更具艺术底蕴,赋能村民成为本土"乡建艺人"。针对如此重大主题的报道,短视频的作用尤为突出。宁海传媒集团围绕短视频如何在这一重大主题报道中发挥作用,进行了一些实践和探索,取得了一些成效。

（一）在时间上做减法:简表达

重大主题活动期间,短视频时代,要想更容易映入受众眼帘,首先就要在时间长度上做出缩减。如:"大艺术＋"系列的开播,大幅缩减了艺术振兴乡村全程的播出时间,浓缩精华,得到了网友一致好评。在石门村的改造中,人物吴立行教授专访用新的形式呈现。以往的传统报道,需要借助演播室的环节,程序相对繁琐,但是在短视频的应用中,实时性的效果就有体现。在场景选择上,摒弃了以往豪华的布置,改用了乡村的实地背景,节省了时间;主持人服化时间减少;在观众的选择上,不必特意邀请谁,也没有彩排,接地气,更省去不少人力时间;播出时间的缩短也更有助于注意力集中,将精彩呈现得恰到好处。

（二）在创意上做加法:乐表达

新闻作品的水准很大一部分是由创意决定,在艺术振兴乡村系列报道中,也是用了新的表达方式,视频特效上,有生动的表达形式,相比于传统更加灵活。《了不起的艺术＋|陈炯:我来这里不是栽花种草做装修》的新媒体类访谈节目,由"看宁海"APP 平台播发,获得了 1 万以上的阅读量及得到了许多网友的互动反响。这档节目的背景是在宁海县前童镇大郑村的大樟树下,中国人民大学艺术学院"艺乡建"团队的陈炯教授带领 3 名研究生,和村民一起将原本村容村貌比较普通平常的大郑村,装扮得艺术味十足。用艺术来振兴乡村,带来的不仅是环境美,更进一步激发了党员干部、村民共同参与村庄发展的内生动力。用艺术来振兴乡村,更要激活村庄产业振兴,让老百姓富起来。而《了不起的艺术＋|陈炯:我来这里不是栽花种草做装修》这档访谈类节目,以"大樟树下话艺术"的活动作为由头,以主持人的视角为切入点,引出这样一

个主持人与嘉宾行进式的访谈节目。用这种访谈方式,可以打破以往访谈节目的"静止性",而是让主持人和嘉宾走动起来,互动起来。节目将这位陈炯教授和他的乡建团队,用艺术来打造建设大郑村,如何激发当地村民建设自己家乡的内生动力等多个故事,展现得生动易懂。这种边访谈边行进的访谈模式,可以更好地触景说事,也能够让受众更直观地看到访谈中的内容,这也是眼下新媒体短视频里常用的一种制作手法。作品用小切口表现时代大主题,不仅网友点赞,"自来水"式地转发,而且获得了外媒的阅评表扬。

(三)在互动上做乘法:畅表达

受题材限制,一些重大主题活动的现场报道形式非常严肃,从以往的经验看,基调严肃容易让观众失去阅读的耐性,然而短视频的新闻贴近民生,方便互动,更易于公众消化引发兴趣。《"功夫大侠"的生意经 涨坑村"武林小铺"集体开张》,将平常严肃的题材轻松表达,并且开设了网友的留言,让一个硬新闻变得柔软。

(四)在内容上做除法:轻表达

重大主题活动报道政策性都比较强,表述严格,要求多,让人感觉生硬难"消化",在对童衍方的采访中,抛开了平铺直叙的方式,开头用比较有视觉震撼力的镜头引人入胜,配上活泼的音乐。一改传统人物篇的风格,"看宁海"客户端将报道厚重的题材简单化,更加凸显新媒体的优势。所有作品都力争除繁为简,从而吸引更多受众群体。

汲取以上经验后,《宁海新闻》开设了"艺术振兴乡村"的专栏,拍摄内容上更为精简,拍摄方法上更为灵活,拍摄设备上更为多样,充分凸显短视频的优势。笔者亲身参与了涨坑村的报道。之前的教授进村,我们也采用了新的方式对新闻进行报道。在设备上,我们采用了相机+手机的形式进行报道,由于现场消失得比较快,如果采用大型摄像机,等到调试完,很多画面会错失。因此我们采用了新设备进行拍摄。在内容上,不同于以往的电视新闻,我们挑选了现场感强的画面,贯穿整个片子,并减少了配音部分,用大量同期声+采访的形式,来取代传统的报道。既缩短时间又把最精彩的部分呈现。在播出上,由于前期的流程加快,新闻基本能实现即时播出,也就是短视频优势的体现。时效性的提升很明显。

三、短视频在未来的主题报道中如何进一步发挥作用

短视频的出现和发展,促进了媒体走进大众日常生活,也必将引发视频产

业的更大变革,在大洪流中,短视频仍然需要不断革新理念来增强竞争力,以求在变革中立于不败之地。尽管宁海传媒集团在艺术振兴乡村中充分探索运用了短视频这一形式,但短视频已成为新闻报道的载体,如何进一步发挥短视频在重大主题报道中的作用,需要不断地探索和思考。

（一）具有创新性

媒体人要保持创新理念。例如西悉尼大学的短视频宣传片,讲述了培养一个难民学生成为社会栋梁的故事,全片只有 1 分 29 秒,应用了文字＋画面的形式,言简意赅,从宣传片的角度是一大创新。比起以往天花乱坠广告形式的宣传片,该片更具吸引力。

（二）增强针对性

通过不同的传播平台进行,需要深入研究相关平台的特点,包括定位、受众、风格、对题材的不同要求等因素。针对不同的传播对象发布内容。如西悉尼大学的宣传片尽管不是拍摄于近期,但是其短小精悍很适合大小平台的同步传播。

（三）注重故事性

故事巧妙设置切入点、设计悬念、矛盾冲突、突出情感性。很多优质的短视频通过小切口,展示大背景、大主题。西悉尼大学的宣传片故事情节最吸引人。通过主人公邓曲折离奇的经历,校方的栽培,离校以后学生收获的成绩,衬托出学校的人性关爱和教育有方。

随着融合传播技术的广泛应用,全媒体正在不断发展,以全程媒体、全息媒体、全员媒体、全效媒体为代表的整合媒介信息模式,已经成为时代的主流。推陈出新是当下媒体融合创新的一个重要途径,不仅体现在媒体融合报道意识形态的转变,也体现在产品在形式等方面的革故鼎新。在人工智能等新技术的支持下,媒体融合从当初简单的相加逐步转换成相融,朝着更精细化的方向发展。再例如,由于碎片化娱乐需求的增多,抖音等平台符合时代发展的潮流,成为受众喜闻乐见的平台。以抖音为榜样,网络短视频平台能实现良性发展,不止在娱乐领域,在生活、教育、工作、商业、销售、农业、科技等其他领域中也得到更加广泛的应用,是人们日常的百科全书,涵盖了搜索引擎的功能。它也是国内视频发布平台的一个标杆。主流媒体,尤其是县级台也应该逐渐完善其下短视频的功能性,不仅应用于新闻,还要拓展到更广泛的领域,制造出群众喜闻乐见的内容,只有这样网络短视频平台才能走得更远。

媒体融合背景下对口支援项目的可行性研究
——以乌兰县莫河骆驼场宣传推介项目为例

湖州市新闻传媒中心　黄　珺　陆　立

2010年6月,浙江省湖州市正式开展对口支援青海省海西州乌兰县工作。11年来,浙江援青乌兰工作组以党和国家的援青政策为引领,坚持在资金、项目、人才、产业、智力等多方面开展对口援青工作,积极促进乌兰与湖州等沿海地区的交往、交流、交融,为乌兰县经济社会高质量发展作出了重要贡献。根据浙江省"十四五"援青规划,2021年浙江援青乌兰工作组启动了乌兰县莫河骆驼场宣传推介项目;湖州市新闻传媒中心积极发挥媒体融合优势,参与了项目的可行性研究与对口支援服务。

一、项目背景

（一）服务对象

莫河骆驼场,位于青海省海西蒙古族藏族自治州乌兰县茶卡镇,是青海省柴达木农垦集团有限公司下属的一家国营农场。40多万亩的戈壁草场上,饲

今昆仑山脉掩映下的莫河骆驼场

近千峰骆驼放养在戈壁荒滩上

建于20世纪80年代的驼场职工宿舍

荒弃的土坯房未来将被改造成民宿

养着近千峰柴达木双峰骆驼以及茶卡羊等牲畜;场区里保留了许多有年岁的建筑,如剧院礼堂、公社食堂、窑洞和土坯房等。

(二)发展脉络

在莫河骆驼场的历史遗存背后,隐藏了一段尘封近 70 年的红色记忆。

1951 年西藏和平解放,毛主席指示"进军西藏,不吃地方",部队到达西藏后,仍由中央保障供应,不增加西藏的负担。中共西北西藏工委在甘肃、宁夏等地购买骆驼、招募驼工,成立西藏工委驼运总队,范明任司令员、慕生忠任政委,这就是莫河骆驼场的前身。同年,西藏工委驼运总队运送 400 万斤粮食及军需物资进藏,与第十八军会师拉萨并完成探路任务。1952 年 1 月,西藏工委驼运总队护送十世班禅返藏,为祖国统一和民族团结作出了巨大贡献。

1953 年西北军政委员会成立西藏运输总队,在运粮援藏的同时开展青藏公路修筑前的线路勘查工作。1954 年 5 月,在慕生忠将军带领下,西藏运输总队 1200 余名驼工历时七个月零四天终于贯通了青藏公路,这条世界上海拔最高、线路最长的柏油公路被誉为西藏的"生命线"与"天路"。

1955 年 2 月,西藏运输总队撤销,同年转制为国营青海省柴达木骆驼场,场部设在都兰,后迁至莫河。1955 年至 1959 年,在柴达木盆地组建了 100 多个勘探队和上万名勘探人员,顺利完成地质勘探评价,为祖国的聚宝盆——柴达木盆地的大规模开发建设立下汗马功劳。1958 年至 1960 年,驼场招工增人、屯垦开荒,开荒 91824 亩,耕地 10.48 万亩,变大漠荒滩为高原绿洲。

1979 年,国营青海省柴达木骆驼场移交海西州,更名为地方国营青海省海西州骆驼场。1986 年,海西州政府划拨给莫河骆驼场 25 平方公里盐湖进行大青盐开采(有效期至 2016 年 5 月 13 日)。时至今日,莫河骆驼场已逐渐发展成为以畜牧业、农业、盐业三大产业为主体、多种经营的国有农牧场。近年来,莫河骆驼场的生产经营一度出现困难,企业人员减少、资源闲置,还有很大的负债压力。

2018 年的一次旧屋抢修,让驼场发现了大量封存已久的原始文档资料。这些宝贵的资料,为老驼工们口口相传的激情岁月提供了最好的历史注脚。也是在此基础上,驼场改造出专门的历史陈列馆,并联系文保部门对这批文档资料进行文物鉴定。2020 年莫河骆驼场历史陈列馆被评选为青海省爱国主义教育基地,其展馆是由莫河骆驼场上世纪 60 年代的老会议室改造而成,160平方米的空间内共展出相关历史文献 223 份、实物 383 件,其中被评定为国家一级文物的有 3 件,国家二级文物有 6 件。

2020 年 12 月,在浙江援青乌兰工作组的协调下,湖州市新闻传媒中心与

1951年慕生忠率领独立
支队进入拉萨

新中国第一面扛进拉萨的
五星红旗（现藏于驼场）

西藏运输总队头驼
驼铃（现藏于驼场）

1954年 陈毅率中央
慰问团途经莫河驼场

1958年习仲勋慰问驻路驼工

1956年彭德怀看望驻路驼工

乌兰县政府达成莫河骆驼场文旅项目宣传推广暨"重走驼工路"新闻行动合作协议,引入各级媒体资源,帮助莫河骆驼场发展蝶变。

（三）项目实施目的

项目致力于深化浙青合作、推动落实"十四五"援青规划,以乌兰县莫河骆驼场爱国主义教育基地项目为抓手,挖掘驼场对西藏和平解放、民族团结、青藏公路建设、柴达木盆地开发等作出的卓著贡献,展现新时代乌兰经济社会发展与浙江（湖州）对口援青工作成效,讲好红色故事、赓续红色基因,宣传好骆驼产业、助力乡村振兴,传承好驼队精神、献礼建党百年,打造在青藏高原具有重要影响力的爱国主义教育基地。

二、可行性分析

目前,莫河骆驼场历史陈列馆已成功创建乌兰县、海西州和青海省爱国主义教育基地。下一步,驼场还将争创全国爱国主义教育示范基地和全国党员教育培训示范基地。本项目在充分调研的基础上利用SWOT模型加以分析,做到抓住重点、发挥强项、补齐短板、防控风险,从而把握趋势大局,明晰战略思路,凝聚智慧力量。

（一）优势（Strengths）

1. 红色资源丰富厚重

莫河骆驼场的前身西藏工委驼运总队、西藏运输总队,是"老西藏精神""两路精神"的缔造者。到地方转制后,一代代驼场人发扬垦荒精神,凝聚起柴达木精神的根与魂。七十年风雨兼程,红色是这片高原热土上永不褪变的底色。

2. 前期宣传取得成效

2020年6月中央广播电视总台中文国际频道《国家记忆》栏目推出五集纪录片《进藏驼队》。该电视文献专题片首次深度、全面挖掘了新中国成立初期青海驼队不为人知的历史,讲述了驼队完成秘密护送十世班禅返藏、火速驰援拉萨、修建青藏公路等任务。节目播出后,从酷云收集的数据来看其收视率高居全国第二,央视频首日播放量达35万。

3. 浙江援青对口帮扶

根据浙江省"十四五"援青规划,浙江援青乌兰工作组从各方面对莫河骆驼场加以配套扶持。(1)吸纳社会资本:2020年7月第二十一届"青洽会"上,在浙江援青乌兰工作组的牵线下,乌兰县政府同湖州和家兴旅游发展有限公司就莫河骆驼场民宿发展项目达成合作;2021年4月,项目一期民宿改造工程开始动工。(2)做好产业规划:2020年11月,莫干山美丽乡村学院和杭州国美设计研究院合作组成设计团队,与乌兰县政府达成设计民宿产业发展规划协议并进行了初次评审;2021年4月,乌兰县"十四五"全域民宿度假产业规划评审会通过了《乌兰县"十四五"民宿产业规划》(征求意见稿)。

（二）劣势（Weaknesses）

1. 战略导向不清晰

2019年莫河骆驼场被列入国家农村产业融合发展示范园创建名单,定位于"青海红色主题骆驼文化产业园"。但对于打造爱国主义教育基地与发展红色文旅产业,驼场方面一直没有做出顶层设计和战略规划,福牛科技示范养殖基地与千峰骆驼园两大项目也在盲目投产后草草收兵、错失了发展时机。

2. 价值挖掘不深入

莫河骆驼场走过近七十载艰苦辉煌,但长期以来,这段历史并没有得到系

159

统地搜集整理,相关档案史料也尘封于暗室,对驼队精神的归纳、提炼和阐释还远远不够,这些都造成了红色资源的潜在浪费。

3. 缺少有影响力的文化产品

目前莫河骆驼场主场馆陈列展品数量仍然有限,展品背后的故事内涵比较单一。大礼堂等特色建筑的文化功能没有被充分开发,现有的重温入党誓词、重走驼工路体验活动也比较形式化。另外驼场也没有专门为青少年群体设计的爱国主义教育体验内容,缺少影响力强的品牌文化活动。

4. 缺少广泛持续的宣传造势

五集电视文献专题片《进藏驼队》通过传统电视平台发布,缺少互联网传播的影响力优势。播出节点集中在 2020 年 6 月,此后宣传热度迅速减退。而且该节目内容侧重于历史资料的盘点回顾,讲述了莫河骆驼场的前世故事,但对驼队精神的继承和发扬、新时代乌兰经济社会的高质量发展、东西部合作与西部大开发的广阔蓝图等都没有涉及和体现,忽略了莫河骆驼场的今生故事和未来远景。

(三)机遇(Opportunities)

1. 建党百年历史机遇

2021 年 3 月,中宣部印发了《关于在中国共产党成立 100 周年庆祝活动中突出发挥爱国主义教育基地作用的通知》,要求各地区各部门高度重视、加强领导,开展党史学习教育,充分发挥爱国主义教育基地作用,大力营造庆祝中国共产党成立 100 周年浓厚社会氛围。这为莫河骆驼场提供了前所未有的发展机遇和大有作为的广阔舞台。

2. 精品线路已见雏形

青海作为西部高原省份,拥有全国独一无二的高原红色旅游资源,目前全省共有红色旅游经典景区 7 个,红色资源点 60 余处。2021 年青海省文化和旅游厅发布了青海省 10 大红色旅游景点,莫河骆驼场历史陈列馆赫然在列;同时发布的青海省红色旅游精品线路,也推出了"走进海西红色天路体验线路"(6 日行程)。这一"战略联盟"的打造,为整合现有红色资源、抱团发展红色文旅产业开了先河,将形成更为强大的品牌效应和规模优势。

3. 品牌形象拓展通路

作为对口支援的兄弟城市,浙江省湖州市现有全国爱国主义教育示范基地 1 个(新四军苏浙军区纪念馆),"建党百年红色旅游百条精品线路"2 条

("水乡抗战·红色浙江"精品线路,"两山理念·振兴之路"精品线路)。同时在地域品牌打造上,"在湖州看见美丽中国"已经成为具有国际影响力的金名片。这些经验的总结和资源的积累,都为莫河骆驼场打造在青藏高原具有重要影响力的爱国主义教育基地拓展了通路。

(四)风险(Threats)

1. 潜在竞争对手实力强劲

截至目前,中宣部先后向社会公布了6批全国爱国主义教育示范基地,总数达到473个,基本覆盖了从中国共产党成立到解放战争胜利各个历史时期的重大历史事件、重要人物和重要革命纪念地,其中青海省有5个。虽然这5个全国爱国主义教育示范基地,和继承"两路"精神、柴达木精神等红色基因的莫河骆驼场没有直接关联,但在候选的第二梯队中依然不乏强有力的竞争者。如格尔木将军楼,早在2012年就被评为青海省省级国防教育基地和省级爱国主义教育基地,2020年被共青团青海省委命名为第一批青海省青少年爱国主义教育基地。

2. 头部媒体资源相对紧缺

2021年中国共产党迎来百年华诞,全国各大媒体尤其是主流媒体都争相做好建党百年的主题宣传。而处于头部的主流媒体,因为拥有更多受众和更广泛的传播渠道,就会成为建党百年主题宣传的核心阵地。受这种供需关系的影响,头部媒体对地方红色资源的宣传报道,虽然总量增加了,但个体比重会有所下降,甚至在一些重要节点会出现头部资源的相对紧缺。

(五)机会—优势组合战略(S-O Strategy)

当内部优势与外部机遇相一致时,就会产生"杠杆效应"。这种情形下,项目应把握时机,利用自身内部优势撬起外部机遇,使机遇与优势充分结合、发挥成效。

1. 乘势推进相关项目

2021年是回首百年路、开启新征程的奋进之年。要充分利用红色资源,弘扬传承红色基因,讲好中国故事,讲好中国共产党故事,讲好新时代中国特色社会主义故事,将莫河骆驼场打造成为在青藏高原具有重要影响力的爱国主义教育基地。

2. 充分用好红色资源

学习贯彻中宣部《关于在中国共产党成立100周年庆祝活动中突出发挥

爱国主义教育基地作用的通知》精神，要不断增强驼场文化活动的仪式感、参与感、现代感，积极拓展爱国主义教育基地的辐射力和影响力，通过组织引导干部群众参观学习、设计精品党课、组织媒体采风，主动对接庆祝活动安排，广泛开展交流合作。

（六）机会—劣势组合战略（W-O Strategy）

当环境提供的机会与项目内部资源优势不相适合，项目的优势再大也将得不到发挥。在这种情形下，项目就需要提供和追加某种资源，以促进内部资源劣势向优势方面转化，从而迎合或适应外部机遇。

1. 构筑精神高地

要利用好莫河骆驼场的红色资源，首先要加大对驼队精神的归纳、提炼和阐释，用崇高的精神凝聚人，用感人的故事鼓舞人，用优秀的作品影响人，建立起爱国主义教育基地应有的精神高地。

驼队精神	
细分	内涵
老西藏精神	特别能吃苦、特别能战斗、特别能忍耐、特别能团结、特别能奉献。
"两路"精神	一不怕苦、二不怕死、顽强拼搏、甘当路石、军民一家、民族团结。
柴达木精神	艰苦创业、无私奉献、勇于创新、团结奋斗、科学务实。
脱贫攻坚精神 对口支援精神 ……	上下同心、尽锐出战、精准务实、开拓创新、攻坚克难、不负人民。 ……

2. 注重宣传实效

学习对口兄弟城市在地域品牌打造上的先进经验，利用好相关援青资源，宣传推介好莫河骆驼场，宣传工作要出实效，体现在：（1）提质。新闻报道要上头部媒体的优质平台。（2）扩面。充分发挥主流媒体阵营与新媒体矩阵的作用，在重要节点上形成广泛的传播效应。（3）可持续。不能小打小闹、一哄而散，要把握宣传节奏和密度，有计划地做好全年的主题引导、渠道分发、话题制造，营造形态多样、层层推进的宣传态势。

（七）风险—优势组合战略（S-T Strategy）

当环境状况对项目优势构成一定风险时，优势得不到充分发挥，出现优势不优的脆弱局面。在这种情形下,项目必须克服风险,最大程度地发挥优势。

1. 发挥比较优势

在争创全国爱国主义教育示范基地的候补梯队中,莫河骆驼场虽然面临强劲的竞争对手,但其自身也具有得天独厚的比较优势:(1)精神层次丰富。驼队精神具有深厚的红色底蕴,其内涵极为丰富,既包括老西藏精神、"两路"精神,还体现了柴达木精神、新青海精神,甚至体现了脱贫攻坚精神、对口支援精神等新的时代内涵。(2)情感积淀深厚。莫河骆驼场现有两位进藏老驼工健在,虽至耄耋之年依然思路清晰、精神矍铄,这为红色历史的抢救性保护创造了条件。同时慕生忠将军、张子林副总队长的后人也对莫河骆驼场寄托了深厚的感情,捐赠了大量先辈物品和个人收藏。

2. 抢抓战略机遇

2020年12月湖州市新闻传媒中心与乌兰县政府达成莫河骆驼场文旅项目宣传推广暨"重走驼工路"新闻行动合作协议,引入各级媒体资源,目前参与合作的新闻单位包括:新华社、人民日报、中央广播电视总台、浙江广播电视集团等。同时,中共中央党校(国家行政学院)、国家档案局、中国社会科学院、中央党史文献研究院、中华人民共和国国史学会及北京大学等高校提供智力支持。

(八)风险—劣势组合战略(W-T Strategy)

当项目内部劣势与外部风险相遇时,项目就面临着严峻挑战,必须加以正确处理。

1. 宣传是第一要务

在《进藏驼队》播出后,莫河骆驼场迎来了青海省内一批批前来参访学习的观光团,事实证明,酒香也怕巷子深,好的宣传可以让红色资源发光发亮。逆水行舟不进则退,在全国上下争相做好建党百年主题宣传的时候,必须抢占宣传资源、发挥宣传优势、积蓄宣传力量。

2. 文化是最强竞争力

莫河骆驼场对红色资源的保护利用仍然存在短板,缺少有影响力的文化产品,必须深入挖掘驼队精神的红色底蕴,不断增强骆驼场文化活动的仪式感、参与感、现代感,打造有竞争力的红色文旅品牌。

三、实施建议

本项目围绕"中央要求、浙江优势、海西所需",以打造在青藏高原具有重要影响力的爱国主义教育基地为抓手,教育引导广大党员干部永葆初心、永担使命,推动东西部地区经济社会协同发展。利用媒体融合的强大优势,湖州市新闻传媒中心积极参与项目筹划建设,为浙江援青工作提供宣传资源与智力支持。

(一)服务内容

在可行性分析的基础上,以党史学习教育为引领,立足乌兰独有的红色资源优势与生态资源禀赋,引入国家级宣传人才团队与优质媒体资源,具体做好以下三大内容。

1. 纪录片

引入国家级纪录片摄制团队,创作电视纪录片一部。影片分3～5集,每集25～45分钟,需采用4K超高清数码格式采录,摄制完成后在国家主流媒体播出,并授权互联网新媒体对纪录片相关视频进行二次推广。

2. 融媒体新闻行动

邀请组织中央与省级媒体赴莫河骆驼场采风,组成融媒体新闻采访团,围绕莫河骆驼场红色文化与乌兰县骆驼产业做好宣传报道,以国家主流媒体为重点传播阵地,同时发挥互联网媒体矩阵的作用,形成立体、联动、精准的有效传播。

3. 精品党课

结合党史学习教育,为莫河骆驼场设计一堂实景体验式党课,并录制成影像资料。所有课程由来自国家部委、中共中央党校(国家行政学院)、中华人民共和国国史学会、中央档案馆、中央党史和文献研究院及国内高校的专家学者进行讲授,力求权威专业。

(二)预期效果

1. 政治意义重大

习近平同志指出:要把红色资源作为坚定理想信念、加强党性修养的生动教材。做好对莫河骆驼场红色资源的宣传推介工作,就是在民族复兴伟业进入爬坡过坎的关键阶段,增强"四个意识"、坚定"四个自信"、做到"两个维护",做好较长时间应对外部环境变化的思想准备和工作准备;在坚持走中国特色解决民族问题正确道路、维护各民族大团结、筑牢中华民族共同体意识等重大问题上不断提高思想认识和工作水平;在阐释"中国共产党为什么能、马克思主义为什么行、中国特色社会主义为什么好"的问题上讲好中国故事、传播好中国声音。

2. 宣传价值突出

2019年12月湖州市新闻传媒中心成立,翻开了湖州融媒体改革的新篇章。在推进媒体融合过程中,中心立志于打破原来地市级媒体"夹心饼干"的局限,借助外部资源、发挥融合优势、加快融合发展。在服务本项目过程中,中心组建专业融媒体创新团队,依托中央、省级媒体的业务资源,着力于重大项目策划与融媒体新闻行动的创新实践,打造央地合作、协同发展的媒体融合新格局,从而生产出优质高效的全媒体内容,提升了主流媒体的引导力和影响力。

3. 品牌效应显著

目前,自驾游已成为西部旅游的热门方式。在天堑变通途后,谁能抢占西部地区旅游中心城市的"C位",谁就能夺得先机。而以莫河骆驼场与茶卡盐湖景区"双核驱动",将成为乌兰县争夺西部旅游城市"领头羊"的有力保障。因此通过战略规划和文旅开发,莫河骆驼场可以发挥三大品牌优势,即:(1)高原红色文化样板(申报全国爱国主义教育示范基地和全国党员教育培训示范基地);(2)青海国际生态旅游枢纽(打响"青海旅游看海西,海西旅游看乌兰"品牌);(3)西部与一带一路自驾游起点(挖掘青甘、青川、青藏、青疆及新丝绸之路等自驾游经典线路)。

场景理论视角下媒体融合发展路径研究

——以腾讯视频为例

浙江传媒学院　　张韫俭

罗伯特·斯考伯和谢尔·伊斯雷尔所著的《即将到来的场景时代》一书中描述了一个新的场景时代,场景作为当今时代的核心要素,已经越来越为人们所重视。它已经开始影响人们的日常信息生产、传播和消费。同时,场景作为移动互联网时代的重要部分,成为媒体重挖融合价值、重建融合连接的一个新入口。当下各类媒体将用户场景视作发展的突破口,并取得了一定的成就,而腾讯视频便是场景理论的获益者之一。

一、场景理论的内涵

场景理论的起源最早可以追溯到媒介环境学派的代表人物之一麦克卢汉的媒介即讯息的理念,麦克卢汉认为媒介才是一个社会真正有价值的信息,强调媒介可以创造新的社会环境,这里的场景更侧重于媒介本身。随后社会学家戈夫曼提出了"情境理论",戈夫曼认为场景是实体的场所及地点,且媒介、场景与行为三者之间有着高度的互动。梅罗维茨在戈夫曼的基础上,提出媒介最根本的不是通过其内容实现影响,而是通过改变社会生活的场景来影响人们;直到 2014 年罗伯特·斯考伯和谢尔·伊斯雷尔所著的《即将到来的场景时代》一书中,指出依托于技术支撑,场景传播的时代即将来临,并由此提出了著名的"场景五力",分别指的是移动设备、社交媒体、传感器、大数据与定位系统。从此,场景概念进入学术视野,并演化为一种新的理论。国内学者对场景的研究始于 2015 年,彭兰教授认为,移动互联网时代成功的关键在于场景的把握。移动传播的本质是基于场景的服务,即对场景(情境)的感知及信息(服务)适配。胡正荣教授在《传统媒体与新兴媒体融合的关键与路径》一文中则指出:"每个人的角色都是在特定时间、空间、情景、场合和需要中实现的,而围绕个体存在的这一切就是场景。这就需要以用户为中心,位置为基准,服务为价值的思路和做法。"谭天教授认为,互联网时代的场景主要分为两个层面,一是虚拟场景,二是应用场景。虚拟场景以网络游戏等为主要代表,而应用场景则是指当用户处于互联网应用中时所处的自然场景。芝加哥城市学派的特里·克拉克和丹尼尔·西尔认为场景是实体空间下舒适物构成的以地方文化风格或美学特征对人们的态度和行为产生影响的综合体。

笔者综合前人的观点,在此基础上提出,场景指的是人与周围环境关系的总和,这里的环境既包括实体场所、地点、位置等显性环境,也包括心理、情绪、氛围等隐性环境。随着移动互联网时代的到来,继注意力之争、流量之争后,场景成为移动互联网时代各类媒体的必争之地,同样,对于长视频、报纸、电视、广播等非典型新媒体,场景正是破解当下融合发展瓶颈的密码。

二、场景建构下腾讯视频的融合路径

(一)内容融:融合视频生态,推动全景布局

伴随着产业协同日渐密切和用户视听需求的多元化,视频生态成为网络综合视频平台的建设重点,优质的内容一直是视频生态的根基,因此内容融合也是媒体融合的关键性一步。腾讯视频长期以来在长视频领域进行深耕,在长视频领域并不缺少优质内容,但是在移动互联网时代下,单一的长视频已经无法让用户在平台内获得全方位的体验。腾讯视频抓住场景建构思维本质是为用户提供信息适配服务这一点,以不断进化的技术平台、庞大的用户基数和多样化的业务形态为基础,以优质海量的 IP 与多元化营销方式为轴向,努力补足平台内容单一化的特点短板,运用场景思维构建起了长、中、短多领域内容协同发展的良性生态循环。中、短视频是腾讯视频新开拓的版图,为了提升新兴视频模块的产能,腾讯视频积极完善分账体系和扶持机制,推动了中短视频 UGC 内容价值的创新型增长。专业性的长视频、便捷性的中视频、娱乐性的短视频,腾讯视频所构建的全方位的长、中、短全景式综合布局,将长视频领域的绝对优势转化为开拓中、短视频市场的动力与保障。除此以外,腾讯视频以中、短视频为舞台,还为不同类型的优质创作者提供更广阔的成长路径,除了鼓励长视频片方尝试中短视频创作外,腾讯视频独具特色的内容生态阶梯,更能够帮助中小创作者实现突破性成长。

谭天教授指出场景的构建需要在"满足欲望、响应需求、创造价值"三个维度进行思考,腾讯视频构建的全局生态,尤其是中、短视频两个内容版块,正是满足了当下移动化碎片化时代下用户的自我创作自我表达的欲望,响应了受众对长、中、短视频一体化平台的需求,补了自身之前中短视频发展欠佳的短

板,创造了全景视频生态的价值,将各类型内容在平台内进行整合与融合,打好了媒体融合的根基。

（二）渠道融：技术赋能融合,实现场景适配

媒体融合的发展离不开技术的推动,技术是媒体融合转型的关键因素,对于以移动设备、社交媒体、传感器、大数据与定位系统来驱动的场景来说同样如此,技术的驱动带来的是场景的适配,而场景的适配最终达到了渠道的融合。

腾讯视频后台采用云端数据共享技术,使得用户初次使用时就可以采用QQ、微信一键授权登录的形式,实现了将用户在社交应用上的日常行为数据一键转移,不仅省去了用户的注册步骤,而且更重要的是使得用户在打开腾讯视频的那一刻起就呈现用户感兴趣的内容,算法和大数据的加持实现了精准的内容分发从而达到了高度的场景适配。虽然在页面内容呈现上有根据用户数据生成的个性化内容,但腾讯视频并没有放弃精品内容的推送和用户自主权的下放。腾讯视频在界面中设置了精选以及各类垂直细分的视频选项,用户可以受到安利去观看精选的内容,也可以观看"专属"视频,还可以根据自己的实时的想法去选择性地观看。此外,依靠于强大的腾讯系,腾讯视频能够在微信（微信公众号、微信朋友圈）、QQ音乐、微视等各类媒体上实现授权,使得腾讯视频的内容能够在这些渠道上无障碍地分发和呈现,这些腾讯系的平台能够共用数据、共享用户,并且两者之间可以相互转移、彼此丰富,这打造了一个可兼容的无壁垒的生态闭环。

场景思维一个重要表现为高度的匹配性,即在合适的时间、合适的地点、合适的氛围下提供合适的信息与服务。腾讯视频依靠大数据、算法和云计算,搭建了一个庞大的高度适配度的场景,将定制渠道、推荐渠道、随机渠道各类不同的渠道也融为一体,这种正向选择提高了供需双方的适配度,带来的体验感不言而喻。

（三）受众融：独创社交氛围,打造星粉社区

随着时代的进步、技术的发展,媒体融合已经进入深水区,要求在更深的层次、更细的节点上实现融合,受众融合作为融整体中的重要细节,成为传媒行业关注的对象。在新媒体环境下,广泛的信息资源为受众提供了大量的选择。同时,也给了观众极大的接受力、获得力和创造力,产生了一定规模的粉丝文化。粉丝群体也因其特有的凝聚力、情感消费等特征成为受众中特殊的一员,如何将广大的粉丝群体纳入视频平台的受众是一个难题。

腾讯视频自 2018 年起围绕当时的选秀节目《创造 101》成立了 doki 社区，该社区当时主要是服务于节目偶像与粉丝的交流、互动、打榜社区。腾讯视频一是抓住了很多新偶像的作品在腾讯视频首发这个特点，并认识到这些偶像依托平台获得第一批粉丝流量并逐渐成长，于是腾讯视频锁定新偶像为核心，同时借助平台中的节目签约优势，更好地进行落地。一方面抓住粉头优势，利用粉头影响力拉动内容和人群。另一方面打造好的 UGC 氛围，真正发掘平台中有贡献的新居民和核心用户。如今该社区内容已经不再局限于旗下选秀节目，而是涵盖了当红明星、当红剧星、当红秀星一体的星粉社区。腾讯视频通过打造 doki 社区，实现了连接，让粉丝知道明星的近况并获得反馈；促成了表达、让星粉双方的想法和情感能够对等交流；完成了互动，打造了粉丝与偶像间的集体记忆。

彭兰教授指出构成场景的基本要素应该包括：空间与环境、用户实时状态、用户生活惯性、社交氛围。腾讯视频在构建社交社区，打造社交氛围正是运用了场景思维，抓住了当下粉丝经济的需求痛点。doki 社区独特的星粉社交氛围恰到好处地能让粉丝在互动场景中了解自己的喜好、所处的位置以及所寻求的目标，这种以趣缘为导向的互动场景也成为极富个性化内容的源泉，增加了用户的黏性与忠诚度。腾讯视频构建星粉社区，成功将粉丝群体纳入其广大受众中，拓宽了原有的受众边界，实现了受众融合。

三、腾讯视频发展困境

（一）过渡依赖 IP 陷入 IP 陷阱

IP(Intellectual Property)意为知识产权，IP 的存在形式可以是小说、电影、电视剧、动漫、游戏等。IP 自带流量，拥有超强的粉丝基础和话题制造能力，也因此存在"IP 就是生产力"的说法，2015 年到 2018 年腾讯视频回聘 IP 网剧数量逐年增长，这在一定程度上缓解了视频网站原创剧本的压力，弥补了内容创作上的短板，使得视频网站可以在短时间内推出大量剧集，增加行业竞争力。但是由于腾讯视频过度追求 IP，目前已经陷入 IP 的陷阱中。

腾讯视频出品的《鬼吹灯之牧野诡事》有原著鬼吹灯系列热门小说的粉丝效应，而且同时拥有《鬼吹灯之寻龙诀》《鬼吹灯之精绝古城》的高口碑铺垫，本应自带流量，但是这部剧由于盲目追求 IP 导致创作急功近利，内容改编缺乏深度，甚至偏离原作的创作初衷与审美倾向，网友纷纷评论"鬼都不愿意吹这部剧的灯""半集弃"等等。此种只是为了 IP 的噱头生搬硬套改编的状况不仅会丢失原著粉,还会消耗优质的 IP 资源。例如,腾讯视频在 2021 年 3 月推出的《长歌行》,盲目追求 IP,导致创作目光短浅,缺乏长期、系统的运营方案,没有充分利用 IP 资源,致使经济效益缩水,IP 资源浪费。此外,因视频网站对 IP 资源的盲目崇拜,爱奇艺、优酷、腾讯竞相高价购买版权,IP 版权费飞速上涨,导致 IP 自制剧市场渐渐向不成熟、不理性的道路发展。

（二）超前点播导致用户流失

2019 年 7 月 29 日下午,腾讯视频官方宣布《陈情令》将提前收官,会员可在 8 月 7 日通过超前点播收看大结局,形式为 30 元购买超前点播特权,或以单集 6 元的价格进行分别购买。而所谓的"超前点播特权"即是指用户在开通 VIP 会员或在已开通超级 VIP 会员的基础之上还要再以单集 6 元的价格进行视频购买,所以也有网友将这种付费会员模式戏称为 VVIP 或是 VVVIP,自此腾讯视频开启了超前点播的时代。

双 V 制是腾讯视频首创的一套 VIP 专项升级业务,即开通会员付费的双向赋值通道使用户享受超前点播特权。在 2020 年 3 月因推出超前点播《庆余年》的活动,腾讯视频被告上法庭。这种让 VIP 用户额外花钱解锁剧集的方式压缩了会员的权益,同时也涉嫌侵犯消费者权益,触犯了媒介经营管理中以用户为本的原则,由此可见腾讯视频对会员的告知和消费心理上的把握还不够体贴,这样的行为也会导致"劣币驱逐良币"效应,对视频平台品牌造成负面影响,由于视频产品供给的高度同质化和低廉盗版的存在,用户倾向于只获得特定 IP 剧集的观看权利,可以选择接受或不接受超前点播。基于用户与视频平台的市场博弈结果来看,大部分用户愿意等待,不介意被超前观看者剧透;部分 VIP 用户认为自身权益受损,取消订阅,或订阅其他视频平台会员,或购买盗版,用户的流失会导致会员制人数的下降,而这又势必会影响广告主投放的策略,转投短视频广告或直播带货,从而导致长视频平台的在线广告收入下滑。

四、腾讯视频的发展建议

（一）避广求精,挖掘 IP 价值

目前市场已经证明并不是逢 IP 必赢,IP 也不再是视频平台的免死金牌,但是 IP 所带来的巨大流量红利也不能避而不谈,在当今时代要想长久发展,IP 授权不能只是简单的授权,而应该去寻求 IP 价值长线的增长,最大化释放商业价值,所以 IP 不在多,而在于精。一方面应当具有专业精神,避免 IP 剧情低俗化,在尊重原作的基础上精细打磨剧集内容,同时,也要不断注入新鲜创新元素,打好 IP 产业的地基。另一方面,应该注重剧集播放过程中的运营和营销,通过 IP 联动去达到 IP 增值,从而实现时间长度的复利增长以及声量力度的指数增长,依托 IP 价值挖掘、成就剧集传播,反哺 IP 价值、创造能级跳跃。增强文学、动漫、游戏及长视频服务的跨 IP 价值,创造具吸引力的内容并吸纳付费用户。依托"价值营销"体系,不断探索 IP 授权的合作模式,做到 IP 营销的价值不仅体现在内容观看场景,深入其后续的体验环节将帮助广告主延展 IP 价值,与视频用户建立更深层次的价值连接。例如,在 2019 年夏天腾讯视频策划的食品品牌可爱多与《魔道祖师》的甜蜜联姻,实现品牌在更广泛的范围内的"被看见、被喜欢",正是以价值营销理念引领 IP 授权走向纵深化的生动案例。

(二)采用多元付费制,实现付费场景适配

经过之前的试推,可以得知双 V 制的付费制度并不能起到好的效果,反而会激发用户的反感从而导致用户流失。从失败的根源上看,用户在这种双 V 付费制度下所获得的体验远远不及他们所支付的费用,因此要想实现付费会员制的成功,关键要为用户提供他们所喜爱的优质内容,使得用户得到物超所值之感,而完成这一步关键需要实现付费场景的适配。腾讯视频可以将内容上的分发思维转移到付费会员制的推出上,利用算法和大数据技术,对用户日常观看数据进行剖析,从而对用户喜好类别进行多维度划分。一方面可以按照电视剧类、电影类、综艺类、动漫类、体育类等影视类别进行划分,另一方面也可以按照爱情、家庭、悬疑、谍战、古装等剧情类别进行划分,同时还可以与腾讯旗下其他平台的付费服务进行联名,推出联名制会员,使得用户获得适配度高的体验感。这种多元付费会员制不仅能够为用户量身定制满足用户的需求,而且多元的付费、垂直细分的种类必定意味着会员收入的增加,由此实现经济效益和社会效益的双收。

五、结语

场景时代已经到来,正在悄无声息地改变着人们日常的媒介使用习惯,重构着互联网内各个节点的链接融合方式。腾讯视频借助场景思维大力开拓长视频媒体融合路径,为场景时代下的传统视频类媒体转型提供了一条崭新的思路。

参考文献

[1] 罗伯特·斯考伯,谢尔·伊斯雷尔.即将到来的场景时代[M].赵乾坤,周宝曜,译.北京:北京联合出版公司,2014:12-22.

[2] 约书亚·梅洛维茨.消失的地域:电子媒介对社会行为的影响[M].肖志军,译.北京:清华大学出版社,2002:33-45.

[3] 欧文·戈夫曼.日常生活中的自我呈现[M].冯钢,译.北京:北京大学出版社,2008:45-47.

[4] 丹尼尔·亚伦·西尔、特里·尼克尔斯·克拉克.场景:空间品质如何塑造社会生活[M].祁述裕,吴军,译.北京:社会科学出版社,2019.

[5] 彭兰.场景:移动时代媒体的新要素[J].新闻记者,2015(3):20-27.

[6] 吴声.场景革命:重构人与商业的连接[M].北京:机械工业出版社,2015:45-49.

[7] 谭天.从渠道争夺到终端制胜,从受众场景到用户场景——传统媒体融合转型的关键[J].新闻记者,2015(4):15-20.

[8] 陈梦.媒介景观视域下"双 V"制营销的异化分析——以腾讯视频"超前点播"为例[J].新闻传播,2020(4).

借船出海：鄞州区融媒体中心报台融合的地方实践

鄞州区融媒体中心　洪晓薇　邵　波

县级融媒体中心（county-level converged media center）是整合县级广播电视、报刊、新媒体等资源，开展媒体服务、党建服务、政务服务、公共服务、增值服务等业务的融合媒体平台。[①] 自 2018 年下半年起在全国展开建设后，至 2020 年底基本实现了在全国的全覆盖。鄞州区融媒体中心揭牌成立于 2019 年 6 月 27 日，成立时间并不算早，但在短短的两年时间内，走出了一条"借船出海"的报台融合实践路径：借"移动端"之船融合人，以地方性确立团队人员努力的方向，以建设性赋予这个方向以价值导向。

一、以船融人：借船出海的内在逻辑

截至 2020 年 7 月，全国共有 2844 个县级行政单位。因为建设运营主体多元，行政、技术、市场等主导因素多样，县级融媒体中心的建设路径和发展模式多有不同，以各地区县命名的"模式"就有十多种。不过总体来看，每种模式之下，基本都具有鲜明的本地化色彩，有赖于当地媒体的主体发展与所处县域的位置、经济、人口等背景资源。[②]

鄞州区融媒体中心报台融合实践走的是"借船出海"路径，它源自鄞州区报台原有传统业务重合程度不高，融合机率不大，报台融合要借"移动端"之

---

① 中共中央宣传部、国家广播电视总局. 县级融媒体中心建设规范［EB/OL］. 2019-1-15. ht-tp://www. nrta. gov. cn/module/download/downfile. jsp？classid = 0&filename = 10d26ea5f199457 29868edeb4555535d. pdf.

② 朱春阳,曾培伦."单兵扩散"与"云端共联"：县级融媒体中心建设的基本路径比较分析［J］. 新闻与写作,2018(12)：26.

船,尽可能做到报台资源共享,协同作战。①

与其他多数地区明显不同,《鄞州日报》拥有正式刊号,鄞州广播电视台也拥有正式呼号,且二者皆有悠久的历史,实力不相上下。鄞州日报社成立于1956年5月1日,报纸初名《鄞县报》,1958年底随市县合并停刊。1993年7月1日复刊,仍用《鄞县报》旧名,是全国县(市)级报纸中第一家对开报。1997年7月25日改称《鄞县日报》。2002年4月20日,因撤县建区,更名为《鄞州日报》。2003年7月1日曾出版复刊10周年百版纪念特刊。2004年因县市报体制改革,由宁波日报报业集团控股,2005年正式实施运行,主管单位为宁波日报报业集团,主办单位为鄞州日报社,保留自己的刊号。② 鄞州广播电视台的前身县人民广播站成立于1956年元旦,设副站长、技术员、播音员、外线工各一人,次年1月,增调站长。1980年12月,县广播事业局成立,县人民广播站隶属于局。1984年2月,在县级机构改革中,广播事业局与文化局合并建立文化广播电视剧,局、站分设。1987年4月,增设电视摄制组,1989年3月改为电视摄制站,独立建制。③ 1994年4月鄞州区广播电视台成立,目前电视频道3套,覆盖鄞州区160多万人口。

媒介融合的路径各有不同。如以建设的主导权限分配为依据,可以分为"省域统筹""市域联动""县域自主"等模式;根据技术平台的建设性质,可以分为"平台自建"和"平台共享";根据承建主体类型又可分为"报业模式""广电模式""公司模式""合作模式";从资金支持方式上,分为"财政扶持型""企业运作型"。④ 如按照以上不同标准分类,鄞州区融媒体中心从建设的主导权限分配而言,属于县域自主型;以技术平台建设性质而言,属于平台自建;如根据承建主体类型,应可归入合作模式——目前中心主打的移动端,是与方正合作;如从资金角度上说,则属于财政扶持型,区财政有保底资金支持。

在鄞州报台合并之前,报台在媒体融合方面已各有尝试,如2016年11月20日鄞州日报社方正畅享融媒体内容生产平台正式上线,鄞州日报新闻生产模式悄然发生改变;2017年8月30日,"鄞响"客户端就已正式上线,在鄞州

① 邵波.聚力打造鄞响客户端——鄞州区融媒体中心移动优先策略初探[J].传媒评论,2020(3):38.

② 宁波日报报业集团兼并《鄞州日报》是在2003年12月底。详情见《新闻前哨》2004年第5期49页。

③ 谢振岳.鄞县文化广播志[M].鄞县文化广播电视局,1992:246.

④ 张克旭,赵士林,邓江.国家战略的地方路径:区县融媒体中心建设的上海探索——基于上海8个区级融媒体中心的实地调研与问卷调查[J].新闻记者,2020(6):29.

区委区政府全力支持下,初期注册用户一举突破 15 万。2017 年同年上线的鄞州区广播电视的客户端"鄞+"用户同样增长迅猛。从建设之初,"鄞响"和"鄞+"就如双子星座,得到了区委区政府的大力支持,区委区政府将之当作执政平台来使用,据不完全统计,鄞州区委主要领导 2019 年对两端的批示超过百余次,内容涉及社会治理的方方面面。地方主管部门通过批示,将党委政府肯定怎样做、应该怎么办、提出怎么改等信息快速反馈给各级各部门,从而有力推进了区域党政中心工作。

但正如不少学者指出的,不管从什么标准去区分,融媒体建设的核心,还是人的融合问题——这也是中心成立之初外出调研,听业界专家指点最多的一点。鄞州报台各有历史,各有影响,并不属于学者所称的国家推进融媒体改造之前的"区县媒体从行业边缘的'隐身人'"①。报台合并属于强强联合,但面临的一个直接问题就是,虽同为记者,但报社记者用文字记录,电视台记者用影像记录,各有所擅,但所依媒介之不同,思考重心与表达方式亦有不同,两者传统业务重合程度不高,融合机率不大,所以鄞州区融媒体中心"借船出海",表面上是借的"移动端"之船,实则是借此解决人的融合的问题,这也是借船出海所隐含着的内在逻辑。可以说,无论在合并前还是合并后,技术、资金等问题从来不是影响鄞州区媒介融合的主要问题,而主要是人的问题,人融合了,才真正能整合媒体资源,巩固壮大主流思想舆论,不断提高媒体传播力、引导力、影响力和公信力。

二、地方性:建设一端全媒体之本

正如有学者所指出的,县级融媒体中心建设绝不能仅仅看作传统媒体自身的事情,而应该跳出媒体看融合,把县级融媒体中心打造成新时代治国理政的新平台,即通过构建"互联网+媒体+智慧政务+政府数据公开+智慧城市运营"的智能媒体新平台,再利用自身的制度优势获取尽可能多的优质资源,并且把优质资源转化为治国理政的新能力和新平台。②

鄞州区融媒体中心目前集中报台优势,聚力做强做大移动端,打造一端全媒体"鄞响"。"鄞响"这条船,如想成为治国理政的新能力和新平台,必须强调它的地方性。所以人的融合,首先要让记者形成一个共识,内容生产的方向,主要要与地方性相关。

---

① 朱春阳.县级融媒体中心建设新方向[J].当代贵州,2020(11):77.
② 郭全中.县级融媒体中心建设的进展、难点与对策[J].新闻爱好者,2019(7):17-18.

　　区县级如何在四级媒体体制下做出特色，一直是各地县级媒体思考的重点。2017年6月11日，鄞州区广播电视台曾联合浙江大学宁波理工学院新闻与传播研究所，共赴北京，在中国人民大学新闻学院的大力支持之下，在明德楼611会议室举办了"地方报道：实践与经验"学术研讨会。新华社音视频部主任陆小华、中国经济网总编辑崔军、中央人民广播电台中国之声副主编侯东合、中央电视台《新闻联播》编辑部副主任刘东华、经济日报农村新闻部主任李力、人民网地方部副主任杨佳、中国人民大学新闻学院副院长周勇、中国新闻教育学会会长高钢、宁波市鄞州区宣传部副部长应林辉、浙大宁波理工学院新闻与传播研究所常务副所长王军伟等专家学者参加了此次会议。①

　　中央人民广播电台中国之声副主编侯东合认为没有不可用的选题，关键是要找好切入的角度，侯东合具体提出了三点建议，第一，地方选题要融入中国故事当中，比如"一带一路"、长江经济带的故事。鄞州台选题中的宁波诺丁汉选题，和"一带一路"关系最近，可以深挖这层关系。第二，选题要融入浙江故事当中去。央媒也在讲浙江故事，浙江经济在全国处于领先地位，目前央媒讲的浙江故事主要是特色小镇、"最多跑一次"、嘉善的党建（7月主推）等故事。鄞州台选题中的"一次也不跑"如果能融入到"最多跑一次"的故事当中，被央媒采用的可能性最大。第三，要和地方记者站保持好联系，在重要的报道中，地方的案例会有更多的机会融入进来。通过以上三个建议，侯东合认为怎么融入主旋律，中国故事、浙江故事和地方的故事如何相融，找好角度，是最重要的事情。

　　中央电视台《新闻联播》编辑部副主任刘东华从央媒选择地方新闻的标准出发，提出了她的意见。第一，在她看来，纯粹的区县新闻送入央视是非常困难的，所以选送新闻要注意时机。央视很少解剖小麻雀，除非这个小麻雀很厉害，是省里、全国一流的，而且要选对时机。比如每年或每个季度外贸出数据的时候，如果全国数据低迷，地方的数据突出，选一个点报送央媒的机会就比较大。第二，刘东华特别指出，央媒常常会接到指令性的任务，全国性的消息常常会要选择地方性的案例，所以地方台要和省台、央媒地方记者站等向央媒报送新闻的管道保持好联系。第三，央媒对凡人善举的新闻选择得特别多，鄞州台"爱心搬运工"周秀芳选题比较合适。

　　新华社音视频部主任陆小华也从他自己的经验出发，提出了一系列的建议。第一，他强调以陌生人的眼光、以外面人的眼光去看鄞州，这可以让人对

---

　　① 下引各位专家观点，均据本次会议各位专家的发言。

鄞州产生兴趣。比如宁诺的诺丁鸭，可以从细微处很好展现宁波，展现鄞州。又比如鄞州选题中所提到的外贸平台，在全国它们不是唯一的，但是可以从模式着手，它们服务效率是不是最高的，服务体验是不是最好的，它们的模式是不是在全国有特别的地方。第二，可以重新梳理一下，有哪些可以讲的故事，不惧其小，关键是这些故事可以用在什么背景之下，要寻找每一件事背后的模式。比如选题中的"最多跑一次"，可以放在"最多跑一次"的故事当中。第三，寻找地方的数据在大历史中的意义。比如鄞州由县变区，一个建制县变成了城市的内设区到底发生了什么变化，变成区后人民的气质发生了什么变化，这件事在大格局中的位置如何。这一点可以结合总书记的城市工作讲话进行。又如宁诺上好中国文化课的变与不变是什么，可以放在大格局中去做。第四，核心是用陌生人的眼光重新发现鄞州的模式。第五，在新媒体情况下，什么样的题材用什么样的手段更容易实现。叙事节奏、叙事逻辑已经发生了很大变化，已经不同于电视时代。陆小华列举了两个数据，67秒的视频在facebook上传播得最快最好；新华网受众观看视频的峰值是在45秒。新媒体要加强，区域媒体要向上游发展、向下游发展。向下游发展是向老百姓挖掘，可以一个礼拜讲一个乡镇、一个街道、一个社区的故事；向上游发展，是向新媒体发展。

经济日报农村新闻部主任李力也建议选题要提前策划、寻找时机，此外大家都喜欢看故事，选题的叙事要注意故事性。中国人民大学新闻学院副院长周勇教授也提到借势的重要性。中国经济网总编辑崔军则从网红路线的角度出发，就如何争取宣传部的支持提出了他的意见。此外，对鄞州台的选题，他也提出了具体的建议，如鄞州四位一体的慢性病管理经验和模式在全国推广，和民生有关，最容易入选央媒；经济的选题要侧重小微企业是如何融入"一带一路"的，诺丁汉的选题也要放在"一带一路"中去讲，因为"一带一路"中需要国际化的题材。

人民网地方部副主任杨佳则从注意力经济的角度出发，建议让媒体、网络大V去看某地，杨佳同时也提到渠道建设的重要性。此外，杨佳认为就新媒体的传播渠道目前在微信和微博上做出优势可能有点困难，那么可以从今日头条、网易号等作为新的切入点。

可以说，这次会议是少有的有如此众多的高水平专家参加的围绕一个区县如何做好地方报道而召开的学术会议，为鄞州区区级媒体如何做好地方报道、做好地方性文章提供了很多有益的意见，这也是鄞州区媒体今年一直着力的地方。

三、鄞州样本：建设性新闻在地化实践观察

致力于地方性方向确立了，那么地方性新闻的价值导向如何，鄞州区融媒体提出了建设性新闻的方向。

建设性新闻聚焦于解决社会问题，强调在报道社会问题时，致力于寻求一套可以付诸行动的解决方案，让新闻报道参与到社会治理中来，公共性、建设性是它的两大特征。作为一种新闻哲学和实践，建设性新闻肇始于欧美，2015年开始在中国学界出现，[①]不仅学界讨论热烈，业界也多有践行者，短短几年影响炽盛。不过正如有学者指出的，建设性新闻的在地化问题，目前的研究要么避而不谈，要么浅尝辄止。[②]

有关建设性新闻在地化的讨论，殷乐认为，从全球看，尽管语境不同、体制不同、文化不同，对建设性新闻的理解和认知不乏差异处，但在积极和参与的核心元素上，中国由正面报道而始的建设性新闻探索与欧美的建设性新闻实践形成了并行发展之势，并与其他国家和地区媒体进行的探索形成了共振。[③]与殷乐相类似，许加彪、成情也强调了本土化之后的建设性新闻将会产生一种双循环的现象。他们认为建设性新闻从欧美传入中国后经历了再语境化的过程，同时，凝结着中国特色新闻学基因的建设性新闻在中国与世界的对话中再回流世界而融入全球，形成了双循环的过程；中国正面报道的理念和西方的建设性新闻在许多方面殊途同归，建设性新闻为正面报道注入了新的解释维度和实践空间，为中西进行新闻理论对话架设了一座可沟通的桥梁。[④]

整体而言，在建设性新闻在地化的过程中，中国学者多注意到了建设性新闻中外语境的差异，多认同建设性新闻对中国新闻界的帮助作用，也倾向于承认中外在建设性新闻上相通、互有裨益的一面。

苏州电视台认为发端于积极心理学的建设性新闻，着重聚焦社会发展中

---

① 新闻的建设性问题在中国的讨论由来已久，但建设性新闻作为一个严格的概念，是杨建宇2015年发表于《编辑之友》第7期的一篇文章《基于方案的新闻：一种建设性实践》中明确提到的："问题聚焦型报道（problem-focused reporting）所引发的负面效应已引起不少有识之士的担忧，基于方案的（solution-based journalism）体现出变批判为建设的努力。基于方案的新闻当前有建设新闻（constructive news）、方案新闻（solutions journalism）等不同称谓，其核心主张一致，认为新闻不应仅仅发现问题、呈现问题，还应提供有助于问题解决的可靠回应。"

② 陈成.马克思主义新闻观与建设性新闻[J].编辑之友，2020(6)：45.

③ 殷乐.并行与共振：建设性新闻的全球实践与中国探索[J].新闻与传播研究，2019(1)：33-41.

④ 许加彪，成情.建设性新闻的产制语境、理论含蕴与学理旨归[J].中国编辑，2020(6)：30-35.

的新问题,强调媒体在报道的同时要致力于建立可操作的解决方案,引导人们通过协商对话参与社会治理,这与我们宣传思想工作的最终任务"统一思想、凝聚力量",可谓不谋而合。①

民生新闻、服务新闻、问政节目、新闻调查节目和暖新闻等能不能算建设性新闻,有学者提出了不同的看法,如徐敬宏等就认为这些新闻类别中的"建设性",与西方语境下的"建设性新闻"是有区别的。不过徐敬宏等也承认,既不能脱离社会制度和新闻体制的语境,将西方语境下的"建设性新闻"和我国新闻的建设性完全等同,生搬硬套地用建设性新闻的概念来阐释我国的新闻实践,认为我国以往的新闻调查节目、民生新闻、暖新闻等就是建设性新闻,另一方面,也不能将二者割裂和对立。虽然我国新闻的建设性与西方的建设性新闻具有差异,但是建设性新闻理念是包容的、开放的、多元的,在我国具体的新闻实践中,可以将这种新闻理念融入新闻调查节目、民生新闻和暖新闻中去,实现二者有机结合,更好地发挥新闻对社会发展的建设性功用。②

与凤凰网、苏州电视台相比,宁波市鄞州区融媒体中心属于中国广播电视四级办台体制的最末端,但在建设性新闻的实践方面,则走在了地方台的前列。早在 2018 年 12 月 7 日,浙大宁波理工学院新闻与传播研究所,即联合宁波市记协、宁波报业集团、宁波广电集团、宁波市社会学学会以及鄞州新闻界的专家,召开了"建设性新闻鄞州现象"学术研讨会,从理论上对鄞州区的建设性新闻实践进行了总结。浙江大学吴飞教授从希望哲学的角度、宁波广电集团的徐明明从公共性的角度提出了很好的意见,并认为这是县级融媒体中心实现突破的一个要点所在。

从融媒体中心人的融合角度出发,鄞州区融媒体中心建设性新闻最大的特点是将建设性理念渗透到了记者内心,渗透到了栏目方阵的构建中去。如监督批评为主的《鄞视聚焦》栏目,在坚持监督有态度、有力度的同时,更看中的是落实反馈,确保监督的深度。《他山之石》栏目选题时就明确要求要对准问题,针对痛点找案例、寻答案,并且现实可学、借鉴可行、可复制。鄞州电视问政节目"局长问政公开赛""向人民报告"节目为少见的现场直播,坚持把岗位当赛场、当战场、当考场,摆出擂台,比位次、比项目、比质量、比创新、比服务、比担当。《天南海北鄞州人》宣传在外鄞州人士的创业创新事迹和爱乡爱

① 陆玉方.建设性新闻的苏州实践与探索[J].新闻与传播研究,2019(1):15-21.
② 徐敬宏,张如坤,张世文.建设性新闻的冷思考:中西语境、理论风险与实践误区[J].新闻大学,2020(6):12-22.

家情怀，除鼓励和推动更多的在外鄞州籍人士能为家乡献策献力之外，也意在激发本地干部群众的自豪感，凝聚力量，更加积极地投身品质新鄞州建设。

四、结语

鄞州区融媒体中心自 2019 年成立，时间并不算长。但是借船出海的策略明显有效，不但借"移动端"之船将报台的人心凝聚了起来，更为重要的是借这条船的地方性方向和建设性导向，确立了一条具有可行性的方向，并取得了不错的效果。区委区政府也决心支持融媒体中心做大做强鄞州区主流舆论阵地，每年财政在 3500 万元以内进行托底，2020 年还落实了 8 个事业编名额。

以党建强引领　以服务聚民心
让县级融媒体中心成为新时代
治国理政新平台

长兴传媒集团　秦　莉

习近平同志在 2018 年全国宣传思想工作会议上的讲话中提出:"要扎实抓好县级融媒体中心建设,更好引导群众、服务群众。"中宣部在县级融媒体中心建设现场推进会上强调:"努力把县级融媒体中心建成主流舆论阵地、综合服务平台和社区信息枢纽。"从赋予县级融媒体中心的这些主要功能来说,县级融媒体中心是我们党和政府基于互联网的基层融媒体中心,是未来主流媒体聚合人民群众的自主可控平台,并广泛开展媒体服务、党建服务、政务服务、公共服务,等等。因此,县级融媒体中心将会成为我们党新时代治国理政的新平台。

一、因需制宜深化融合改革,努力探索与新型党媒最适配的体制机制

作为党的最基层新闻舆论宣传主体,既要"姓党、为民、促政",把坚持党的领导作为基本方向和生命线,宣传好党的路线、方针、政策和各项措施,不断提高政府公共服务水平特别是应急处置能力,又要把政府机构改革与中心创新发展更好地结合起来,让资源得到高效配置,促进事业产业双发展,实现政府、中心、社会三赢。

以长兴传媒集团(即长兴县融媒体中心)为例。2011 年 4 月,长兴传媒集团正式组建,成为全国第一家整合广电和报业资源的县域全媒体传媒集团,实行事业单位企业化运作的模式,多年来在深化文化体制改革、推动地方新闻事业发展方面做出了积极有益的探索。长兴县委、县政府对传媒集团的考核也是特例,一方面将传媒集团纳入全县党群考评组序列,考核其作为党和政府喉舌的对外宣传、主题宣传等方面成绩;另一方面由县委宣传部、县政府办、县国资委三家单位联合出台年度目标责任制绩效考核办法,考核广告营收、产业拓

展等国有资产保值增值的情况。在这样的体制机制下,长兴传媒集团在新闻职能和产业发展上获得了平衡点,并拥有较大程度的自主权。

之后,长兴传媒集团不断完善党委会领导下的事业法人治理结构,在党委会领导下,设管委会、编委会、经委会,实行绩效管理,构建责权利清晰的领导体系。同时,党委会下单设纪委,突出政治建设,建立党建考核机制,把党建考核纳入班子成员及科室、部门综合考评,积极履行监督保障职责,时刻将政治纪律和政治规矩挺在前面,在集团内部营造了遵规守纪、崇廉尚洁的浓厚氛围,涵养了风清气正、干事创业的政治生态,为推动集团高质量发展提供了强有力的保障。经过10年融合创新,集团内容运营从全媒体到融媒体再到智媒体,产业经营从传统化到项目化再到平台化,媒体融合模式成为全国典型案例,经营创收能力逐年提升,2020年总创收2.61亿元。

目前,全国各地县级融媒体中心的体制设置还有着很大差别,哪种模式更能适应新型党媒的需求仍无定论。长兴传媒集团的体制机制既遵循了"党媒姓党"的根本原则,又能与市场接轨大力发展文化产业,为县级融媒体中心体制设计提供了多元模式的案例参考。

二、围绕中心做强主题宣传,积极承担基层主流媒体的重大政治职能

宣传思想工作承担着举旗帜、聚民心、育新人、兴文化、展形象的使命任务,其重要性不言而喻,主题宣传更是重中之重。作为党和人民在基层的宣传喉舌,县级融媒体中心必须紧紧围绕县委、县政府的中心工作,提前规划全年作战图,着力在主流舆论上做大做强,为县域经济社会发展营造浓厚氛围。

长兴传媒集团全年策划推出时政类、民生类主题报道30～40个,对于某些重点主题,还会邀请相关职能部门负责人参与策划把关,力争主题报道体现决策层意图。对重点主题的选取主要有两类:一类是县域内重点工作、重大事件和活动等;另一类是党和国家大政方针,如2019年"新中国成立70周年",2020年"两山理念""脱贫攻坚""全面小康""基层治理""疫情防控",以及2021年"建党百年"等。

如2020年,针对"工业强县"主题,长兴传媒集团在日常报道基础上,每季度加推一个分量重、紧贴当前工作的主题报道,形成《开局之光》《年中经济观察》《裂变》《工业的力量》四大系列,为全县工业经济发展鼓与呼。2021年春节后,推出总栏目为《春天的约会》的主题报道,设立《我有新订单》《项目加速度》《三服务牛牛牛》等角度不同又相互关联的子栏目,全方位做好振兴实体经

济等工作的宣传报道。

除重大主题报道外,大型活动、专题片、融媒直播和融媒栏目等也已成为主题宣传的重要组织部分。

如2020年长三角领导人会议在湖州召开之际,长兴传媒集团围绕长三角一体化这一国家战略,策划联动三省一市百余家县级融媒体中心,共同开展以"你好,长三角"为主题的县融联合接力大连麦、酷炫融媒赛、云游慢直播等系列活动,为长三角一体化营造氛围、提供舆论支持,并获得2020年度浙江新闻奖重大主题报道策划创新类一等奖。类似的还有,《红旗美如画——大型革命主义融媒体直播》获得2019年省新闻奖重大主题报道优秀作品类一等奖;《"寻找金扁担"长兴县大型乡村农业现代化项目评选活动》获2020年省广电对农活动一等奖,等等。

再如,长兴县每年年初召开全县工业经济大会,自2013年开始,由一部传媒制作的专题片拉开大会序幕已成为不成文的惯例,且每次都受到县委、县政府主要领导的好评。

主题宣传不仅是县级融媒体中心新闻业务能力的体现,更是政治领悟能力的体现,把党委、政府的声音传播好,把社会进步的主流展示好,把人民群众的愿望反映好,牢牢把握舆论引导的主导权。

三、转换阵地加快移动创新,不断提升优质新闻内容的融媒表达能力

2020年9月,《关于加快推进媒体深度融合发展的意见》指出,要推动主力军全面挺进主战场。移动优先的重要性,很多县级融媒体中心更早的时候就意识到了,并在融合过程中越来越坚定传播互联网化这个目标,把移动优先作为推进深度融合的重要抓手和主攻方向,重点是拓展移动传播渠道以及创新移动传播内容。

2020年7月,长兴传媒集团结合全员双聘再次优化以移动端为主阵地的架构设置,从供给侧改革和需求侧改革两方面实施移动创新攻坚,以互联网思维优化资源配置,加快创新步伐,不断提升优质内容的融媒表达能力。

比如,在推出主题报道时,强调新媒体新传播的介入,不断突破旧式内容生产样态,强化移动创新的创作理念和手法,在潜移默化间让硬主题"软着陆"。在《改革开放四十周年》系列报道中,推出25集微广播剧《历史的回望》,其中第一集《狄家斗的故事》一经推出,传播量近60万。在2021年《庆祝建党百年》主题报道中,移动端产品已成为策划方案中的重头戏,其中百集微融媒

广播校园课本剧《星火燎原》推出后，收到了"喜马拉雅"的合作邀请；50集系列文献微纪录片《人间正道》推出后，被省委组织部推荐为优秀作品上送；还策划有"新浪微博话题""世相短视频"新媒体创意互动H5、Vlog式纪录片、网页专题、大型融合直播等多种样态的移动端内容。此外，主题报道内容生产和发行周期较长，传播渠道和时间受限，通过融媒体产品，可以先将主题报道信息碎片式地在新媒体平台上做预告式传播，引导受众到传统媒体刊播平台上进行深度了解。

再如，除了传统媒体内容产品移动化以外，更多地采用互联网语态实现产品形态上的"互联网化"等，突出移动化、可视化、互动化，研发和制作能够在互联网上广泛传播的内容产品。新年伊始，传媒集团打破传统视频横屏制作的方式，首推竖屏拍摄、竖屏剪辑、竖屏成篇，以《我的2020——爱在一起》为主题，策划推出了11篇人物作品，被浙江之声、今日头条、网易、央视频、人民日报、浙江卫视、新蓝网APP等多平台录用，其中，《唐昀：90后女孩带着新疆娃娃"闯"长兴》《夏云龙的"雕虫小技"》等作品被新华社客户端录用，阅读量超百万。上半年，对长洽会、两会等主题内容策划推出25个H5作品，其中多个作品传播力达10万＋。短视频作品《长兴出了一位"兰花姑娘"，网络直播卖了800万！》《长兴有个"油条大叔"十四年没涨过价》被浙江之声录用后上了快手热话榜。

此外，无论是在内容创作中，还是在移动传播中，新媒体技术越来越突显出重要性，社会已进入一个宽带互联网、移动应用与社会化媒体叠加的时代，已有的和未来的新媒体技术，都会对媒体内容生产和传播产生重大影响，因此，新媒体技术也是影响融媒表达能力的一个重要因素。

四、立足本土聚合广大用户，不断强化新型媒体平台的增值服务功能

县级融媒体中心建设说到底是媒体的互联网化，是主流媒体在互联网上构建起新型媒体平台形成现代传播体系、以继续拥有主导舆论能力的过程，而在互联网上，服务和引导是分不开的。

一方面，县域用户是基层新型媒体平台最大、最主要的用户群体，县级融媒体中心要发挥"服务群众"的功能，首先要扩大服务范围，延伸服务触角，满足群众需要，聚集起海量用户并建立用户黏性，只有完成了"留住用户"的任务，县级融媒体中心才能实现"受众在哪里、读者在哪里、用户在哪里，我们的

工作重点就在哪里"。

长兴传媒集团从 2015 年开始就多次尝试打造一个自主化的网络媒体平台,直到 2019 年推出"掌心长兴"客户端,才算初步达成心愿。目前该客户端已迭代升级至 4.2 版本,下载量突破 100 万。

客户端与政府部门开展紧密合作,与县内 12345 热线、网格系统打通,通过云计算、大数据等互联网技术将政务服务模块接入,实现一站导引、一网通办和一端服务。"掌心长兴"客户端是浙里办同源发布的首批试点,也是此次试点中唯一一家县级融媒体中心,特别设立"直通浙里办"服务专区,已接入住房公积金、社保等 1000 多项热门应用,无需登录浙里办账号,只需人脸识别即可正常使用。

客户端还以"话题社区"为建设方向,以用户兴趣和浏览习惯为主要算法对象,做到千人千面,个人化推送;搭建同城资讯智能爬取平台,丰富 APP 内容库,给用户更多的浏览选择,提升 APP 自生长能力;添加私信、点赞、打赏用户间互动功能,丰富 APP 可玩性,不断提升平台用户黏性。

另一方面,县级融媒体中心是最接近基层人民群众的通道和桥梁,在为用户提供各类服务的同时,也为当地政府加强社会综合治理提供了有力帮助。

比如,"掌心长兴"客户端完成了 20 多个政务类、民生类项目的研发,其中通过"政民通""解纷码""云上律师""长兴微眼"等应用,进行线上线下"爆料＋曝光",截至目前搜集问题 1800 多条,处理有效问题 800 余条,已成为群众实时反映诉求的渠道。研发的"文明诚信码",已实现县内 16 个乡镇街道共 265 个村社区全覆盖,生成以户为单位的"文明诚信码"21.1 万个,在共计 60.3 万本地户籍人口中录入文明诚信档案数量超过 17.7 万条,实现近 10 个部门、135 家联盟商家的应用联动,引导群众开展志愿服务 25000 多次、义务献血 6000 多次、捐款捐物 9600 多次,先后入选省政府"观星台"优秀应用和全国走好网上群众路线典型案例。

再如,疫情期间,通过集团研发的 CIG 信息栅格平台和社会基层治理信息管理平台,快速收集第一手基础数据,为相关部门和领导进行应急指挥提供了研判依据。此外还研发口罩地图、口罩实名购买,研发慧管理(社区版、企业版以及茶园版)等应用,有效解决了疫情期间人群聚焦、招工难等社会综合治理上的难点问题。

县级融媒体中心建设负载着巩固基层舆论阵地和推进国家治理体系现代化的重大使命,在全局规划和建设推进中,应当做好顶层设计和政策保障,推进县级融媒体中心健康发展,应当遵循现代传播体系建设的客观规律,以引导群众、服务群众为方向,把握建设的重点与关键,建设好新时代治国理政新平台,使之成为我们党的执政体系中,离互联网最近、离大数据最近、离人民群众最近的一支骨干力量。

练就独门绝技　小个子也能抢占大市场

——长兴传媒集团进退之间看发展

长兴传媒集团　王晓伟

2011 年 4 月 15 日,长兴广播电视台、长兴宣传信息中心、县委报道组、"中国长兴"政府门户网站(新闻版块)跨媒体整合成长兴传媒集团,是全国第一家整合广电和报业资源的县域全媒体传媒集团。目前,集团旗下有电视、广播、报纸、网站、两微一端,其中移动端用户超过 500 万,另拥有数字电视用户18 万户。集团现有员工 498 人(97 在编+302 台聘+99 劳务派遣),集团旗下8 家产业公司总资产达 9 亿元。2020 年总收入 2.6103 亿元,较 2019 年增长了 4.12%。2021 年目标任务 2.89 亿元。

长兴传媒集团机构设置的基本思路是在不断完善党委会领导下的事业法人治理结构中,按照采编、经营两分离原则,充分发挥媒体的宣传功能和社会功能。在实行党委统一领导的同时,集团党委会下设管理委员会、编辑委员会、经营管理委员会。管委会下设办公室、行政管理部、人力资源部、计划财务部。编委会管理频道、频率、报纸、新媒体业务,经委会负责广告营销、数字产业发展、广电网络等的经营。各子单位制定《岗位说明书》,设岗定责,实行绩效管理,形成责、权、利清晰的运行机制。

在近十年的融合过程中,长兴传媒集团在内容运营上经历了全媒体、融媒体、智媒体三个层级,在经营上经历了传统经营、数字化经营、平台化经营三个阶段。

2011 年,全面整合平面、电视、广播、网络等业务资源,着力打造全媒体中心,于 2012 年升级为全媒体新闻集成平台。

2014 年提出"深化融合",进一步推进各媒体平台在资源及运作上的融合,2015 年全媒体新闻集成平台优化为融媒体平台,2016 年"大型全媒体融合式直播""新媒体直播""融合式专题"等融合传播模式逐渐成熟,2017 年组建了融媒体中心,融媒眼智慧平台全面投入使用。

2017 年底,组建慧源公司,全面涉足智慧信息产业,投资 4000 万元筹建云数据中心,与航天五院合作开发城乡一体化信息栅格(CIG),并编制智慧长兴规划,参与及服务了政府投资的信息化项目建设工作,以雪亮工程为基础构建了传媒第二张信息网络——智能视频监控等数字城市项目。

一、长兴传媒集团的退与进:生死急救,无缝对接

1. 低质低效的坚决退出

(1)电视频道缩减、电视栏目压缩

2021年新年伊始,长兴传媒集团实行新一轮的改版,电视、广播、报刊等传统媒体平台更加突出内容导向,努力适应互联网时代的新闻传播要求,对原有电视产品进行瘦身。其中电视《长视新闻》和《小彤热线》两档节目合二为一,在30分钟内以主演播间＋分演播间形式呈现,其余如《警察故事》《法庭直击》《娘舅来了》等小专题则压缩时长,更加突出新媒体视频化呈现。在去除同质化的同时,电视内容着重实施精品战略,政务报道突出权威性,减少以往各乡镇部门一般性的工作动态报道,向重大决策部署、重大项目建设等方面聚焦;民生报道突出贴近性和服务性,摒弃停留于事件表象的新闻报道,对本土热点事件进行全方位的解读,通过调查、体验等方式让新闻变得"好看"。

(2)广播频率整合

长兴广播平台原有973和1066两个频率,在改版的过程中,我们根据市场容量及受众需求,将两个频率进行合并,重点突出973UP RADIO这一定位,以打造好新型主流媒体为目标,节目基调为音乐＋服务＋资讯＋交通,受众群体锁定在25至45岁。在具体节目的设置上,每天早7点到晚9点,《上班蹦恰恰》《音乐爱自由》《乡村节节高》《音乐在路上》《快乐泡泡堂》《下班美滋滋》《音乐漫时光》等栏目轮番上演。相较以往,改版后的广播平台更注重全天线性插件的策划录制编排,强化碎片化、精品化产品的打造,如《新闻红黑榜》《大宝说笑话》《段子手》,这些栏目一方面丰富了节目内容,另一方面也加强了与听众间的互动联系。

(3)报纸缩版、发行量减量

长兴传媒集团在报刊发展巅峰期拥有三份报纸,一份是时政八版对开大报《长兴新闻》报,每天印刷数量在17000份左右,第二份是每周一期的四开16版小报《太湖晨报》,每周印刷数量7000～8000份左右,第三份是代运营的《体坛报》,派驻专人在杭州进行编辑制作工作。随着报刊等传统媒体的影响力不断削弱,2017年,长兴传媒集团对报纸进行缩版减量,停刊《太湖晨报》、

终止与《体坛报》合作,《长兴新闻》报的印刷数量也由 14000 份逐步减少至目前的 5000 份,版面由原来八版减至四版。改版之后的《长兴新闻》报将经济稿、评论融入新设置的版面中,在整体布局上形成了结构紧凑、配置合理又各具特色的要闻、综合、银龄、拍客等版块。

(4)网站和移动端一键同步发送

如何实现移动优先,技术支撑至关重要。在新媒体端,我们完成长兴新闻网的改版,内容栏目根据 APP 设置进行展示,新闻内容实现 APP 一端发布,网站同步展示;账号体系与 APP 统一,APP 用户可在网站进行登录并使用相关的互动功能;网站新增社区版块,并与 APP 内容同步,用户可在网站进行发帖、评论等操作。

2. 优质高流的快速推进

(1)定位:打造全国一流区域移动互联网信息服务供应商

经集团上下反复研究论证,决定了"打造全国一流区域互联网信息服务提供商"总体发展目标,2019 年 7 月,集团获得由国家互联网信息办公室颁发的全国首张县级融媒体中心互联网新闻信息服务许可证;9 月,由传媒集团起草的全国首个《县级融媒体中心管理与服务规范》市级地方标准正式发布。近期,又积极编写湖州市广播电视基本公共服务标准,为移动互联化提供新支撑。

(2)人才:组建互联网技术研发团队

人才是实现融媒化的关键因素,在新媒体进程中,我们进一步完善团队建设,在现有技术人员的基础上,增加架构师、数据库工程师、测试工程师等技术人员的储备;完善技术人员学习提升计划,针对技术人员分工、技术发展方向等特点针对性安排学习计划,每年制定学习目标,年底进行学习成果验收;进一步规范程序研发流程,规范化操作,从需求调研到软件设计再到项目实施,都能有专业人员进行专业化的管理。

目前平台采取"两块牌子、一套班子"的形式,共有员工 40 人,技术人才占比 70%。一是中高级人才占比 30% 以上。团队中有一级建造师 1 人、二级建造师 1 人、PMP 项目经理 1 人、副高级工程师 2 人、中级工程师 7 人。二是本土化研发团队 17 人。自 2019 年开始,平台以社会招聘结合校园招聘的方式组建研发团队,岗位包括研发总监、项目经理、产品经理、前后端开发、UI 设计等。

(3)经营:从守住传统市场向互联网产业进军

近年来,面对传统媒体广告业务严重下滑和数字电视用户大量流失的趋势和压力,集团每年都在创收的路径和方向上不断创新。

其中在传统广告方面,不断探索市场化运作模式,从"营销"向"运营"转变,打破原有平台制经营,将集团营销资源进行改革重组,搭建融媒体资源运营平台,强化资源的变现和线上运营。

在传统数字电视方面,融合科技公司和慧源公司,打造智慧信息产业运营平台,实行一套班子、一个团队、一体发展。拥有一支集方案设计、产品研发、项目集成、运行维护为一体的综合团队,积极拥抱互联网、大数据、智慧城市等项目。2019—2021年是平台经营的高速发展期,在数字化改革大背景下,平台实现了营业收入大跨越式增长,2019年完成创收6500万元,2020年完成创收1.01亿元,其中市场业务收入3222万元,占比31.9%;2021年,平台目标创收1.25亿元。

尤其是2020年,智慧信息产业运营平台创收1.01亿元,增幅53.26%,其中市场业务占比33.9%,成为支撑长兴传媒集团产业经营创收的半壁江山。

(4)内容:移动优先

随着传播趋势的不断变化,长兴传媒集团在日常宣传工作中,更加突出移动端优先首发机制,尤其是搭建平台,充分利用商业平台。以"长兴发布"微信号、"掌心长兴"APP作为本地主发布平台,快手、抖音、视频号作为商业平台发布。目前"掌心长兴"APP用户数接近110万,快手号粉丝60万,抖音号粉丝曾一度到达180万。

在运作机制上,取消新媒体部,倡导全科室新媒体化,全员移动产品化,各个科室都成立产品组,专门制作优质融媒体产品用于新媒体平台推送,同时在考核上更加突出移动短视频推送,以点击量、转发量、评论量论英雄。

3. 基本大盘稳住平衡

(1)网络公司

近年来,随着小屏及互联网盒子的冲击,电视开机率不断下降,对广电网络公司的业务冲击巨大,从最高峰的22万用户到现在的18万户,用户流失严重。针对这一现状,网络公司困则思变,着重突出主业,紧紧围绕"用户保有率高于95%、双向用户在线率高于90%"目标,大力实施品牌战略,扩大业务经营范围,拓宽销售渠道,打造传媒生活圈概念。在推出以高清、回放、视频点播在线教育等的基础增值业务的同时,积极发展党教政务平台、资讯平台、应急广播、四通平台、无线WiFi、互联网视频监控、智慧城市等一系列新业务、新服务。网络公司2020年全年创收9122.2万元,基本用户147276户,用户保有率 97.01%,双向在线保有率 92.07%。

（2）广告营销

近年来,长兴传媒集团在做好传统广告经营、活动专题及栏目合作的基础上,不断拓展经营路径,强化掌心客户端商业运营,扩大模式输出的市场效果,优化"掌心商城"消费应用和直播带货运营,完善整体运营方式,赋予商城和电商运作更多的活力。

不断发挥广播优势,激发广播与市场联动的紧密性,进一步打造主持人IP。做实教育培训产业,以传媒小记者和传媒艺考为基础,与专业的第三方机构合作,共同拓展全产业链教育培训产业。

试水文创设计市场,发挥视频、制作、摄像团队优势,加强市场化运作,进行服务输出。

同时牢牢把握集团作为县级融媒体中心样本的优势,扎实做好融媒学院业务开展及长三角县域媒体协作平台,不断拓展县外合作项目。

（3）传统内容

作为党媒,长兴传媒集团始终围绕中心,聚焦亮点,在新闻宣传上提质增效,其中围绕县委、县政府中心工作,各类主题宣传浓墨亮彩,每年各类重大主题报道不少于 20 个,在全县上下形成浓厚的工作氛围;服务民生,彰显担当,通过自身平台开设贴近百姓的全媒体栏目,为百姓解决实际问题;对外宣传提质增量,连续 10 年在广播、电视、新媒体排位均在浙江省广播电视新闻协作奖特等奖行列,获得浙江广播电视集团年度上送中央人民广播电台十强单位、上送中央电视台十强单位,年度浙江在线十佳支站,年度浙江日报最佳报道组。相关工作得到中宣部 2020 年度《宣传工作》的发文表扬。同时在活动专题及精品创优方面年年实现新突破。

二、苗壮成长,敢与大平台掰手腕

1. 大型活动

长兴传媒集团从事活动策划执行源起 2007 年,草根元素、全民参与、商家互动,取得了不错的社会效益和经济效益。这条路一走就是十多年,从刚开始的每年 10 多场,到现在的每年 300 多场,创造了县级台活动举办之最。我们的业务范围覆盖政务、商业、文化三大领域。在活动跟进中,集"创意＋服务""营销＋内容"于一体,注重定制化的前期策划,服务化的执行落地,贴心化的后续跟进。特别是"将改革开放进行到底"长兴县庆祝改革开放 40 周年大会、

"奋斗者之歌"建国七十周年文艺晚会、"幸福都是奋斗出来的"长兴县纪念建党97周年歌咏会、央视传奇中国节春节和端午、中国农民丰收节长兴专场、帮扶在行动等活动,取得圆满成功,打响了长兴传媒的品牌。

2. 专题制作

专题片摄制是近年来长兴传媒集团优质内容的一个代表,10年以来累计生产各类专题片近千部。其中纪录片《红梅赞》《品茶》《公民楼伯余》《守护》《民情体验课》等获得中组部电教片展评一等奖。《老兵无悔》《摆脱贫苦》《你的样子》《弄潮》《嗨长洽会》等不仅得到了观众的喜爱、客户的满意,也收获了县委县政府的充分肯定。我们对于每一部作品把好质量关,每一部作品都深耕细作,在前期策划、拍摄剪辑、后期包装以及发布推广中都做足了功课。在专题片的创意与定位中突出生动性、鲜明性,强调对比性。专题片摄制团队智行工作室更是走出长兴,承接杭州、湖南、横店等地的视频短片。

3. 融媒产品

全年开展各类融合式直播12场次以上,其中《高考揭榜夜》连续五年开展直播,该项直播主要以服务高考生为主,每年分数揭榜的晚上开启大直播,电视频道、广播频率、新媒体平台同步,开启双演播室,线上直接接受咨询,以高分考生、志愿填报等服务类信息为主。该直播一般晚上7点30分开始,延续到当天晚上12点,线上咨询接受观众400多人次,很好地起到了服务群众的作用。

4. 重大主题

2019年4月26日推出《红旗美如画》,以纪念长兴城解放70周年作为切入口,开展了全天10小时大直播,该作品荣获了2019年度浙江新闻重大主题报道一等奖。全省只有三家获奖,另外两家分别是浙江卫视和浙江日报社,奖的分量重。

2020年5至7月,组织开展了《你好,长三角》系列活动,该活动由"接力大连麦""炫酷融媒赛""云游慢直播"三项活动组成,由中央广播电视总台作为指导单位,长三角一市三省宣传部和网信办作为主办单位联合开展。该项活动由长兴传媒集团牵头,共有长三角地区的110家县级融媒体中心参与,线上总浏览量突破3000万,很好地宣传了长三角一体化,达到了预期的宣传目标。该项目获得2020年度浙江新闻重大主题报道一等奖。

5. 短视(音)频等新媒体产品

在日常内容生产过程中,我们不断丰富节目形式,尤其突出短视(音)频的生产。

其中采访部成立世相工作室,围绕母亲节、护士节、五四青年等节日节点,策划相关的人物报道,按照季推的模式,推出了一批有故事、有温情、有能量的典型人物,例如《跑腿小妹》《陪读妈妈》等报道。

视频部紧抓活动热点,深挖基层故事,创作了《早餐长兴》《夜宵长兴》等一系列移动短视频,深受老百姓关注。

音频部则抓住重大事件,策划相关短音频报道,取得了良好社会效果。如《历史的回望》《长兴声音日历》《战"疫"声音日历》《星火燎原》《待到山花烂漫时》《33:尘埃落定》等作品均荣获省新闻奖大奖。

6. 社群运营

掌心 APP 的社区主要是以 UGC 平台运营的过程。目前,我们围绕用户发帖、社交互动、报料求助、服务应用等功能为主要需求,在社区版块上初步设置了"求助报料、吃喝玩乐、八卦吐槽、招聘求职、楼市家装、车友会、优惠种草、亲子教育、舞文弄墨"等版块。UP 主分别负责各自版块的运维和用户关系建设,发动社会人士参与发帖和互动。同时积极跟进各类报料,策划热点活动,扩大社会对 APP 的新认知和参与面。目前《掌心长兴首批优质创造者签约计划》《集团员工内部激励计划》正在启动,通过寻找和签约部分社会内外 UP 主、在线活动奖励等,给与用户一定的奖金激励或惊喜去持续激发用户参与热情。

7. 垂直运营

客户端运维需要布局多个垂直行业在线运营项目,补充 APP 用户重合率短板,打造矩阵运营。

长兴楼市观察,生产长兴楼市深度文章、评论与服务,获取更多有价值的房产、政策信息等。长兴恰饭团,生产本地美食点评文章,获取和运维本地吃客私域社群。通过与各类商家的合作,给与用户产品福利与服务,持续提升商户美誉度与产品合作衍生力。

长兴老司机,生产汽车领域服务文章,获取和运维本地车主私域社群。通过与汽车维修、4S 店、保养店、保险等商家合作,做好汽车领域的深耕运营。

长兴拍客,发动用户发帖晒照,获取和运维本地摄影爱好者私域社群。通过与摄影师、摄影机构、民宿等商家合作,给与用户新生活体验与教导,做好本地摄影领域的深耕运营等。

8. 区域平台

政务信息公开,做云上政务平台。"掌心长兴"与政府部门开展紧密合作,通过云计算、大数据等互联网技术将政务服务模块接入,对政务信息实时公开,与县内 12345 热线、网格系统打通,实现信息共享,通过一站导引、一网通办和一端服务,变"最多跑一次"为"一次都不用跑"。目前,已开通"掌心长兴"网上办事业务 250 余项,提供数字电视、水、电、气等民生服务,真正实现"一站式"网上缴费。同时,畅通群众实时反映诉求的渠道。通过 APP 上的"政民通""解纷码""云上律师""长兴微眼"应用等,媒体积极跟踪,进行线上线下"爆料＋曝光",解决群众日常纠纷。

三、做精做强,与大平台强势互补

1. 数字化产业

在传统广告日渐下滑的当下,长兴传媒集团精准定位集团下属网络公司、慧源公司、网络科技公司三公司主营业务。网络公司着重突出主业,数字电视用户保有率 97.35％,双向用户保有率 90.07％以上。全力推进服务美丽乡村全域整治工作,全年开展进村、驻企、入户服务 800 多场次。

融合科技公司和慧源公司,打造智慧信息产业运营平台,实行一套班子、一个团队、一体发展。拥有一支集方案设计、产品研发、项目集成、运行维护为一体的综合团队。承接乡镇乡村大脑、清廉 e 管家、未来乡村等 50 个集成类项目,其中"未来乡村"——数字乡村服务平台在吕山试点成效显著,下一步将在全县推广。

申请拥有省安防技术防范行业资信三级、通信总承包三级、涉密信息系统集成乙级等资质,拥有河长制智慧平台、慧—居家养老服务综合平台等软件著作权 7 项,获得 2020 年浙江省第二批科技型中小企业、2020 年浙江省未来社区产业联盟第二批成员单位等荣誉。

2. 电商产业

长兴传媒集团抓住短视频直播带货风口,"传媒生活馆"线上线下联动,联动长兴本土农产品以及 200 多家企业开展直播带货,有效助农、惠民、兴商、增收。

同时,掌心长兴客户端设置"掌心商城"版块,引入优质供应链产品、对口扶贫产品、本地农产品等,以优惠的价格、贴心的服务去引导用户消费,满足用户吃的需求。同时还面向注册用户推送充值有礼、宠粉礼包、VIP 福利等活动,完成 APP 内充值、抽奖、登录、互动、阅读等任务,即送现金或福利,为未来创收拓宽新渠道。

3. 生活服务产业

"掌心长兴"客户端已上线服务 31 个,其中,生活类服务共 16 项,包括指尖饭卡、一点就灵、文明诚信码、垃圾分类等;政务类服务 11 项,包含扫黄打非、智慧医疗、文明实践等。"掌心长兴"APP 开发移动端民生应用指尖饭卡,利用"平台＋食堂＋商家"的运营模式,创新数字消费模式,截至目前,已入驻单位 284 家,商户 207 家,人员 12349 多人,资金沉淀 83223038.7 元,纯利润年收入过 100 万。在建服务 3 个,分别是政民通、农家书屋和入学早知道。此外,浙里办同源发布产品化已经进入测试阶段,系统发布后将有 2746 项应用可以接入掌心长兴供使用,包括公积金、社保的高频应用。

四、培育隐形冠军,抢占高质量发展制高点

1. 培训产业

(1)传媒艺考

长兴传媒集团充分借助传统媒体的专业优势,结合国家素质教育与艺术类高校报名人数逐年上升的趋势,开展并进军教育培训产业。以传媒专业的主持人队伍为基础,建立了专业的导师队伍,将专业的播音主持业务与播音主持艺考、表演类艺考相结合,并以节目栏目的录制为载体,给培训的学员提供理论知识外的实践机会,以专业的形式深化艺考培训的成果。在项目开展的三年时间内,除了长兴本土学员,还在千岛湖等地顺利开展传媒艺考项目,共帮助近百名学员考取心仪的院校,艺考上线率超过 95%。

(2)少儿培训

少儿培训作为长兴传媒的特色培训项目之一,开展至今已有五年时间,共招收小记者累计超过万人,取得了学生、家长和学校的一致好评。少儿培训项目立足于小记者团队,以口才培训、写作培训为立脚点向多层次多领域进行拓展。建立梯级培养体系,根据不同的少儿培训学员年龄层次,设立不同的小记者团,例如在幼儿园大班设立小记者预备团,为小记者团的每年招生打下基础,并开展幼小衔接拼音班,帮助学员更好更快地融入小学生活。在高年级的学员中开展小初衔接班,重点在写作、交际与口才方面让学生提前感受初中的学习生活状态,先人一步适应校园。

（3）融媒学院

近年来,中央高度重视传统媒体和新兴媒体的融合发展,多次强调"要扎实抓好县级融媒体中心建设,更好地引导群众、服务群众"。长兴传媒集团抓住中央深入推进媒体融合的重大机遇,坚持顺势而为、借势而进、造势而起、乘势而上,坚定不移地探索推进县域媒体深度融合发展,自 2011 年 4 月成功打造全国第一家县域全媒体传媒集团以来,先后被列为全国"广播电视改革与创新"推广典型案例、全国广电媒体融合创新案例 20 佳,并在 2018 年 9 月承办了中宣部召开的县级融媒体中心建设现场推进会。

在此基础上,长兴传媒集团于 2018 年正式开设融媒学院项目,结合自身经验,形成了完善、高效的组织架构、人资管理、融媒流程、产业运营、机制保障的融媒课程和输出模式,向全国县级融媒体中心传授"长兴经验",共同推动全国县级融媒体中心发展,面向全国媒体同行进行招生,目前累计共接待来访团队 2000 多批次。累计举办培训班 50 余场次,培训 3000 余人。

2. MCN 产业

长兴传媒集团通过打造"掌心长兴"系列矩阵(APP、微信公众号、微博、视频号、抖音号等),内容涵盖了县域内经济、民生、社会、娱乐、休闲等各个方面,真正达到了全内容覆盖、全渠道传播。

同时以社会公信力及"掌心长兴"阵地吸纳长兴本土网红,与其建立合作关系,从美食类、文化类、带货类等方面,打造属于自己的网红团队,并通过其自身不同的属性,与相关的活动、事件、策划相结合,借助其自身原有的流量进一步扩大长兴传媒的影响力与"掌心长兴"品牌的产品力,形成自身所独有的媒体矩阵与网红群体的良性互动,互补借力,初步形成 MCN 的结构职能,探索传统媒体向互联网媒体的转型之路。

3. 网红产业

长兴传媒集团近年来紧抓时代发展风口,充分结合自身所具有的传统媒体优势与新媒体 MCN 产业探索成果,发展网红产业,从直播带货、网上商城、海淘代购、新媒体营销等方面进行发展。

建立专门的网络带货直播间,打造传媒生活馆的概念,将原有的主持人转型为带货主播,并成立专门的直播带货专项小组,参加各项直播带货类展会,学习新的技术与新的方式,从选品到策划到直播到带货,实现全面自主化运营,并结合本土媒体的属性,在针对全网广域市场带货的同时,个性化发展私域市场,以县域内受众为主体,以长兴当地商家为"货源",以优惠券、代金券、霸王餐等为"货品",在带货的同时也达到了帮助客户打响品牌知名度的效应。

在"掌心长兴"APP中独立编程设计网上商城项目,接入优质供应链体系,目前已与网易严选、喜禾农场等达成入驻合作模式,并接入长兴县域的饭卡系统,在网上商城的竞争中树立了自身的独有优势,助力本土商城的全面发展。

同时借助供应链选取、直播选品的工作,充分发掘准备过程中的剩余价值,开展代购的网红产业,通过网络发单、统一采购形式,去往上海 Costco、宜家等网红购物中心,实行代购项目,目前已培育了一批忠实粉丝。

五、面临挑战,克服本领恐慌和心有余而力困难

1. 激活机制

（1）合伙人制度

为了更好地发挥员工的主观能动性与项目负责能力,在各项目事实过程中建立合伙人制度,以每年举办"传媒好项目"大赛为契机,鼓励员工建立项目团队,在大赛中对各自的项目进行路演推荐,并邀请相关专家,对项目的可行性与未来前景进行评估,最终确立落地项目,并给予政策及孵化资金的支持,助力项目的诞生与落地。

同时,项目中的小组成员以合伙人制度的方式成为运营的主体力量,大家在完成自身本职工作的情况下,对项目的拓展运营、经营创收、项目运维等全面负责,由合伙人内部进行详细分工,并对项目收益进行分成分配,极大地提高了员工在本职工作之外的运营创收动力,例如传媒艺考、直播带货、少儿培训等成功案例就是以合伙人制度进行培育与发展的,目前已逐步成为长兴传媒集团由传统媒体向互联网服务商转变的亮点标签项目。

（2）UP 主制度

在"掌心长兴"APP 完成 4.2 版本迭代升级后,APP 定位更注重社区化运营,向 UGC 生产方式转变,在这样的情况下,长兴传媒集团开始大力发展 UP 主制度。

首先通过邀请长兴各行各业的影响力人物入驻"掌心长兴"APP 社区版块,并将其打造成为明星 UP 主,通过领域细分、垂直下沉的方式,在社区版块内全面吸引用户参与,同时也借助其社会效应,吸引更多的 UP 主入驻,从而形成良性循环的模式,保证每日优质内容的生产与输出,广泛引发网友互动,带动网友进行 UGC 模式生产,盘活社区模块的整体活力。

197

同时进一步借助掌心长兴的影响力,以线上线下相结合的方式,打造UP主个人IP,通过"掌心长兴"网友见面会等形式,让UP主与网友见面互动,进一步提升UP主的网络影响力与个人品牌力,并通过媒体矩阵的全面推广,给予UP主个人荣誉感与归属感,拉近UP主与版块间的粘合程度,达到提升UP主个人影响力的同时反哺"掌心长兴"APP社区版块的作用,形成良性互动。

(3)绩效考核

为更好地发动UP主的内容生产激情,激励UP主对于自身领域版块的维护,本着以奖励为主的主要思想,建立了一定的绩效考核机制,目前拟定以下计划:一是质量为王,根据用户发帖是否被推荐为置顶头条进行奖励;二是鼓励互动,用户只要发帖奖励,同时按发贴综合量对前三位互动用户进行奖励,并根据出发帖量、发帖质量、互动率、关注度等对综合排名最佳的用户进行奖励;三是流量战役,以用户发帖单条阅读量为参照标准,对高流量的单条及内容生产用户进行奖励。

同时为了更好地良性循环,对第二批UP主入驻制定相关计划政策,对有意向参与优质用户贡献内容、优秀版主招募等计划者,将其招募到"掌心长兴"APP优质创作者联盟预备军中,不断保持UP主队伍的良性增加态势。

2. 人才引培

(1)万物生长融媒人才养成计划

长兴传媒集团自2017年开始开展"万物生长"融媒人才养成计划,并在计划实施的过程中,不断总结学习经验,优化学习模式,促使学习培训取得实效。"万物生长"由内部学习、高校提升和实战应用三大版块构成,每个版块下面都设有小系列,共包含了周一夜校学、师徒结对学、微课在线学、高校课程学、业务提升学、现场观摩学以及技能大赛、佳作分享、理论总结等9种学习形式。

目前,该计划已实施到第四季,先后与浙大、复旦等高校联合,以独家专题班、多台联办班等形式开展了多次业务培训;开设"万物学堂",邀请全国各地的资深媒体专家40多人次来长兴教学;带领中层及员工骨干,到人民日报、SMG、腾讯、澎湃、看看NEWS等各大主流媒体参观考察;对集团内部200余名管理、采编及运营人员进行了系统且多元的业务培训。2018年9月,"万物生长"融媒人才养成计划还荣获了浙江省媒体融合创新案例二等奖。

(2)潜龙腾渊技术人才培养计划

潜龙腾渊技术人才培养计划是长兴传媒集团为适应新业务拓展、转型和升级的需要,助力集团在网络安全、5G、云、人工智能、智慧城市等领域开展业务,特申请与华为培训中心合作为集团技术委员会相关技术人员进行为期三年的人才培训。

华为培训中心为长兴传媒集团量身打造三年人才发展方案,面向领导层提供相关领导力的赋能,面向技术团队提供分对象、分梯度的技能培养,提升全员信息化能力,拓展视野,普及大数据、5G 等先进技术,培养一批成熟金字塔梯队式专业人才队伍,通过理论授课、操作演示和上机实习等,能够系统、规范地帮助受训人员掌握知识点,使工作能力系统全面地得到提升。

通过三年的培训使关键技术人员在 5G 领域,无线、核心网领域成为排头兵,为传媒集团在网络、安全、数据中心方向培养出未来方向专业领军人才,带动中坚队伍成长。其中第一年确保 16 人获得华为 ICT 认证通过的路由交换及云计算初级工程师证书;第二年确保 16 人获得华为 ICT 认证通过的路由交换高级工程师证书;第三年确保 16 人获得华为 ICT 认证通过的路由交换专家级证书。

(3)生财有道经营人才培养计划

针对传统媒体面临的营销环境变化巨大、经营产品更新迭代迅速的现状,为建立和完善营销人才培养机制,有序管理营销员队伍,合理挖掘、开发、培养后备人才队伍,全面推出生财有道经营人才培养计划,以便为集团营销工作培养专业人才梯队,使集团营销工作具备持久市场竞争优势。

一方面从集团内部与社会发掘具有营销才能的优秀人才,不断扩充丰富营销人员的结构体系,以解决目前营销人员传统模式思维固定的问题,不断保持队伍的新鲜血液,增强营销队伍的新媒体运营思路,拓宽运营范围的全领域覆盖。

另一方面通过建立周一周二业务学习、周三周四实操扫街、周五探讨归纳的方式,形成学习与实操相结合、理论与实际相交互的方式,不断提升队伍的战斗力,并结合相应的考核机制,提升队伍的能动性与创造力。

3. 传媒文化

(1)俱乐部文化

长兴传媒集团在融媒转型以来,一直以打造互联网企业的标准要求自己,除了在业务提升上不断创新外,对于员工的归属感和幸福感提升方面,也不断寻找新的办法,提升凝聚力,根据员工的业余爱好,以自由组队、集团补贴的方式,全面发展俱乐部文化。

自 2017 年 3 月份至今,已推行五季"俱乐部"活动,每年组建 12 大俱乐部(户外、羽毛球、篮球、足球、茶艺插花、舞蹈、瑜伽、电子竞技、乒乓球、排球、五

199

十二倍人生、摆渡人布克社），每年总参与人数占集团总人数的70%以上，每年全年累计组织各类活动200余次。通过各俱乐部负责人牵头，有计划、有步骤地开展了更多具有传媒新特色的文化活动，并且通过俱乐部代表长兴传媒集团参加县里举办的体育竞技赛事，对内丰富了员工的业余文化生活，对外提高了长兴传媒集团的影响力和美誉度。

（2）双导师文化

长兴县融媒体中心自组建以来一直都非常重视新闻从业人员的教育培训工作，并与集团党建工作结合，推选双导师机制。

一方面是集团导师薪火相传，将原有的"师徒结对学"深化为"业务导师制"，为导师组建项目工作室，让有经验的中层或老员工与新员工相互点单，结对成功后，"导师"带领一名或若干名徒弟，围绕工作项目开展指导和学习，导师每季度需对徒弟的学习情况进行评定，并在年底评选出最佳师徒。

再一个方面，是党建导师制，从集团党建及人才培养的实际需求出发，大力推行"党建导师制"，每名支部入党积极分子自主联系一名共产党员作为自己的"党建导师"，并在"党建导师"的指导下开展党的理论知识学习、支部主题活动等。

"党建导师制"与"业务导师制"两线并行，形成"双导师机制"，为编委会优秀年轻员工提供理论引导及业务指导，切实推进学习型党支部建设。

（3）年轻态文化

队伍年轻化一直以来都是长兴传媒集团的发展方向，通过鼓励年轻员工发展，在推动年轻员工成长的方面做好文章。在2020年7月份完成的集团全员双聘工作中，有14位普通员工通过中层竞聘选拔到管理岗位，双聘后中层人员由99人精简到85人，其中85后中层占比达到34.9%，90后中层占比10.8%。通过严格控编、落实淘汰机制等形式，人员优化率达到7.1%。

为落实集团人才发展规划，建立健全的后备干部开发及培训机制，切实加强集团后备干部队伍建设，保证人才梯队建设的持续性、有效性、科学性，进一步发现人才，挖掘后备干部潜力，促进后备干部全面了解集团经营业态，提高后备干部综合素质和能力，2020年8月份开始，制定《长兴传媒集团后备干部培养方案》，对集团优秀85后人员实行结对培养，对照任务，明确培养目标，在工作中对培养对象给平台、压担子，在实践中进行培养锻炼。组织开展12名后备干部换岗锻炼行动，通过上挂下派等形式，推进干部多岗位实践锻炼，加强和改进干部队伍建设，切实提升实际工作能力和业务水平，加快干部成长步伐，做好传媒集团代际传承的第三梯队人才储配。

（4）互联网文化

长兴传媒集团近年来不断转型升级，以互联网产品提供商给自身全新定位，不断发展互联网文化，深度融合赋能数字长兴。将互联网行业龙头的技术优势、行业积累和长兴传媒集团媒体特色、数字长兴建设进行深度融合、无缝对接，充分运用5G、人工智能、云计算等新ICT技术，以项目合作的形式在服务长兴县智慧城市建设及数字长兴建设方面进行有益探索，提升长兴数字化、信息化建设水平，为数字长兴建设贡献力量。

同时通过选送人才至互联网龙头企业进行培训，将传媒集团的技术人员能力进一步提升，使其具备承接长兴数据信息产业建设的能力，部分核心人才能够为长兴大数据的建设运营提供意见建议。通过这样的方式，不断强化合作构建共赢生态圈。加快建立完善长效协调机制，在产业协同、资源联动、项目建设、人才培养交流等方面不断向互联网产品提供商的方向推进，构建融合共赢的发展生态圈，释放更多"数字红利"。

党建引领"融媒十"基层社会治理

——党建引领下的媒体融合及基层社会治理探索

孝昌县融媒体中心　彭宏伟　李健初　曾凡军

习近平总书记指出:"要扎实抓好县级融媒体中心建设,更好引导群众、服务群众。"新冠肺炎疫情发生以来,孝昌县融媒体中心党支部以党建引领强化融媒的责任担当,发挥主流媒体的"主力军、主渠道、主阵地"作用,加强深度融合,强化舆论引导,努力营造万众一心阻击疫情的浓厚氛围,为打赢疫情防控的人民战争凝聚起众志成城共克时艰的磅礴力量。

一、党建引领功能提升,打造坚强堡垒

"县级媒体的重点工作之一是信息的末梢传递,在信息服务'最后一公里'上发挥重要作用。"党媒姓党,绝对忠诚!"最后一公里"的职责使命,源于政治上的绝对清醒。

1. 在政治建设中提升向心力

中心党支部始终注重加强政治建设的统领作用,提升政治向心力。中心党建领导小组从政治、思想、组织、作风、纪律建设等方面全面谋划和推进党建工作,制定《党建工作要点》《创建"五好支部"工作方案》,指导党建工作深入推进。

党支部书记力担党建工作的主体责任,坚持每年 4 次以上专题研究党建工作,同时坚持完善党支部成员联系制度,实现党建工作全覆盖。健全工会、共青团和妇联组织,创新群团工作机制,形成党建合力。

按照"六硬""六强"先进党支部建设标准,开展"红旗党支部"创建活动,"破难题、当先锋",推进体制机制改革、平台管理创新、媒体融合发展。

深入开展"两学一做"学习教育、"不忘初心,牢记使命"主题教育和党史教育活动,坚持理论联系实际,宣传贯彻落实党的十九大精神和习近平新时代中国特色社会主义思想。

2．在制度完善中锻造凝聚力

党支部严守政治纪律政治规矩,坚持制度立媒,坚持"三重一大"制度,制定完善各项规章制度,做到制度管人、管物、管财和管事,并严格问责机制,为新一轮媒体融合改革凝聚力量。

3．在活动推进中煅铸战斗力

一是强化党建引领,决胜脱贫攻坚。在脱贫攻坚工作中,党支部认真落实主体责任,将"主心骨"作用与精准扶贫深度融合,在联系的三个村(社区)制定出针对性强的脱贫规划并全面落实。

二是强化党建引领,加强文明创建。中心升级为县直一级单位后,深入开展文明单位创建、"两学一做"活动、党史学习教育活动、革命传统教育,打造"学习型文明机关"。

三是强化党建引领,推进社区治理。疫情突发,中心动员安排骨干力量顶严寒、冒风雪,深入桃源社区、罗畈社区、祥瑞小区和鸿翔小区摸排疫情、采购物资,为基层治理作出了贡献。疫后又把"智慧党建"送进明星社区,建立和完善鸿翔小区党组织,为小区兴办实事,解决电力老化、卫生等老大难问题。

4．在改革破题中铸造创新力

党支部结合改革创新、全面融合的实际,探索"党建＋"组织创新的新路径、新模式,打造一支"忠诚、干净、担当"的队伍。

一是党建＋队伍建设:围绕过硬团队,加强队伍锤炼。为了锻造一支过硬的新闻宣传队伍,集中强化培训学习习近平总书记系列讲话和视察湖北等重要讲话精神,用马克思主义新闻观来武装全台。中心开展"党员先锋岗""岗位标兵""优秀作品"等评比活动,发挥党员的先锋模范作用,帮助编辑记者提素质、增能力。

二是党建＋改革发展:围绕破解难题,深化改革创新。近几年,党支部紧紧围绕破解难题推进内部改革。2014—2017年进行频道制改革,实施全员聘用,明确"责权利",激活创新力;2018—2019年进行中心制改革,全面拆围墙,融合全媒体;2020—2021年正在进行分类改革,深度融合,规范绩效,科学管理。中心每次改革,都是刀刃向内,指向明确。

三是党建＋公司运营:围绕传媒支撑,加强市场拓展。党支部一方面突出主责主业,另一方面大力推行市场化改革,组建"孝昌县融合天成传媒有限公司",积极探索"以媒体作支撑,以市场为导向"的"媒体＋"新路径,拓展事业新空间。

二、党建引领疫情宣传,凝聚磅礴力量

1.坚持党媒姓党、政治家办台

中心党支部积极探索党建工作向业务工作链条延伸,向疫情常态化防控深化的新途径,突出主责主业,成为"党的喉舌""人民的知音"。

一是强化导向抓管理。编审委员会的主任、总编、副主任由台党支部主要负责人兼任,成员由频道和部室主要负责人参加,强化政治站位意识和正确的舆论导向意识。

二是围绕中心抓宣传。紧紧围绕疫情常态化防控等中心工作,重点抓好十九大精神、脱贫攻坚、项目招商、绿色发展、乡村振兴、基层社会治理等宣传,为全县经济社会发展营造良好的舆论氛围。

三是聚焦民生捕选题。以人民为中心,扩大民生新闻信息搜集渠道,策划选题到战线、到块块、到具体工作、到采访细节,实践"三贴近",增强传播力。

四是科学融合谋创新。根据网络发展大趋势,中心自主创新研发,重点打造九大新媒体宣传服务平台,创新了新闻传播方式,占领了新兴媒体宣传阵地,为媒体全面融合发展打下了坚实基础。

2.全力以赴开展疫情阻击宣传战

面对来势汹汹的新冠肺炎疫情,中心在党支部的领导下,全体新闻宣传战士义无反顾向险而行,用有高度、有温度、有力度的抗疫故事传播正能量,体现媒体责任担当。

一是未雨绸缪,吹响抗疫宣传"集结号"。疫情来袭,人民吹号,党员报到,孝昌融媒人在党旗召唤下吹响战"疫"宣传集结号,迅速进入"战时"状态,投身疫情防控主战场。

"抓党建重在平常,冀以应对'非常'。面对一场硬仗,我们提前集结优势'兵力'、优势资源,在宣传'战场'上,打一场有计划、有准备的'阻击战'。"中心党支部书记、主任彭宏伟说,"我们的谋划和实战都在第一时间,体现的既是凝聚力和战斗力,又是引导力和影响力,这次如果没有平常的未雨绸缪,那是不可想象的。"

队伍只有建在平常,在"非常"时刻才能拉得出,打得赢。中心全体员工大年初一全部返岗,启动24小时应急广播、电视播出和新媒体紧急发稿制度。66名编辑记者纷纷放弃休假,有的甚至千里迢迢赶回工作岗位,投入疫情防控宣传战役,把各级抗疫精神第一时间传达到千家万户。

二是精准策划,吹响疫情防控"出征号"。疫情期间,广大人民群众以居家隔离的方式,配合国家打好防控阻击战,此时最为需要的是获取及时、准确、权威的新闻信息,收看到丰富多彩的广播电视节目。①启动全媒,体现"三全"。开启全媒,体现全时全效,中心紧急调整应急广播、村村响电视播出流程,全天候重点播出新闻信息、各级指挥部通告、指令、工作通报、疫情科普知识等;充分发挥网站、"看孝昌""云上孝昌"微信公众号、微博、头条号、抖音号等新媒体平台发布灵活、精准到达等优势,增加每天的发布频次,提高资讯发布传播时效。②加强策划,凸显"五度"。县融媒体中心加强指挥策划、应急反应、内容创新力度,多维度触摸战"疫"的孝昌力量,有"人民的生命和健康高于一切"的高度,有"争分夺秒、跑赢疫情"的速度,有"全民皆兵、人人参战"的力度,有"横向到边、竖向到底"的广度,有"隔离不隔心、抱团暖人心"的温度,全面深入报道好、宣传好孝昌战"疫"阻击战,突出时、度、效,矢志出精品。夜半催征,以台为家、昼夜连轴,成为工作常态。③开辟专栏,突出"两点"。把握重点,突出难点,中心开辟了"众志成城抗疫情""一线抗疫群英谱""战疫日记""千里驰援、齐心抗疫""有序开展复工复产""贯彻落实习总书记在湖北考察疫情防控工作重要讲话精神"等专栏,准确、及时、权威地发布各级指令。④创新宣传,做到"五精"。创新宣传动员,创新疫病科普,针对不同人群,制定不同传播接收途径,做到了精准施策、精细制作、精品选出、精准传播、精准到达。融媒体作品MV《相约孝昌的广场》《听我说谢谢你》《人间星河》,纪录片《孝昌"渝"见——重庆医疗队抗疫风采录》和同名网络专题,楚剧《疫后天天好时光》《数来顺快板》,新闻《全国人大代表胡五清的"无疫村"守卫战》《最美"渝"见!勇敢逆行的援孝医疗队女队长》《三人三省逆行千里回村战疫只为一声召唤》《孝昌一家20口四代同堂返乡40余天上演"教科书式隔离"》,抖音短视频等,一批有针对性、接地气、易传播的优秀作品层出不穷。⑤加强推送,开花"全面"。我们还穷尽十八般武艺,以视频、音频、微文、H5、抖音等不同的方法手段,推送到各大平台,让战时的宣传、引导、科普等内容,家喻户晓,人人皆知,实现了战时传播效果最大化。一批新闻作品在央视网、"学习强国"、省市媒体播发,在中央级媒体发稿52篇,在"学习强国"发33篇,在省级媒体发526篇,在市级媒体发469篇,全媒体平台共发布各类抗疫新闻信息2400多条次,新媒体矩阵总浏览量8200万+,全方位、多角度讲述了孝昌抗"疫"好故事,传播了孝昌抗"疫"好声音。

三是融合宣传,吹响疫后重振"冲锋号"。①"看孝昌",惠孝昌。打造"看孝昌"APP"惠农商城"公益平台,开展网络扶贫行动。围绕公益助农主题,开展现场发布、网络直播、平台合作等系列活动,探索实行产品销售、品牌传播、形象打造等融媒体服务,解决农产品滞销难题,加快农产品流通,开展了爱心消费扶贫,帮助父老乡亲脱贫增收。3个月来,开展直播带货活动35期,销售禽蛋、茶叶、蘑菇、土豆、太子米、菜籽油、蓝莓、桃子等40多个品类共10.2万余份,计860万元。②"云直播",送福利。开启"云赏景""云春耕""云复产""云就业""云金融"等融直播模式,重点加强关于医疗救治、市场保供、人员有序流动和就业、企业复工复产等主题宣传。③拓市场,强服务。积极开拓本地服务市场,加强与房地产、金融、餐饮等行业沟通联系,推动二三产业有序安全开市,拓展市场空间,助推市场疫后升温。积极与上级加强沟通对接,谋划争取"5G直播"、"云服务器"、县级融媒体基础设施建设、"智慧党建"、"智慧社区"等智慧化公共服务平台等项目。④强引领,融团队。大疫就是大考,大疫面前看担当显作为。在孝昌融媒人的心目中,经过多年磨合、有默契、能并肩打硬仗的团队"最值钱"。在这场宣传战"疫"中,正是因为有中心班子拧成一股绳,团队互相支持、团结包容、齐心抗疫,才有了宣传"战场"的捷报频传。在抗疫宣传最紧要关头,中心主任彭宏伟多次刷新"排兵布阵",从采访到编辑、到审片,大胆起用年轻记者编辑,骨干进了"红区",年轻记者迅速"补位"。抗疫阻击战打响70天来,县融媒体中心全员上岗战斗,愈战愈勇,不胜不休。有勇闯红区的964团队和张添、康洪洲、董维文、丁潇潇等记者编辑,有带病不下一线的记者王虹、丁露,还有带病驻村防疫的扶贫队员刘福元、争当社区楼栋长的刘立恒、丁爽等一大批无畏守护者。抗疫战斗把平时默默坚守在平凡岗位的普通员工、党员干部的真善美,都毫无修饰地晾晒出来,质朴的情怀赢得了大考的检阅,充分体现了他们大疫面前的政治自觉和责任担当。

哪有什么岁月静好,只是因为有他们在负重前行!孝昌融媒人用实际行动和宣传成效,践行了初心和使命,他们以崇高的职业精神和忘我的责任担当,全力以赴投身战"疫"第一线,在媒体融合的"大考"中,完成了一张漂亮答卷!

三、党建引领媒体融合问题与对策

1. 问题与不足

习近平总书记指出:"这次抗击新冠肺炎疫情,是对国家治理体系和治理能力的一次大考。"①惊心动魄的抗疫斗争对县级融媒体来讲也是一次"大考"和"大检",暴露出来的基层治理短板和不足值得总结。

一是党建引领政治功能提升不够。中心被列为县直一级部门党组织单设后政治功能提升还不够,"头雁"效应还没有充分发挥。

二是党建引领融合能力发挥不强。抗疫宣传战,党员干部的培养、选拔力度不大;团队融合意识不强,新闻宣传缺乏核心竞争力。

三是党建活动激发核心动能不足。活动的开展缺乏内涵提升,党建氛围还不浓厚,激发核心动能不足,特色还不鲜明,亮点还不突出。

四是改革创新破解发展难题不力。全媒体融合没有固定模式,也没有成功的范本,造成破解改革难题、实现基层治理全面突围力度不够。

2. 对策建议

针对疫情中和现阶段县级融媒体中心运行过程中普遍存在的问题,下一步中心将以党建引领融合发展,全面加强新型主流媒体建设,加快融入基层社会治理。

一是坚持党建引领,锚定融合正确航向。政治属性始终是党媒的根本属性,党媒在推进融合发展过程中须充分发挥党的政治建设的统领作用。党和政府主办的媒体是党和政府的宣传阵地,必须姓党。不管媒体怎么改革、怎么融合,传播载体形态如何演变、如何多元,必须始终旗帜鲜明加强党的领导,坚持党性原则不动摇,坚持党媒属性不动摇,把政治家办媒体理念贯穿到融合改革发展全过程、全领域,用党的领导定好融合改革音准、把稳融合改革方向,始终做到准确发声、权威发声、及时发声,办党和人民满意的全媒体。

二是强化党建引领,打造新型融合团队。加强组织建设,蓄积媒体融合发展的动力之源。党的力量来自组织,党媒的职责使命也要靠严密的组织体系去实现。"以高质量党建引领媒体融合高质量发展"的工作理念,确立了业务骨干要积极向党组织靠拢、党员力争成为业务骨干的工作思路。按照有利于党组织发挥作用、有利于党员开展活动、有利于密切联系干部职工的原则,中心32名党员被编入三个党小组。优化领导干部结构,把理想信念坚定、业务能力突出的年轻党员干部放在重要岗位。

三是实施党建引领,推进人才强媒战略。切实提高党员干部的政治思想和业务水平,加快培养造就一支政治坚定、业务精湛、作风优良、党和人民放心

---

① 见人民网2019年1月25日《习近平谈融合发展金句》。

的新闻舆论工作队伍。加快培养造就复合型人才，弥补基层融合媒体人才团队中的"弱项和短板"，加快建立人才引进、培养、激励机制，制定科学合理的岗位工资和绩效考核体系，激励调动专业骨干深度融合创新创优的积极性，形成干事创业的良好环境。

四是创新党建引领，打造县域主流媒体。加强思想建设，筑牢媒体融合发展的信仰之基。思想建设是党的基础性建设，要以坚定理想信念为根基。第一，推进思想观念与时俱进，营造融媒体发展的良好社会环境。第二，建设新型的县域主流媒体，是县级融媒体建设"建设主流舆论阵地"的首要目标。第三，积极推进人才培养机制，打造全媒体人才队伍。第四，实行网络媒介资源整合，建好融媒体综合技术平台。第五，拓展"新闻＋"业务，探索多元经营。

五是保障党建引领，提供融合发展支撑。改革现在已进入深水区，中心要加快深化体制机制改革，构建新的组织构架和商业模式，用互联网方法、市场化原则、资本化运作，真正实现传统媒体与新媒体的一体化经营。另外，以资本为纽带进行产权整合，实现跨地区、跨行业、跨所有制、跨媒体兼并重组，在融合发展中做大、做强、做优传媒产业。同时，深入开展媒体融入基层社会"智"理活动，让融媒体成为基层社会治理的有效手段。

当前，孝昌融媒"融为一体、合而为一"，更主流、更亲民、更鲜活的新型县级主流媒体正在加速形成。今后，孝昌融媒将坚持党管媒体原则，通过党建引领，深化融媒改革，建设形态多样，手段先进，具有强大传播力、引导力、影响力、公信力的全媒体矩阵，向着新时代全省县级先进强媒的新征程迈进。

后　记

　　《中国市县融媒体中心建设研究报告》在广大奋斗在融媒体中心建设战线的各位领导、专家和学者的共同努力下已于2019、2020年连续正式出版，该报告出版后受到了各方好评和肯定，正成为媒体融合领域重要的工作探讨和学术交流平台。有鉴于此，2021年我们以"纪念建党百年、加快媒体融合纵深发展"为主题继续编辑出版《中国市县融媒体中心建设研究报告（2021）》，并向全国市县融媒体中心征集良策、做法与经验。

　　征稿启事发出后得到了全国各地市县融媒体中心的领导和专家的积极影响，在短短2个月内收到了大量的优秀论文，经过我们的审阅，将32篇论文收录在本书中。这些论文真实记录了来自山东、河北、河南、江西、江苏、甘肃、广东、湖北、浙江等省市县融媒体中心在深化体制机制改革、流程再造、人才队伍建设、新闻内容创新、发展模式创新和融媒技术创新中的具体做法、宝贵经验与工作反思，在我国融媒体中心建设与发展进程中具有现实意义和历史意义，在此向关心本书和投稿的市县融媒体中心领导和各位专家表示深深的敬意！

　　本书的出版得到了浙江大学出版社和责任编辑李海燕女士的大力支持，在此也深表感谢！

　　《中国市县融媒体中心建设研究报告》是一棵小草，正在各位市县融媒体中心领导、专家的呵护关怀下逐渐成长，我们愿以此为基础，打造一个服务于市县融媒体中心建设与发展的专业化平台，助力媒体融合向纵深发展，更好地服务于我国新闻传播事业的发展。

2021 年 6 月 20 日

图书在版编目（CIP）数据

中国市县融媒体中心建设研究报告. 2021 / 王文科，
史征主编. —杭州：浙江大学出版社，2021.9
ISBN 978-7-308-21729-3

Ⅰ. ①中… Ⅱ. ①王… ②史… Ⅲ. ①县—传播媒介
—研究报告—中国—2021 Ⅳ. ①G206.2

中国版本图书馆 CIP 数据核字（2021）第 185414 号

中国市县融媒体中心建设研究报告(2021)

王文科　史　征　主编

责任编辑	李海燕
责任校对	董雯兰
封面设计	雷建军
出版发行	浙江大学出版社
	（杭州市天目山路 148 号　邮政编码 310007）
	（网址：http://www.zjupress.com）
排　　版	杭州好友排版工作室
印　　刷	杭州高腾印务有限公司
开　　本	710mm×1000mm　1/16
印　　张	13.5
字　　数	250 千
版 印 次	2021 年 9 月第 1 版　2021 年 9 月第 1 次印刷
书　　号	ISBN 978-7-308-21729-3
定　　价	60.00 元